U0960890

全国高等会计职业教育系列规划教材

审计实务

第二版

主　编　何忠谱　程亚兰　李红朴
副主编　闻乐剑　张飞翔　王　叶

WUHAN UNIVERSITY PRESS
武汉大学出版社

图书在版编目(CIP)数据

审计实务/何忠谱,程亚兰,李红朴主编. —2 版. —武汉:武汉大学出版社,2015.1
全国高等会计职业教育系列规划教材
ISBN 978-7-307-12525-4

Ⅰ.审… Ⅱ.①何… ②程… ③李… Ⅲ.审计学—高等职业教育—教材 Ⅳ.F239.0

中国版本图书馆 CIP 数据核字(2015)第 006939 号

责任编辑:柴 艺 责任校对:汪欣怡 版式设计:马 佳

出版发行:**武汉大学出版社** (430072 武昌 珞珈山)
(电子邮件:cbs22@ whu. edu. cn 网址:www. wdp. com. cn)
印刷:黄石市华光彩色印务有限公司
开本:787×1092 1/16 印张:18.25 字数:427 千字 插页:1
版次:2011 年 8 月第 1 版 2015 年 1 月第 2 版
2015 年 1 月第 2 版第 1 次印刷
ISBN 978-7-307-12525-4 定价:35.00 元

总 序

我国高等职业教育经过十年的发展，取得了举世瞩目的成就。特别是经过三年的示范建设，我们在校企合作、工学结合、人才培养模式改革、师资队伍建设、课程建设、教材建设等方面取得了一定的成绩，但也存在一些不尽如人意的地方。作为高职战线的一线工作者，我们一直在实践，一直在思考，一直在探索。

高职教育发展到今天，必须进行改革，这是大家的共识，改革的路径怎么选择？就是按照教育部2006年16号文件《关于全面提高高等职业教育教学质量的若干意见》(以下简称教育部16号文件)的精神和高职教育“十二五”发展规划的要求进行。但怎么改？只有靠我们一线从事高职教育的老师去实践，去探索，不能人云亦云，不能断章取义，不能望文生义，不能浅尝辄止，更不能玩花架子。我们要把老师的心思真正用在教学改革上，要把老师的时间、精力真正用在教学改革上。改革不可能一蹴而就，改革是要付出代价的，改革是要有点精神的！

教学改革的依据是什么？我个人认为，我们必须充分考虑以下四个问题：一是高等教育大众化的背景；二是教学对象的实际(现有认知结构)；三是产业结构的调整与发展；四是科学技术的发展，在教育上就是现代教育技术手段的应用。只有将这四个问题研究透了，分析透了，我们的教学改革才能落到实处，才能有成效。

教学改革的目标是什么？提高教学质量！我们一切工作的出发点和落脚点就是提高教学质量，这是永恒的主题！提高教学质量的关键是教师。换句话说，改革的意识、改革的观念、改革的思路必须在一线的教师中真正生根发芽，必须由一线的教师认真地加以实践，只有这样改革才能成功。不依靠一线教师而进行的改革，是形式主义，是空中楼阁。由此看出，对一线教师改革意识、改革观念、改革思路的培养与提高就显得非常重要。教育部16号文件精神不是一两次会议就能够理解透彻的。我们必须在理解文件精神的实质上下苦工夫，在改革的实践上下苦工夫，在改革的系统工程上下苦工夫。因此，我们必须通过课程建设、教材建设以及其他平台，让教师在实践中深刻理解教育部16号文件精神的实质。

教学改革改到深处，改到痛处，是课程改革，是教材改革。我们只有真正研制出特色教材、精品教材，才能为人才培养模式改革与创新提供支撑，才能为教学方法的改革提供支撑，才能为精品课堂提供支撑。

教材建设是专业建设中的一项基本建设，我们必须高度重视。教材是教学指导思想、培养目标、教学要求、教学内容的具体体现。教师通过教材全面、具体地理解教学要求与教学内容，以它为依据进行讲授并组织教学活动。学生以它为依据进行学习，通过教材掌握规定的知识和技能。实践证明，选一本好教材对提高教学质量至关重要。我们现在搞的课程建设与改革或者说精品课程建设，最终还是体现在教材建设上。同时，教材建设也是把精品课程转化为精品课堂的关键环节。

教材是什么？这个问题似乎有点老套！但最近对教材的讨论和争议比较多，有不同的观点！"教材是道具"这是我个人的观点。道具好一些，精一些，演出效果会好一些，这是毋庸置疑的。教师上课依纲据本固然没错，但我认为要是把教材看成是死板的、没有生命力的、单纯为完成教学目标而使用的一种介质就有问题了。著名的教育家叶圣陶老先生曾经说过："教材无非是个例子。"作为教师是用教材教，而不是教教材。我们一定要注意这个问题。从这个角度讲，教材一定要经典，不是花里胡哨，不是加这个，加那个，搞得五花八门。

高职高专教材建设的现状令我们不是很满意。纵观我国高职教育十年的发展，配套教材可以说是百花齐放，五花八门，既涌现了一批优秀的、有特色的教材，也出现了一批粗制滥造、滥竽充数的教材。具体存在以下问题：

1. 功利性太强，作者队伍参差不齐。最大的功利性表现在纯粹是为了评职称而参加教材的编写。有些作者对教育部16号文件精神和高职教育改革的最新理论成果一知半解，生搬硬套，贴标签；还有些作者对一些基本概念、基本知识和基本技能把握不准。这反映了高职教育十年的快速发展，导致师资队伍不能满足高职发展和改革的需要。

2. 教材版本一是多，二是乱，不成体系，不配套，导致我们无法选出顺手的、满意的教材。近年来，我们选用教材换了多种版本，总是看起来花哨，但是错误和漏洞百出。有的是教材没有配套的习题和技能训练，有的虽有习题和技能训练，但与教材内容又不配套，让我们非常苦恼。导致这个现状的原因主要有两个：一是出版社的问题，对一套教材的编写缺乏规划，缺乏专业编辑，缺乏科学的组织，缺乏资金的投入。二是学校的问题，缺乏对教师参加教材编写的统筹、组织与协调。教师参加教材的编写基本上停留在个人行为上，甚至出现大量的作者只参加教材的编写、学校不使用教材的现象。这样是不可能写出高质量的教材的。

3. 教师参加教材编写的积极性不高或者积极性没有得到充分发挥。一是虽然职称评审需要编写教材，但不是考核的主要指标。现在对高职教师职称的评审主要关注教师的企业工作经历和课程建设情况，但没有教材编写也不行。因此，有些老师不愿意在教材编写上下太大的工夫，不愿意投入时间和精力。二是作者的劳动报酬与投入的时间、精力不匹配，觉得不划算。一本高质量的教材，往往需要作者或者一个教学团队数年甚至数十年的努力和积累，才能够研制出来。

4. 片面理解“教学做一体化”。教育部16号文件明确指出“改革教学方法和手段，融‘教、学、做’为一体，强化学生能力的培养”。结果，有些地方、有些老师对这句话进行了片面理解，有的甚至认为将习题与技能训练放在教材每章的后面就是教学做一体化了，甚至认为在人才培养方案中将实训课程单独列出来没有体现教学做一体化！这样，一方面人才培养方案不伦不类，另一方面教材不伦不类，弱化了学生的训练次数，严重降低了教学质量。

“融‘教、学、做’为一体”，应该有多方面的理解。一是在人才培养方案中怎么体现？二是在课程中怎么体现？三是在教材中怎么体现？四是在教学方法上怎么体现？五是在教学模式上怎么体现？六是在教学组织形式上怎么体现？七是在不同的专业上应该怎么体现？

在高职会计专业教材建设中，我们必须以会计专业的人才培养目标为依据。高职会计专业的培养目标是：以各类中小企业及其他经济组织会计岗位(群)的任职能力要求为目标，培养德、智、体、美、劳全面发展，掌握会计专业基本知识和职业技能，具备良好职业道德和操作规范、严谨细致的会计职业素养，在校期间取得会计从业资格证书，毕业后能够采用手工或者利用电子计算机技术从事中小企业的出纳岗位工作、会计核算岗位工作、财务管理岗位工作、涉税业务处理岗位工作和会计监督岗位工作，并具有可持续发展能力的高素质技能型人才。这个目标始终是纲，不能动摇，不能降低！降低了就不是会计专业了，就变成“收银员”培训班了。如果这样，放在培训机构就可以了，就不需要学校教育了。

我个人认为在高职会计专业教材建设中，以下几个问题必须认真抓好：

1. 按照工作过程系统化来开发课程和研制教材。第一，职业特征的课程或教材都来源于工作过程。知识来源于实践，人类知识是在长期的实践中不断总结的成果。第二，系统化就是一个加工过程，用时髦的话讲就是将行动领域转化为学习领域的过程。这个系统化的方法选择太重要了！以前，我们的课程和教材也是一种系统化，决不能说这种系统化的方法不科学，只是这种方法适合于抽象思维能力强的人群，而相对于高等教育大众化后抽象思维能力弱的高职学生来讲，这个系统化的方法要重新选择。这就是我们课程改革、教材改革的重点和难点。第三，会计工作过程系统化的重点和难点在哪里？在会计核算基本技术这门课程上！实际上，我们以前的财务会计、财务管理、审计、出纳业务、会计信息化等课程就是按照工作过程进行系统化设计的，或者说是按照岗位来设计的。我们没有必要把前人的经验全部推翻！

2. 校企合作共同开发教材。在教材的研制过程中，我们坚持"从实践中来，到实践中去"，就必须依靠行业、企业专家。只有这样，我们的教材内容、所采用的实训素材才能真正来源于社会实际生活，才能与社会实际生活相符。在此基础上，我们再进行提炼，做到来源于生活但又高于生活，从而达到理论和实践的完美结合。

3. 必须与行业标准和职业资格接轨。会计的行业标准，就是财政部制定的标准，不管怎么改革，我们必须围绕这个标准来做，否则，就是瞎折腾！

研制出一套能全面准确地阐述和把握会计专业最新的发展动态和理论成果，充分吸收本专业国内外前沿研究成果，科学系统地归纳知识点的相互联系与发展规律，反映高职学生的心理特点和认知规律的会计系列教材，是我们广大会计教育工作者义不容辞的责任和义务。基于此，2010 年 12 月底，在武汉大学出版社和襄樊职业技术学院经济管理学院的大力支持下，我们组织了全国 34 所高职院校和部分本科院校的会计系主任、会计教研室主任和会计专业教师 60 多人，齐聚湖北襄阳，从讨论会计专业课程标准入手，共商编写一套体系完整、内容翔实、特色鲜明、质量上乘的会计系列教材。经过无数次的讨论、碰撞与磨合，我们取得了共识，并开始着手教材的编写工作。这些教材是老师们几十年教学经验的积累，是长期致力于教学改革的成果。有的课程是国家级精品课程，有的是教育部教指委精品课程，有的是省级精品课程，有的是院级精品课程。这次出版可共享教学改革的成果，同时也起到抛砖引玉的作用，希望后人能够不断创新，研制出更好的会计教材。

尽管我们在编写这套系列教材过程中进行了不懈的探索，付出了艰辛的劳动，并取得了一定的成果，但我们深感做得还很不够，需要我们改革的地方，需要我们突破的地方，需要我们创新的地方还很多，任重道远。加之时间仓促以及认识水平上的差异，这套系列教材不可避免地存在一些缺点和不足，我们恳请广大读者和同行不吝赐教。

一套精品教材，必须经过多次磨合、反复修改，才能逐步完善。路漫漫其修远兮，吾将上下而求索。在下一次修订出版时，我们会做得更好！

田家富

教育部高职高专工商管理教指委财务会计分委会委员

会计核算基本技术国家级精品课程负责人

国家级精品课程评审专家

湖北省高职学会财经教学组副组长

襄樊职业技术学院经济管理学院教授、院长

第二版前言

本书在第一版基础上，对上市公司年报审计的简要情况、上市公司年报审计意见汇总、上市公司审计报告举例进行了更新，对错误的会计分录、计算结果进行了更正。为方便学生学习及老师教学，在每个学习情境后增加了相应的思考与练习。

本书由何忠谱任第一主编，程亚兰、李红朴任主编，闻乐剑、张飞翔、王叶任副主编。

由于作者水平有限，书中难免存在错误和疏漏之处，敬请读者批评指正。

编　者

2015 年 1 月

本书参与人员所在院校

何忠谱　海南经贸职业技术学院

程亚兰　湖北工业职业技术学院

李红朴　河北地质职工大学

闻乐剑　襄阳职业技术学院

张飞翔　柳州职业技术学院

王　叶　海南经贸职业技术学院

前　言

随着市场经济特别是资本市场的发展与完善，审计越来越渗透到我国社会经济的各个方面，掌握一定的审计知识具有十分重要的现实意义。为了适应新的经济形势和审计教学的需要，我们组织具有丰富经验的教师和会计师事务所的注册会计师编写了这本《审计实务》教材。

在编写过程中，本教材力求体现以下特点：一是以工作过程为导向对审计课程进行改造，根据审计实际工作过程设计项目和教学任务，实现教学过程和审计流程的融合，教学针对性强；二是以2010年11月1日修订并将于2012年1月1日施行的《中国注册会计师执业准则》、《中国注册会计师执业准则应用指南》和2011年1月1日实施的《中华人民共和国国家审计准则》等为依据，教材内容紧扣当前审计工作的最新发展和需求；三是在学校教师和会计师事务所注册会计师合作的基础上编写，教材借鉴审计实际工作中的审计项目设计案例，并在案例中大量使用审计工作底稿，实务性强。

本书由何忠谱、周华、孔祥银任主编，李红朴、张飞翔、甘琼任副主编。具体分工如下：何忠谱编写绪论、学习情境一；李红朴编写学习情境二之项目一；孔祥银编写学习情境二之项目二；甘琼编写学习情境二之项目三；张飞翔编写学习情境二之项目四；何忠谱编写学习情境三；周华编写学习情境四；贾英、常甡对全书进行了细致的校对。全书最后由何忠谱修订、总纂定稿。

在编写过程中我们得到了许多注册会计师的支持和帮助，特别是中准会计师事务所有限公司海南分所副主任会计师屠颖女士对书中的审计工作底稿实例提出了许多宝贵意见，在此一并表示诚挚的感谢。

本书可作为高职院校会计、审计专业的必修课教材，也可作为其他专业的选修课教材，同时还可作为会计师事务所审计助理人员的培训教材。

由于编者水平有限，书中难免存在疏漏之处，敬请读者批评指正。

编　者

2011年5月

目 录

绪　论……………………………………………………………………………… 1
　思考与练习………………………………………………………………………… 9

学习情境一　注册会计师审计基本技能 ……………………………………………… 14
　项目一　审计目标 ………………………………………………………………… 14
　项目二　审计取证与记录 ………………………………………………………… 21
　项目三　审计流程 ………………………………………………………………… 34
　思考与练习 ………………………………………………………………………… 87

学习情境二　业务循环的审计 ………………………………………………………… 99
　项目一　销售与收款循环的审计 ………………………………………………… 99
　项目二　采购与付款循环的审计………………………………………………… 133
　项目三　生产与存货循环的审计………………………………………………… 161
　项目四　投资与筹资循环的审计………………………………………………… 188
　思考与练习………………………………………………………………………… 206

学习情境三　货币资金的审计………………………………………………………… 220
　项目一　货币资金的控制测试…………………………………………………… 221
　项目二　货币资金的实质性程序………………………………………………… 228
　思考与练习………………………………………………………………………… 241

学习情境四　出具审计报告……………………………………………………… 247
项目一　出具标准审计报告……………………………………………………… 247
项目二　出具非标准审计报告…………………………………………………… 255
思考与练习………………………………………………………………………… 269

参考文献………………………………………………………………………… 276

绪　论

一、审计监督体系

从国内外审计的历史和现状来看，审计按不同主体可划分为政府审计、内部审计和注册会计师审计，并相应地形成了三类审计组织机构，它们共同构成审计监督体系。在这个体系中，政府审计、内部审计和注册会计师审计三者之间既相互联系，又各自独立、各司其职，泾渭分明地在不同领域开展审计工作。它们各有特点，相互不可替代，因此不存在主导和从属的关系。

（一）政府审计

政府审计也称国家审计，是由政府审计机关代表政府依法进行的审计。

1. 政府审计机构

目前世界各国政府建立的审计机构，因领导关系不同而大体分为三种类型：

（1）由议会直接领导并对议会负责。如英国、美国、澳大利亚、加拿大等的国家审计机构属于这种类型，审计机关地位高、独立性强、权威性大，不受行政当局的控制和干预。

（2）在政府内建立审计机构并对政府负责，政府则对议会负责。如瑞典、瑞士、沙特阿拉伯等的国家审计机构属于这种类型，审计机关往往兼负其他行政监督职能，审计监督具有广泛性和直接性，但其独立性受到一定的限制。

（3）由财政部门领导，在财政部门内部设审计机构兼管财政监督，实行财政、审计合一的制度。如巴基斯坦审计长公署隶属于财政部门。

我国目前的审计机关由政府领导，分中央与地方两个层次。国务院设立审计署，在国务院总理的领导下，负责领导全国的审计工作，县级以上的地方各级人民政府设立地方审计机关，分别在本级人民政府和上一级审计机关的领导下，负责本行政区域内的审计工作，对本级人民政府和上一级审计机关负责并报告工作。

2. 政府审计的实施

我国《宪法》规定，政府审计机构独立行使审计监督权，不受其他行政机关、社会团体和个人的干涉。

（1）政府审计机构依法对国务院各部门和地方各级政府的财政收支、国家金融机构和企事业组织的财务收支的真实性、合法性和效益性，进行审计监督。

政府审计机构的主要工作目标是通过监督国务院各部门和地方各级政府、国家金融机构和企事业组织以及依法接受审计机关审计监督的其他单位的财政收支、财务收支以及有关经济活动的真实性、合法性、效益性，维护国家经济安全，推进民主法治，促进廉政建设，保障国家经济和社会健康发展。真实性是指反映财政收支、财务收支以及有关经济活动的信息与实际情况相符合的程度。合法性是指财政收支、财务收支以及有关经济活动遵守法律、法规或者规章的情况。效益性是指财政收支、财务收支以及有关经济活动实现的经济效益、社会效益和环境效益。

（2）政府审计机构依据《中华人民共和国审计法》（以下简称《审计法》）和《中华人民共和国国家审计准则》（以下简称《审计准则》）等执行审计业务。政府审计机构和审计人员执行审计业务时，应当遵循《审计法》、《审计准则》等的要求，编制审计实施方案，获取审计证据，客观公正地作出审计结论，并建立和执行审计质量控制制度。

（3）政府审计机构履行职责所必需的经费列入财政预算。《审计法》规定，审计机关履行职责所必需的经费，应当列入财政预算，由本级人民政府予以保证。

（4）政府审计机构依法对被审计单位实施审计时，有关单位和个人不得拒绝。

政府审计机构进行审计时，有权就审计事项的有关问题向有关单位和个人进行调查，并取得有关证明材料。有关单位和个人应当支持、协助审计机关的工作，如实向审计机关反映情况，提供有关证明材料。任何组织和个人不得拒绝、阻碍审计人员依法执行审计业务，不得打击报复审计人员。审计机关负责人依照法定程序任免。审计机关负责人没有违法失职或者其他不符合任职条件的情况的，不得随意撤换。

（5）政府审计机构出具审计报告时，对违反国家规定的财政收支、财务收支行为，在法定职权范围内做出审计决定或者向有关主管机关提出处理、处罚意见，同时依法向社会公布审计结果。政府审计机构实施审计后，应以适当、充分的审计证据为基础发表审计评价意见，出具审计报告。对审计调查中发现的被审计单位违反国家规定的财政收支、财务收支行为，依法应当由审计机关在法定职权范围内作出处理处罚决定的，政府审计机构应当出具审计决定书。审计发现的依法需要移送其他有关主管机关或者单位纠正、处理处罚或者追究有关人员责任的事项，政府审计机构应当出具审计移送处理书。

《审计准则》规定，政府审计机构依法实行公告制度。审计工作结束后，政府审计机构应将被审计单位基本情况、审计评价意见、审计发现的主要问题、处理处罚决定及被审计单位的整改情况依法向社会公布。

（二）内部审计

内部审计是由本部门和本单位内部设置的专门机构或人员实施的审计。内部审计主要监督和评价本部门、本单位财政收支、财务收支以及有关经济活动的真实性、合法性和效益性，以促进经济管理和实现经济目标，帮助组织增加价值。

1. 内部审计机构

设立内部审计机构必须符合审计独立性和权威性的要求。无论是部门中的还是企业单位中的内部审计机构，都必须保持其组织上和业务上的独立性。既不能把内部审计机构附设在财务部门中，也不能附设在其他职能部门中，从事审计工作的机构和人员也应完全置身于其他具体的业务活动之外。内部审计机构的设置主要有以下几种形式：

（1）受本单位总会计师或主管财务的副总经理领导。内部审计机构在总会计师或主管财务的副总经理的领导下开展工作，有利于对财务收支和会计工作实施有效监督，但审计独立性较差，不利于发挥内部审计的作用。

（2）受本单位总经理领导。内部审计机构在总经理的领导下开展工作，有利于对本单位所有经济活动和部门进行全面监督，但易受企业管理层的制约，审计独立性会受到一定程度的影响。

（3）受本单位董事会领导。内部审计机构接受本单位董事会或董事会下设的审计委员会的领导，独立性和权威性都较强，能较好地发挥内部审计的作用。

我国目前的内部审计部门一般由本部门、本单位的主要负责人领导，业务上接受当地政府审计机构或上一级主管部门审计机构的指导。

2. 内部审计的实施

（1）内部审计工作内容。内部审计机构按照本单位主要负责人或者权力机构的要求，对以下内容履行审计职责：

①对本单位及所属单位（含占控股地位或者主导地位的单位，下同）的财政收支、财务收支以及有关的经济活动进行审计；

②对本单位及所属单位预算内、预算外资金的管理和使用情况进行审计；

③对本单位内设机构及所属单位领导人员的任期经济责任进行审计；

④对本单位及所属单位固定资产投资项目进行审计；

⑤对本单位及所属单位内部控制制度的健全性和有效性以及风险管理进行评审；

⑥对本单位及所属单位经济管理和效益情况进行审计；

⑦法律、法规规定和本单位主要负责人或者权力机构要求办理的其他审计事项。

（2）内部审计工作程序。一般情况下，内部审计工作程序主要分为审计准备、审计实施、审计终结和后续审计几个阶段。

审计准备阶段是从审计项目计划开始到发出审计通知书为止的这一段时间。内部审计机构根据本部门、本单位的具体情况拟定审计项目计划并报领导批准，然后根据经过批准后的审计计划编制审计通知书，在实施审计前，向被审计单位送达审计通知书。

审计实施阶段是内部审计全过程的主要阶段，审计人员实施必要的审计程序后，出具审计报告。

审计终结阶段是指完成审计报告审定工作后，进行资料处理和审计小结工作的审计阶段。

后续审计阶段是内部审计机构为检查被审计单位对审计发现的问题所采取的纠正措施及其效果而实施审计的阶段，内部审计机构应在规定的期限内，或与被审计单位约定的期限内执行后续审计。

（3）内部审计工作规范。根据《审计法》、《审计署关于内部审计工作的规定》及相关法律法规，中国内部审计协会制定了中国内部审计工作规范体系。中国内部审计准则是中国内部审计工作规范体系的重要组成部分，由内部审计基本准则、内部审计具体准则、内部审计实务指南三个层次组成。

内部审计基本准则是内部审计准则的总纲，是内部审计机构和人员进行内部审计时应当遵循的基本规范，是制定内部审计具体准则、内部审计实务指南的基本依据。

内部审计具体准则是依据内部审计基本准则制定的，是内部审计机构和人员在进行内部审计时应当遵循的具体规范。目前已发布包括《审计计划》、《审计通知书》等在内的

29 项内部审计具体准则。

内部审计实务指南是依据内部审计基本准则、内部审计具体准则制定的，为内部审计机构和人员进行内部审计提供的具有可操作性的指导意见。目前已发布《建设项目内部审计》、《物资采购审计》、《审计报告》和《高校内部审计》等 4 项内部审计实务指南。

（三）注册会计师审计

注册会计师审计是由经政府有关部门审核批准的注册会计师组成的会计师事务所进行的审计。注册会计师，是指取得注册会计师证书并在会计师事务所执业的人员，通常是指项目合伙人或项目组其他成员，有时也指其所在的会计师事务所。

二、注册会计师审计的职业特点

（一）注册会计师审计的性质

1. 注册会计师审计的含义

审计经过不断的完善和发展，到今天已经形成一套比较完备的科学体系。人们对审计的概念也进行了深入研究，最具代表性的是美国会计学会审计基本概念委员会在 1973 年发表的《基本审计概念说明》中，将审计定义为“审计是一个系统化过程，即通过客观地获取和评价有关经济活动与经济事项认定的证据，以证实这些认定与既定标准的符合程度，并将结果传达给有关使用者”。

从注册会计师审计发展的历程看，注册会计师审计起源于 16 世纪的意大利。当时威尼斯是地中海沿岸国家航海贸易最为发达的地区，商业经营规模不断扩大。由于单个的业主难以向企业投入巨额资金，为适应筹集所需大量资金的需要，合伙制企业应运而生。那些参与企业经营管理的合伙人有责任向不参与企业经营管理的合伙人证明合伙契约得到了认真履行，利润的计算与分配正确合理，进而保证合伙企业有足够的资金来源，使企业得以持续经营下去。在这种情况下，人们开始聘请会计专家来担任查账和公证的工作。这样，在 16 世纪意大利的商业城市中出现了一批具有良好的会计知识、专门从事查账和公证工作的专业人员，他们所进行的查账与公证，可以说是注册会计师审计的起源。

注册会计师审计虽然起源于意大利，但其真正形成却是在英国。18 世纪，英国的资本主义经济得到了迅速发展，股份有限公司的兴起，使公司的所有权与经营权进一步分离，绝大多数股东已完全脱离经营管理，他们出于自身的利益，非常关心公司的经营成果，以便做出是否继续持有公司股票的决定。证券市场上潜在的投资人同样十分关心公司的经营情况，以便决定是否购买公司的股票。因此，在客观上产生了由独立会计师对公司财务报表进行审计，以保证财务报表真实可靠的需求。1721 年英国的“南海公司事件”宣告了注册会计师的诞生。1862 年，英国《公司法》确定注册会计师为法定的破产清算人，奠定了注册会计师审计的法律地位。

从 20 世纪初开始，全球经济发展重心逐步由欧洲转向美国，因此，美国的注册会计师审计得到了迅速发展，它对注册会计师职业在全球的迅速发展发挥了重要作用。

2. 注册会计师审计方法

注册会计师为了实现审计目标，一直随着审计环境的变化调整着审计方法。审计方法从账项基础审计发展到风险导向审计，都是注册会计师为了适应审计环境的变化而做出的调整。

（1）账项基础审计。在审计发展的早期（19 世纪以前），由于企业组织结构简单，业务性质单一，注册会计师审计主要是为了满足财产所有者对会计核算进行独立检查的要求，促使受托人（通常为经理或下属）在授权经营过程中做出诚实、可靠的行为。注册会计师审计的重心在资产负债表，旨在发现和防止错误与舞弊，审计方法是详细审计。

详细审计又称账项基础审计，由于早期获取审计证据的方法比较简单，注册会计师将大部分精力投向会计凭证和账簿的详细检查。根据有关文献记载，当时的注册会计师在整个审计过程中约 3/4 的时间花费在合计和过账上。从方法论的角度讲，这种审计方法就是账项基础审计方法。

（2）制度基础审计。19 世纪即将结束时，会计和审计步入了快速发展时期。注册会计师审计的重点从检查受托责任人对资产的有效使用转向检查企业的资产负债表和利润表，判断企业的财务状况、经营成果是否真实和公允。由于企业规模日益扩大，经济活动和交易事项内容不断丰富、复杂化，注册会计师的审计工作量迅速增大，而需要的审计技术日益复杂，使得详细审计难以实施，企业对审计费用难以承受。

为了进一步提高审计效率，注册会计师将审计的视角转向企业的管理制度，特别是会计信息赖以生成的内部控制，从而将内部控制与抽样审计结合起来。企业规模的扩大、统计抽样技术的应用以及内部控制在企业的普及，推进了制度基础审计的产生和发展。从 20 世纪 50 年代起，以控制测试为基础的抽样审计得到广泛应用，这也是审计方法逐渐走向成熟的重要标志。内部控制测试和评价构成了审计方法的重要组成部分。从方法论的角度讲，该种方法被称做制度基础审计方法。

（3）风险导向审计。自 20 世纪 80 年代以来，科学技术和政治经济发生的急剧变化，导致企业竞争更加激烈，经营风险日益增加，倒闭事件不断发生，注册会计师面临的审计风险加大，这对注册会计师审计工作提出了更高的要求，注册会计师必须从更高层次，综合考虑企业的环境和面临的经营风险，把握企业面临的各方面情况，分析企业经济业务中可能出现的错误和舞弊行为，并以此为出发点，制定审计策略，依据审计风险模型，制订与企业状况相适应的审计计划，以确保审计工作的效率和效果。

审计风险模型的出现，既从理论上解决了注册会计师以制度为基础采用抽样审计的随意性，又解决了审计资源的分配问题，要求注册会计师将审计资源分配到最容易导致财务报表出现重大错报的领域。从方法论的角度讲，注册会计师以审计风险模型为基础进行的审计，称为风险导向审计方法。

（二）注册会计师审计机构和审计人员

在我国，会计师事务所是注册会计师的工作机构，注册会计师必须加入会计师事务所才能接受委托，办理业务。

1. 会计师事务所

综观注册会计师行业在各国的发展，会计师事务所主要有独资、普通合伙、有限责任、有限责任合伙四种组织形式。

（1）独资会计师事务所。独资会计师事务所由具有注册会计师执业资格的个人独立开业，承担无限责任。它的优点是对执业人员的需求不多，容易设立，执业灵活，能够在代理记账、代理纳税等方面很好地满足小型企业对注册会计师服务的需求，虽承担无限责任，但实际发生风险的程度相对较低。缺点是无力承办大型业务，缺乏发展后劲。

（2）普通合伙会计师事务所。普通合伙会计师事务所是由两位或两位以上合伙人组成的合伙组织。合伙人以各自的财产对事务所的债务承担无限连带责任。它的优点是风险的牵制和共同利益的驱动促使事务所提高执业质量，扩大业务规模，提高控制风险的能力。缺点是任何一个合伙人执业中的失误或舞弊行为，都可能给整个会计师事务所带来灭顶之灾。

（3）有限责任会计师事务所。有限责任会计师事务所由注册会计师认购会计师事务所股份，并以其所认购股份对会计师事务所承担有限责任。会计师事务所以其全部资产对其债务承担有限责任。它的优点是可以通过公司制形式迅速聚集一批注册会计师，组成大型会计师事务所，承办大型业务。缺点是降低了风险责任对执业行为的高度制约，弱化了注册会计师的个人责任。

（4）有限责任合伙会计师事务所。有限责任合伙会计师事务所，在我国又称特殊普通合伙会计师事务所。采用特殊普通合伙组织形式的会计师事务所，一个合伙人或者数个合伙人在执业活动中因故意或者重大过失造成合伙企业债务的，应当承担无限责任或者无限连带责任，无过失的合伙人对于其他合伙人的过失或不当执业行为以自己在事务所的财产为限承担责任，不承担无限责任。它的最大特点在于既融入了普通合伙和有限责任会计师事务所的优点，又摒弃了它们的不足。有限责任合伙会计师事务所已成为当今注册会计师职业界组织形式发展的一大趋势。

根据我国《注册会计师法》的规定，我国会计师事务所分为合伙会计师事务所和有限责任会计师事务所两种形式。2010 年 7 月 21 日，财政部和国家工商行政管理总局颁布《关于推动大中型会计师事务所采用特殊普通合伙组织形式的暂行规定》，要求我国大型会计师事务所于 2010 年 12 月 31 日前转制为特殊普通合伙会计师事务所，鼓励中型会计师事务所于 2011 年 12 月 31 日前转制为特殊普通合伙会计师事务所。大型会计师事务所是指在人才、品牌、规模、技术标准、执业质量和管理水平等方面居于行业领先地位，能够为我国企业"走出去"提供国际化综合服务，行业排名前 10 位左右的会计师事务所。中型会计师事务所是指在人才、品牌、规模、技术标准、执业质量和管理水平等方面具有较高水准，能够为大中型企事业单位、上市公司提供专业或综合服务，行业排名前 200 位左右的会计师事务所（不含大型会计师事务所）。

2. 审计人员

注册会计师审计从业人员主要包括注册会计师及审计助理人员。

（1）注册会计师。注册会计师是依法取得注册会计师证书并接受委托从事审计和会计咨询、会计服务的执业人员。我国实行注册会计师全国统一考试制度。

根据目前有关规定，凡具有高等专科以上学校毕业的学历或者已取得会计（审计、统计、经济）中级以上专业技术职称的中国公民均可报名参加考试。注册会计师考试分为专业阶段考试和综合阶段考试，考生在通过专业阶段考试的全部科目后才能参加综合阶段考试。专业阶段考试设会计、审计、财务成本管理、公司战略与风险管理、经济法、税法 6 个科目，对在连续 5 个年度考试中全部科目考试成绩合格的考生，财政部颁发注册会计师全国统一考试专业阶段考试合格证书。综合阶段考试设职业能力综合测试 1 个科目，综合阶段考试科目应在取得注册会计师全国统一考试专业阶段考试合格证书后 5 个年度考试中完成。对综合阶段考试成绩合格的考生，财政部颁发注册会计师全国统一考试全科考试合格证书。根据我国《注册会计师法》的规定，参加注册会计师全国统一考试成绩合格，并在中国境内从事审计业务工作两年以上的，可以向省、自治区、直辖市注册会计师协会申请注册为执业会员，并报财政部备案。

（2）审计助理人员。在会计师事务所，审计助理人员主要辅助注册会计师完成审计工作。审计助理人员不能签发审计报告。

（三）注册会计师的业务范围

注册会计师的业务范围经历了由法定审计业务向其他领域拓展的过程。根据我国《注册会计师法》和《注册会计师鉴证业务基本准则》等的规定，注册会计师依法承办审计业务和其他业务。

1. 鉴证业务

（1）审计业务。主要包括：

①审查企业财务报表，出具审计报告。为了有效制止和防范利用财务报表弄虚作假，提高财务报表质量，国家依法对上市公司、国有企业及其他企业实行财务报表审计制度。注册会计师的职能之一就是通过对财务报表进行审计，为社会提供鉴证服务。

②验证企业资本，出具验资报告。我国实行注册资本实收制度。根据我国《公司法》、《公司登记管理条例》等法律、法规的规定，公司及其他企业在设立审批时，必须提交注册会计师出具的验资报告。因此，验资业务成为注册会计师业务的重要组成部分。

③办理企业合并、分立、清算事宜中的审计业务，出具有关报告。企业合并、分立或终止清算时，应当分别编制合并、分立财务报表以及清算财务报表。为了帮助财务报表使用人确立对这些报表的信赖程度，企业需要委托注册会计师对其编制的财务报表进行审计。

④办理法律、行政法规规定的其他审计业务，出具相应的审计报告。在实际工作中，注册会计师还可根据国家法律、行政法规的规定接受委托，对按照特殊编制基础编制的财务报表、财务报表的组成部分、合同遵循情况以及简要财务报表等特殊目的业务进行审计。

（2）审阅业务。随着经济的发展和社会需求的增加，注册会计师承办的业务范围已经十分广泛。目前我国注册会计师除承办法定审计业务外，还承办审阅业务。

财务报表审阅的目标，是注册会计师在实施审阅程序的基础上，说明是否注意到某些事项，使其相信财务报表没有按照适用的会计准则和相关会计制度的规定编制，未能在所有重大方面公允反映被审阅单位的财务状况、经营成果和现金流量。

相对审计而言，审阅程序简单，保证程度有限，审阅成本也较低。为了降低成本，小企业可聘请注册会计师对年度财务报表进行审阅。

（3）其他鉴证业务。除审计和审阅业务外，注册会计师还承办其他鉴证业务，如内部控制审核、预测性财务信息的审核等，这些鉴证业务可以增强使用者的信赖程度。

2. 相关服务

相关服务包括对财务信息执行商定程序、税务服务、管理咨询和会计服务等。

（四）注册会计师职业规范

注册会计师执行审计业务应当遵循职业规范。中国注册会计师职业规范体系由《中华人民共和国注册会计师法》、《中国注册会计师职业道德守则》、《中国注册会计师执业准则》和《中国注册会计师继续教育制度》等构成。

1.《中华人民共和国注册会计师法》

《中华人民共和国注册会计师法》作为注册会计师审计的国家立法，对注册会计师审计的性质与管理方式，注册会计师的考试、注册与业务范围，会计师事务所，注册会计师协会，会计师事务所和注册会计师的法律责任等作出了明确规定。

2.《中国注册会计师职业道德守则》

《中国注册会计师职业道德守则》规定了注册会计师职业行为规范与道德追求，包括职业道德基本原则与概念框架、提供专业服务的具体要求、审计和审阅及其他鉴证业务对独立性的要求等。注册会计师应当遵守包含诚信、独立、客观和公正、专业胜任能力和应有的关注、保密、职业行为在内的职业道德基本原则，并能够运用职业道德概念框架解决职业道德问题。

3.《中国注册会计师执业准则》

《中国注册会计师执业准则》受《中国注册会计师职业道德守则》统御，包括注册会计师业务准则和会计师事务所质量控制准则。注册会计师业务准则包括鉴证业务准则和相关服务准则。

（1）业务准则。主要包括：

①鉴证业务准则。鉴证业务准则由鉴证业务基本准则统领，按照鉴证业务提供的保证程度和鉴证对象的不同，分为中国注册会计师审计准则、中国注册会计师审阅准则和中国注册会计师其他鉴证业务准则，其中，审计准则是整个执业准则体系的核心。

审计准则用以规范注册会计师执行历史财务信息的审计业务。在提供审计服务时，注册会计师对所审计信息是否不存在重大错报提供合理保证，并以积极方式提出结论。

审阅准则用以规范注册会计师执行历史财务信息的审阅业务。在提供审阅服务时，注册会计师对所审阅信息是否不存在重大错报提供有限保证，并以消极方式提出结论。

其他鉴证业务准则用以规范注册会计师执行历史财务信息审计或审阅以外的其他鉴证业务，根据鉴证业务的性质和业务约定的要求，提供有限保证或合理保证。

②相关服务准则。相关服务准则用以规范注册会计师代编财务信息、执行商定程序，提供管理咨询等其他服务。在提供相关服务时，注册会计师不提供任何程度的保证。

（2）会计师事务所质量控制准则。会计师事务所质量控制准则用以规范会计师事务所在执行各类业务时应当遵守的质量控制政策和程序，是对会计师事务所质量控制提出的制度要求。

4.《中国注册会计师继续教育制度》

为保持和提升注册会计师的专业素质、执业能力和职业道德水平，《中国注册会计师继续教育制度》规定，注册会计师必须参加继续教育，继续教育贯穿于注册会计师的整个执业生涯。注册会计师继续教育的形式分为有组织形式的继续教育活动和其他形式的继续教育活动。注册会计师继续教育每两年为一个考核周期，即从起始年度的1月1日起至次年的12月31日止。在每个考核周期内接受的继续教育时间累计不得少于80个学时，且任何一年均不得少于30个学时。

思考与练习

一、单项选择题

1. 下列关于政府审计的说法中，不恰当的是（　　）。

A. 政府审计是对单位的财政收支或者财务收支的真实性、合法性和效益情况依法进行的审计

B. 政府审计的审计依据是审计法和国家审计准则

C. 政府审计对违反国家规定的财政收支、财务收支行为，需要依法给予处理、处罚的，在法定职权范围内做出审计决定或者向有关主管机关提出处理、处罚意见

D. 政府审计在获取审计证据的时候很大程度上依赖于被审计单位的配合和协助，对被审计单位没有行政强制力

2. 政府审计、内部审计、注册会计师审计共同构成了审计的监督体系。其中，政府审计与注册会计师审计在以下（　　）方面是基本相似的。

A. 审计所依据的准则　　B. 审计要实现的目标

C. 对内部审计的利用　　D. 审计中取证的权限

3. 注册会计师审计起源于（　　）。

A. 美国　　B. 英国

C. 意大利　　D. 西班牙

4. 1721年英国的“南海公司事件”标志着（　　）。

A. 注册会计师的诞生　　B. 注册会计师职业的诞生

C. 注册会计师审计的产生　　D. 注册会计师审计法律地位的确立

5. 英式审计的主要目的是（　　）。

A. 查错防弊　　B. 了解企业信用状况

C. 保护投资者利益　　D. 对财务报表发表审计意见

6. 下列关于审计方法的描述中，不恰当的是（　　）。

A. 审计方法从账项基础审计发展到风险导向审计，是注册会计师为了适应审计环境的变化而作出的调整

B. 账项基础审计的重心在资产负债表，旨在防止和发现舞弊和错误，审计方法是抽样审计

C. 内部控制测试和评价构成了制度基础的审计方法的重要组成部分

D. 风险导向审计要求注册会计师将审计资源分配到最容易导致财务报表出现重大错报的领域

7. 注册会计师执行财务报表审计时应遵循的法律和准则是（　　）。

A.《中华人民共和国会计法》和企业会计准则

B.《中华人民共和国注册会计师法》和企业会计准则

C.《中华人民共和国注册会计师法》和审计准则

D.《中华人民共和国注册会计师法》、《企业内部控制基本规范》和审计准则

8. 注册会计师审计方法主要是随着（　　）的变化而调整的。

A. 审计目标　　B. 审计对象

C. 审计责任　　D. 审计环境

9. 甲虽然参加注册会计师全国统一考试成绩合格，但在其取得注册会计师证书之前，可以独立从事的业务只有（　　）。

A. 对按特殊编制基础编制的财务报表进行审计

B. 从事代理记账、代编财务报表

C. 审核拟发行股票的 X 公司的预测性财务信息

D. 验证企业资本，出具验资报告

10. 成为当今注册会计师职业界组织形式发展大趋势的会计师事务所类型是（　　）。

A. 独资会计师事务所　　B. 普通合伙会计师事务所

C. 有限责任公司会计师事务所　　D. 有限责任合伙会计师事务所

11. 下列各项业务中，属于其他鉴证业务的是（　　）。

A. 预测性财务信息审核　　B. 年度财务报表审计

C. 财务报表审阅　　D. 对财务信息执行商定程序

12. 注册会计师所从事的下列业务中，不属于注册会计师“相关服务业务”的是(　　)。

A. 担任某企业的常年会计顾问　　B. 对企业的财务报表实施审阅

C. 帮助企业选择适当的会计政策　　D. 为企业代编财务报表

13. 某会计师事务所近期同时执行了下列业务。其中（　　）以积极方式表述所得的结论，并且提供高水平的保证。

A. 财务报表审计业务　　B. 财务报表审阅业务

C. 预测性财务信息审核业务　　D. 执行商定程序业务

14. A 注册会计师负责对甲公司编制的 2014 年度财务报表进行审阅。在与甲公司管理层沟通时，A 注册会计师应当说明该项业务属于（　　）。

A. 有限保证的鉴证业务　　B. 直接报告业务

C. 其他鉴证业务　　D. 合理保证的鉴证业务

15. 以下关于注册会计师审计与内部审计说法错误的是（　　）。

A. 注册会计师应当了解被审计单位的内部审计工作

B. 利用内部审计工作的结果可以提高工作效率

C. 注册会计师在进行财务报表审计时必须了解该单位内部审计情况并利用其工作成果

D. 注册会计师了解内部审计工作，有助于其评估重大错报风险

二、多项选择题

1. 下列有关审计监督体系的理解中，表述不正确的有（　　）。
A. 注册会计师审计是独立性最强的一种审计
B. 注册会计师审计履行职责所必需的经费列入了财政预算
C. 政府审计意见旨在提高财务报表的可信赖程度
D. 内部审计是注册会计师审计的基础

2. 关于内部审计的下列论述中，正确的是（　　）。
A. 其目标为对内部控制的有效性、财务信息的真实性和完整性以及经营活动的效率和效果开展评价
B. 其独立性较差，时间安排比较灵活
C. 内部审计和外部审计在工作上具有一定的一致性
D. 内部审计人员应当遵循政府审计准则

3. 以下有关注册会计师审计不同阶段审计方法的表述，不正确的有（　　）。
A. 在账项基础审计方法阶段，审计方法是详细审计
B. 在制度基础审计方法阶段，注册会计师仅依赖内部控制测试
C. 在风险导向审计方法阶段，注册会计师依据审计风险 = 控制风险 × 检查风险的审计风险模型进行审计
D. 风险导向审计解决了审计资源的分配问题，要求注册会计师将审计资源配置到最容易导致财务报表出现控制风险的领域

4. 按规定，目前我国会计师事务所的组织形式有（　　）。
A. 合伙会计师事务所　　B. 独资会计师事务所
C. 有限责任会计师事务所　　D. 有限责任合伙会计师事务所

5. 有限责任合伙会计师事务所已成为当今注册会计师执业界组织形式发展的一大趋势。以下有关这类会计师事务所的说法中，你认可的有（　　）。
A. 会计师事务所无过失的合伙人只需承担有限责任
B. 设立该种会计师事务所无须办理公司登记手续
C. 会计师事务所有过失的合伙人需要承担无限责任
D. 我国的大部分会计师事务所属于有限责任合伙会计师事务所

6. 下列业务中不属于注册会计师审计业务的鉴证业务的有（　　）。
A. 对同时在境内外上市的公司的境内外会计准则差异调节表的审阅
B. 办理法律、行政法规规定的其他审计业务，出具相应的审计报告
C. 预测性财务信息审核
D. 系统鉴证

7. 以下关于注册会计师审计方法的表述恰当的有（　　）。
A. 20 世纪初的英国审计方法是详细审计
B. 详细审计主要围绕会计的凭证、账簿和财务报表的编制进行
C. 制度基础审计方法运用时不再实施详细审计而是进行抽样审计

D. 风险导向审计方法以审计风险模型为基础

8. 注册会计师审计方法的发展经历的阶段有（　　）。

A. 以会计凭证和账簿的详细检查为特征的账项基础审计

B. 以被审计单位是否遵守了特定的程序规划或条例为特征的合规性审计

C. 以内部控制测试为基础的抽样审计为特征的制度基础审计

D. 以重大错报风险的识别、评估、应对为审计工作主线的风险导向审计

9. 在以下所列的各种业务中，属于注册会计师的“其他鉴证业务”的有（　　）。

A. 对特定财务信息执行商定程序　　B. 内部控制审核

C. 注册资本实收情况的审验　　D. 预测性财务信息审核

10. 下列各项业务中，属于注册会计师鉴证业务的有（　　）。

A. 审计上市公司的年度财务报表　　B. 验资

C. 对财务信息执行商定程序　　D. 预测性财务信息审核

11.《中国注册会计师执业准则》包括（　　）。

A.《中国注册会计师鉴证业务基本准则》　B.《中国注册会计师业务准则》

C.《会计师事务所质量控制准则》　　D.《中国注册会计师职业道德守则》

12. 注册会计师执行的下列业务中，属于相关服务的有（　　）。

A. 管理咨询　　B. 税务服务

C. 代编财务信息　　D. 对上市公司半年度财务报表进行审阅

13. 下列各项中，属于鉴证业务基本准则的有（　　）。

A. 相关服务准则　　B. 审阅准则

C. 其他鉴证业务准则　　D. 审计准则

14. 注册会计师执行的下列业务中，对保证程度描述正确的有（　　）。

A. 代编财务信息不需要任何程度的保证

B. 对财务信息执行商定程序仅需要有限保证

C. 预测性财务信息审核业务有可能是有限保证也有可能是合理保证

D. 验资业务是合理保证的审计业务

15. 中国注册会计师职业规范体系由（　　）等构成。

A.《中国注册会计师职业道德守则》　　B.《中国注册会计师执业准则》

C.《中国注册会计师继续教育制度》　　D.《中华人民共和国会计法》

三、判断题

1. 从国内外审计的历史和现状来看，政府审计、内部审计和注册会计师审计共同构成审计监督体系。（　　）

2. 我国政府审计的最高机关是国务院审计署，它负责领导全国的审计工作。（　　）

3. 根据《中华人民共和国注册会计师法》的规定，我国政府审计依法实行审计结果公告制度。（　　）

4. 我国目前的内部审计部门一般由本部门、本单位的财务负责人领导，业务上接受当地政府审计机构或上一级主管部门审计机构的指导。（　　）

5. 从注册会计师审计发展的历程看，注册会计师审计起源于意大利，形成于英国，发展和完善于美国。(　　)

6. 风险导向审计解决了审计资源的分配问题，要求注册会计师将审计资源配置到最容易导致财务报表出现控制风险的领域。(　　)

7. 在我国，会计师事务所是注册会计师的工作机构，注册会计师必须加入会计师事务所才能接受委托，办理业务。(　　)

8. 有限责任合伙会计师事务所降低了风险责任对执业行为的高度制约，弱化了注册会计师的个人责任。(　　)

9. 政府审计机构在对各级政府及其部门的财政收支等内容进行审计时，无须征得被审计单位的同意，注册会计师的审计内容必须征得被审计单位的同意。(　　)

10. 预测性财务信息审核不属于注册会计师的审计业务。(　　)

11. 为了降低成本，小企业可以聘请注册会计师对年度财务报表进行审阅。(　　)

12. 除了审计和审阅业务外，注册会计师还承办其他鉴证业务，如内部控制审核、对财务信息执行商定程序等，这些鉴证业务可以增强使用者的信赖程度。(　　)

13. 鉴证业务基本准则按照鉴证业务提供的保证程度和鉴证对象的不同，分为审计准则、审阅准则和其他鉴证业务准则，其中，审计准则是整个执业准则体系的核心。(　　)

14. 《中国注册会计师执业准则》包括《中国注册会计师职业道德守则》、《中国注册会计师业务准则》和《会计师事务所质量控制准则》。(　　)

15. 在提供审计服务时，注册会计师对所审计信息是否不存在重大错报提供有限保证或合理保证，并以积极方式表述所得的结论。(　　)

注册会计师审计基本技能

项目一　审计目标

任务描述：

了解我国财务报表审计的总体目标，熟悉被审计单位管理层认定的含义和分类，理解与认定相关的各项具体审计目标，在此基础上，能熟练运用审计程序确定财务报表认定的恰当性，并能在审计过程中根据各项认定设定具体审计目标。

技能目标：

1. 能熟练运用审计程序确定财务报表认定的恰当性。
2. 能在审计过程中根据各项认定设定具体审计目标。

知识目标：

1. 了解财务报表审计的总体目标。
2. 熟悉管理层认定的含义和分类。
3. 理解与认定相关的各项具体审计目标。

情境导入：

××会计师事务所接受HG软件股份有限公司的委托，指派注册会计师陈某和李某对该公司2013年的会计报表进行审计，并出具了如下的审计报告：

审 计 报 告

××会审［2014］72号

HG软件股份有限公司全体股东：

我们审计了后附的HG软件股份有限公司（以下简称HG公司）财务报表，包括2013年12月31日的资产负债表，2013年度的利润表、股东权益变动表和现金流量表以及财务报表附注。

（一）管理层对财务报表的责任

编制和公允列报财务报表是HG公司管理层的责任。这种责任包括：（1）按照企业会计准则的规定编制财务报表，并使其实现公允反映；（2）设计、执行和维护必要的内部控制，以使财务报表不存在由于舞弊或错误导致的重大错报。

（二）注册会计师的责任

我们的责任是在执行审计工作的基础上对财务报表发表审计意见。我们按照中国注册会计师审计准则的规定执行了审计工作。中国注册会计师审计准则要求我们遵守中国注册会计师职业道德守则，计划和执行审计工作以对财务报表是否不存在重大错报获取合理保证。

审计工作涉及实施审计程序，以获取有关财务报表金额和披露的审计证据。选择的审计程序取决于注册会计师的判断，包括对由于舞弊或错误导致的财务报表重大错报风险的评估。在进行风险评估时，注册会计师考虑了与财务报表编制和公允列报相关的内部控制，以设计恰当的审计程序，但目的并非对内部控制的有效性发表意见。审计工作还包括评价管理层选用会计政策的恰当性和作出会计估计的合理性以及评价财务报表的总体列报。

我们相信，我们获取的审计证据是充分、适当的，为发表审计意见提供了基础。

（三）审计意见

我们认为，HG公司财务报表在所有重大方面是按照企业会计准则的规定编制的，公允反映了HG公司2013年12月31日的财务状况以及2013年度的经营成果和现金流量。

××会计师事务所　　　　中国注册会计师：陈某

中国　海口　　　　中国注册会计师：李某

2014年3月31日

注册会计师陈某和李某对HG公司的财务报表实施审计的目标是什么？他们在执行财务报表审计业务时应承担什么责任？

任务一　明确审计总体目标

审计目标是在一定历史环境下，审计主体通过审计实践活动所期望达到的境地或最终结果，它包括财务报表审计目标以及与各类交易、账户余额、列报相关的具体审计目标两个层次。审计目标是构建审计理论并制定各项审计准则的基石，是审计工作的出发点和落脚点。

（一）财务报表审计总体目标

就大多数通用目的财务报告框架而言，按照审计准则和相关职业道德要求执行审计工作，注册会计师能够针对财务报表是否在所有重大方面按照财务报告编制基础编制并实现公允反映发表审计意见，以提高财务报表预期使用者对财务报表的信赖程度。因此，在执行财务报表审计工作时，注册会计师的总体目标为：一是对财务报表整体是否不存在由于舞弊或错误导致的重大错报获取合理保证，使得注册会计师能够对财务报表是否在所有重大方面按照适用的财务报告编制基础编制发表审计意见；二是按照审计准则的规定，根据审计结果对财务报表出具审计报告，并与管理层和治理层沟通。

适用的财务报告编制基础通常指会计准则（财务报告准则）和法律法规的规定，在某些情况下可能还包括准则制定机构发布的具有不同权威性的司法解释、与会计事项相关的司法判决和职业道德要求等文件。

1. 评价财务报表的合法性

在评价财务报表是否按照适用的财务报告编制基础编制时，注册会计师应当考虑下列内容：

（1）选择和运用的会计政策是否符合适用的财务报告编制基础，并适合被审计单位的具体情况。

（2）管理层作出的会计估计是否合理。

（3）财务报表反映的信息是否具有相关性、可靠性、可比性和可理解性。

（4）财务报表是否作出充分披露，使财务报表使用者能够理解重大交易和事项对被审计单位财务状况、经营成果和现金流量的影响。

2. 评价财务报表的公允性

在评价财务报表是否作出公允反映时，注册会计师应当考虑下列内容：

（1）经管理层调整后的财务报表是否与注册会计师对被审计单位及其环境的了解一致。

（2）财务报表的列报、结构和内容是否合理。

（3）财务报表是否真实地反映了交易和事项的经济实质。

由于审计存在固有限制，审计工作不能对财务报表整体不存在重大错报提供绝对保证。虽然财务报表使用者可以根据财务报表和审计意见对被审计单位未来生存能力或管理层的经营效率、经营效果作出某种判断，但审计意见本身并不是对被审计单位未来生存能力或管理层经营效率、经营效果提供的保证。

（二）财务报表审计的责任划分

1. 被审计单位管理层和治理层的责任

在治理层的监督下，管理层作为会计工作的行为人，对编制财务报表负有直接责任。我国《会计法》规定，财务会计报告应当由单位负责人和主管会计工作的负责人、会计机构负责人（会计主管人员）签名并盖章；设置总会计师的单位，还需由总会计师签名并盖章。单位负责人应当保证财务会计报告真实、完整。我国《公司法》规定，公司应当向聘用的会计师事务所提供真实、完整的会计凭证、会计账簿、财务会计报告及其他会计资料，不得拒绝、隐匿、谎报。

财务报表是由被审计单位管理层在治理层的监督下编制的。管理层和治理层认可并理解其与财务报表相关的责任，是注册会计师执行审计工作的前提，构成注册会计师按照审计准则的规定执行审计工作的基础。这些责任具体包括：

（1）按照适用的财务报告编制基础编制财务报表，并使其实现公允反映。

（2）设计、执行和维护必要的内部控制，以使财务报表不存在由于舞弊或错误导致的重大错报。

（3）向注册会计师提供必要的工作条件，包括允许注册会计师接触与编制财务报表相关的所有信息（如记录、文件和其他事项），向注册会计师提供审计所需要的其他信息，允许注册会计师在获取审计证据时不受限制地接触其认为必要的内部人员和其他相关人员。

2. 注册会计师的责任

按照中国注册会计师审计准则的规定对财务报表发表审计意见是注册会计师的责任。

注册会计师作为独立的第三方，对财务报表发表审计意见，有利于提高财务报表的可信赖程度。为了履行这一职责，注册会计师应当遵守职业道德规范，按照审计准则的规定计划和实施审计工作，获取充分、适当的审计证据，并根据获取的审计证据得出合理的审计结论、发表恰当的审计意见。注册会计师通过签署审计报告确认其责任。

然而，注册会计师对财务报表审计不能减轻被审计单位管理层和治理层的责任。财务报表编制和财务报表审计是财务信息生成链条上的不同环节，两者各司其职。法律法规要求管理层和治理层对编制财务报表承担责任，有利于从源头上保证财务信息质量。管理层和治理层作为内部人员，对企业的情况更为了解，更能作出适合企业特点的会计处理决策和判断，因此，管理层和治理层理应对编制财务报表承担完全责任。尽管在审计过程中，注册会计师可能向管理层和治理层提出调整建议，甚至在不违反独立性的前提下为管理层编制财务报表提供协助，但管理层仍然对编制财务报表承担责任，并通过签署财务报表确认这一责任。

如果财务报表存在重大错报，而注册会计师通过审计没有发现，也不能因为财务报表已经注册会计师审计这一事实而减轻管理层和治理层对财务报表的责任。

任务二　确定具体审计目标

（一）认定

认定是指管理层在财务报表中作出的明确或隐含的表达，注册会计师将其用于考虑可能发生的不同类型的潜在错报。认定与审计目标密切相关，注册会计师的基本职责就是确定被审计单位管理层对其财务报表的认定是否恰当。注册会计师了解了认定，就很容易确定每个项目的具体审计目标。

保证财务报表公允反映被审计单位的财务状况和经营情况等是管理层的责任。当管理层声明财务报表已按照适用的财务报告编制基础进行编制，在所有重大方面作出公允反映时，就意味着管理层对财务报表各组成要素的确认、计量、列报以及相关披露作出了认定。管理层在财务报表上的认定有些是明确表达的，有些则是隐含表达的。例如，管理层在资产负债表中列报存货及其金额，意味着作出了下列明确的认定：（1）记录的存货是存在的；（2）存货以恰当的金额包括在财务报表中，与之相关的计价或分摊调整已恰当记录。同时，管理层也作出下列隐含的认定：（1）所有应当记录的存货均已记录；（2）记录的存货都由被审计单位拥有。

1. 与所审计期间各类交易和事项相关的认定

注册会计师对所审计期间的各类交易和事项运用的认定通常分为下列类别：

（1）发生：记录的交易和事项已发生，且与被审计单位有关。

（2）完整性：所有应当记录的交易和事项均已记录。

（3）准确性：与交易和事项有关的金额及其他数据已恰当记录。

（4）截止：交易和事项已记录于正确的会计期间。

（5）分类：交易和事项已记录于恰当的账户。

2. 与期末账户余额相关的认定

注册会计师对期末账户余额运用的认定通常分为下列类别：

（1）存在：记录的资产、负债和所有者权益是存在的。

（2）权利和义务：记录的资产由被审计单位拥有或控制，记录的负债是被审计单位应当履行的偿还义务。

（3）完整性：所有应当记录的资产、负债和所有者权益均已记录。

（4）计价和分摊：资产、负债和所有者权益以恰当的金额包括在财务报表中，与之相关的计价或分摊调整已恰当记录。

3. 与列报和披露相关的认定

各类交易和账户余额的认定正确只是为列报正确打下了必要的基础，财务报表还可能因被审计单位误解有关列报的规定或舞弊等而产生错报。另外，还可能因被审计单位没有遵守一些专门的披露要求而导致财务报表错报。因此，注册会计师还应当对各类交易、账户余额及相关事项在财务报表中列报的正确性实施审计。

注册会计师对列报和披露运用的认定通常分为下列类别：

（1）发生以及权利和义务：披露的交易、事项和其他情况已发生，且与被审计单位有关。

（2）完整性：所有应当包括在财务报表中的披露均已包括。

（3）分类和可理解性：财务信息已被恰当地列报和描述，且披露内容表述清楚。

（4）准确性和计价：财务信息和其他信息已公允披露，且金额恰当。

【例 1-1】 HG 公司 2013 年 12 月 31 日资产负债表反映的存货项目资料如下：

存货余额	23 500 000
减：存货跌价准备	120 000
存货账面价值	2 230 000

要求：指出管理当局对其所编制的财务报表做了哪些方面的认定。

分析：作了 5 项明确的认定：

（1）存货是存在的（存在）。

（2）存货跌价准备正确估价为 120 000 元（计价和分摊）。

（3）存货的账面价值是 2 230 000 元，且计算是准确的（计价和分摊）。

（4）列示在财务报表上的存货数额是截至资产负债表日（准确性和计价）。

（5）在财务报表附注中列报的存货是恰当的（分类和可理解性）。

作了 4 项隐含的认定：

（1）所有应报告的存货均已包括在内（完整性）。

（2）财务报表上列示的存货数额没有高估（存在）。

（3）所有被报告的存货都由公司拥有（权利和义务）。

（4）存货使用不受限制（权利和义务）。

（二）具体审计目标

审计目标的确定必须以被审计单位管理层对其财务报表的认定为依据，认定与审计目标密切相关，注册会计师的基本职责就是确定被审计单位管理层对其财务报表的认定的恰当性。注册会计师了解了认定，就很容易确定每个项目的具体审计目标，并以此作为评估重大错报风险以及设计和实施进一步审计程序的基础。

1. 与所审计期间各类交易和事项相关的审计目标

（1）发生：由发生认定推导的审计目标是确认已记录的交易是真实的。例如，如果没有发生销售交易，但在销售日记账中记录了一笔销售，则违反了该目标。

发生认定所要解决的问题是管理层是否把那些不曾发生的项目列入财务报表，它主要与财务报表组成要素的高估有关。

（2）完整性：由完整性认定推导的审计目标是确认已发生的交易确实已经记录。例如，如果发生了销售交易，但没有在销售明细账和总账中记录，则违反了该目标。

发生和完整性两者强调的是相反的关注点。发生目标针对潜在的高估，而完整性目标则针对漏记交易（低估）。

（3）准确性：由准确性认定推导出的审计目标是确认已记录的交易是按正确金额反映的。例如，如果在销售交易中，发出商品的数量与账单上的数量不符，或是开账单时使用了错误的销售价格，或是账单中的乘积或加总有误，或是在销售明细账中记录了错误的金额，则违反了该目标。

（4）截止：由截止认定推导出的审计目标是确认接近于资产负债表日的交易记录于恰当的期间。例如，如果本期交易推到下期，或下期交易提到本期，均违反了截止目标。

（5）分类：由分类认定推导出的审计目标是确认被审计单位记录的交易经过适当分类。例如，如果将现销记录为赊销，将出售经营性固定资产所得的收入记录为营业收入，则导致交易分类的错误，违反了分类的目标。

2. 与期末账户余额相关的审计目标

（1）存在：由存在认定推导的审计目标是确认记录的金额确实存在。例如，如果不存在某顾客的应收账款，在应收账款明细表中却列入了对该顾客的应收账款，则违反了存在性目标。

（2）权利和义务：由权利和义务认定推导的审计目标是确认资产归属于被审计单位，负债属于被审计单位的义务。例如，将他人寄售商品列入被审计单位的存货中，则违反了权利目标；将不属于被审计单位的债务列入账内，则违反了义务目标。

（3）完整性：由完整性认定推导的审计目标是确认已存在的金额均已记录。例如，如果存在某顾客的应收账款，在应收账款明细表中却没有列入对该顾客的应收账款，则违反了完整性目标。

（4）计价和分摊：资产、负债和所有者权益以恰当的金额包括在财务报表中，与之相关的计价或分摊调整已恰当记录。

3. 与列报和披露相关的审计目标

（1）发生以及权利和义务：将没有发生的交易、事项，或与被审计单位无关的交易和事项包括在财务报表中，则违反了该目标。例如，复核董事会会议记录中是否记载了固定资产抵押等事项，询问管理层固定资产是否被抵押，即是对列报的权利认定的运用。如果被审计单位拥有被抵押的固定资产，则需要将其在财务报表中列报，并说明与之相关的权利受到限制。

（2）完整性：如果应当披露的事项没有包括在财务报表中，则违反了该目标。例如，检查关联方和关联交易，以验证其在财务报表中是否得到充分披露，即是对列报的完整性认定的运用。

（3）分类和可理解性：财务信息已被恰当地列报和描述，且披露内容表述清楚。例如，检查存货的主要类别是否已披露，是否将一年内到期的长期负债列为流动负债，即是对列报的分类和可理解性认定的运用。

（4）准确性和计价：财务信息和其他信息已公允披露，且金额恰当。例如，检查财务报表附注是否分别对原材料、在产品和产成品等存货成本核算方法做了恰当说明，即是对列报的准确性和计价认定的运用。

认定是确定具体审计目标的基础。注册会计师通常将认定转化为能够通过审计程序予以实现的审计目标。针对财务报表每一项目所表现出的各项认定，注册会计师相应地确定一项或多项审计目标，然后通过执行一系列审计程序获取充分、适当的审计证据以实现审计目标。认定、审计目标和审计程序之间的关系举例如表 1-1 所示。

表 1-1　　**认定、审计目标和审计程序之间的关系举例**

认定	审计目标	审计程序
存在性	资产负债表列示的存货存在	实施存货监盘程序
完整性	销售收入包括所有已发货的交易	检查发货单和销售发票的编号以及销售明细账
准确性	应收账款反映的销售业务是基于正确的价格和数量，且计算准确	比较价格清单与发票上的价格、发货单与销售订购单上的数量是否一致，重新计算发票上的金额
截止	销售业务记录在恰当的期间	比较上一年度最后几天和下一年度最初几天的发货单日期与记账日期
权利和义务	资产负债表中的固定资产确实为公司拥有	查阅所有权证书、购货合同、结算单和保险单
计价和分摊	以净值记录应收款项	检查应收账款账龄分析表、评估计提的坏账准备是否充足

【例 1-2】注册会计师李某在对 HG 公司 2013 年度财务报表进行审计时，发现该公司存在下列交易和事项：

（1）将应付 W 公司的货款 100 万元记为 1 000 万元。

（2）审查销售原始凭证时发现有一笔销售商品给 A 公司的收入 100 万元未入账。

（3）将经营租赁的固定资产原值 30 万元记入固定资产账户中。

（4）将销售费用 200 万元记入管理费用。

（5）销售给乙公司一批商品的收入记录为 100 万元，该笔销售实际取得收入 90 万元（将 10% 的商业折扣也记入了销售收入）。

（6）将某固定资产用做某笔长期借款项目的抵押物，但没有在财务报表附注中披露。

（7）未将其一年内到期的长期借款500万元在流动负债项下单独列示。

（8）购入设备一台，会计部门在入账时，漏记了该设备的运费6 900元。

要求：分别针对每一事项指明HG公司违反了哪一项认定。

分析：上述各类交易和事项均违反了与之相对应的认定，如表1-2所示。

表1-2　**各类交易和事项与违反的相关认定**

各类交易或事项	违反的认定
将应付账款100万元记为1 000万元	计价和分摊
审查销售原始凭证时发现有一笔销售商品给A公司的收入100万元未入账	完整性
将经营租赁的固定资产原值30万元记入固定资产账户中	存在
将销售费用200万元记入管理费用	分类
销售给乙公司一批商品的收入记录为100万元，该笔销售实际取得收入90万元（将10%的商业折扣也记入了销售收入）	准确性
将某固定资产用做某笔长期借款项目的抵押物，但没在财务报表附注中披露	发生及权利和义务
未将其一年内到期的长期借款500万元在流动负债项下单独列示	分类与可理解性
购入设备一台，会计部门在入账时，漏记了该设备的运费6 900元	计价和分摊

项目二　审计取证与记录

任务描述：

了解审计证据和审计工作底稿的含义，熟悉获取审计证据的各种审计程序和审计工作底稿的构成要素，明确审计工作底稿的编制和归档要求，在此基础上，能根据审计目标熟练地运用恰当的审计程序，收集充分、适当的审计证据，并形成审计工作底稿。

技能目标：

1. 能熟练运用审计程序收集审计证据。
2. 能根据审计目标判断审计证据的充分性和适当性。
3. 能将收集的审计证据形成恰当的审计工作底稿。

知识目标：

1. 了解审计证据的含义、种类和特征。
2. 熟悉获取审计证据的各种审计程序。
3. 掌握审计工作底稿的构成要素。
4. 明确审计工作底稿的编制和归档要求。

情境导入：

某会计师事务所接受HF公司的连续委托，对该公司2013年度财务报表进行审计。

2014年2月28日，助理人员张某经注册会计师王某安排，前去HF公司验证存货的账面余额。在盘点前，张某在过道上听几个工人在议论，得知存货中可能存在不少无法出售的变质产品。对此，张某对存货进行实地抽点，并比较库存量与最近销量，发现存货数量合理，收发亦较为有序。由于该产品技术含量较高，张某无法鉴别出存货中是否有变质产品，经询问该公司的存货部高级主管，得到的答复是该产品无质量问题。

张某在盘点工作结束后，开始编制工作底稿，并将听说有变质产品的事项记入底稿，建议实施存货审计程序时，应特别注意是否存在变质产品。王某在复核工作底稿时，再一次向张某详细了解存货盘点情况，特别是有关变质产品的情况。对此，还特别对当时议论此事的工人进行询问，但这些工人矢口否认了此事。于是，王某与存货部高级主管商讨后，得出结论，认为“存货价值公允且均可出售”，并在底稿中注明“变质产品问题经核尚无证据，但下次审计时应加以考虑”。HF公司总经理抱怨该会计师事务所前几次出具了保留意见的审计报告，使他们贷款时遇到了不少麻烦。审计结束后，注册会计师王某对该年的财务报表出具了无保留意见的审计报告。

两个月后，HF公司资金周转不灵，主要是存货中存在大量的变质产品无法出售，致使到期的银行贷款无法偿还。银行认为注册会计师具有重大过失，明知存货高估，但迫于总经理的压力，没有揭示财务报表中存在问题，拟向会计师事务所索赔。

注册会计师王某是否已尽到了责任，审计工作底稿的编制是否恰当？

任务一　获取和评价审计证据

注册会计师通过恰当的方式设计和实施审计程序，获取充分、适当的审计证据，以得出合理的结论，作为形成审计意见的基础，这是注册会计师审计工作的基本要求。

（一）审计证据的性质

1. 审计证据的含义

审计证据是指注册会计师为了得出审计结论和形成审计意见而使用的信息。审计证据包括构成财务报表基础的会计记录中含有的信息和其他信息。

（1）会计记录中含有的信息。依据会计记录编制财务报表是被审计单位管理层的责任，注册会计师应当测试会计记录以获取审计证据。

会计记录主要包括原始凭证、记账凭证、总分类账和明细分类账、未在记账凭证中反映的对财务报表的其他调整以及支持成本分配、计算、调节和披露的手工计算表和电子计算表。上述会计记录是编制财务报表的基础，构成注册会计师执行财务报表审计业务所需获取的审计证据的重要部分。

（2）其他信息。会计记录中含有的信息本身并不足以提供充分的审计证据作为对财务报表发表审计意见的基础，注册会计师还应当获取用做审计证据的其他信息。

作为审计证据的其他信息包括注册会计师从被审计单位内部或外部获取的会计记录以外的信息，通过询问、观察和检查等审计程序获取的信息以及自身编制或获取的可以通过合理推断得出结论的信息，例如被审计单位会议记录、内部控制手册、注册会计师编制的各种计算表等。

财务报表依据的会计记录中含有的信息和其他信息共同构成了审计证据，两者缺一不可。如果没有前者，审计工作将无法进行；如果没有后者，可能无法识别重大错报风险。只有将两者结合在一起，才能将审计风险降至可接受的低水平，为注册会计师发表审计意见提供合理基础。

2. 审计证据的种类

在审计实务中，通常是针对每项会计报表的认定来获取证据。有关某项认定的审计证据，不得用于代替有关另一项认定应获取的审计证据。不同程序可提供不同的审计证据，而不同的审计证据可用来证实不同的报表认定。因此，注册会计师必须了解审计证据的种类，以便针对不同性质的认定来选择最适当的方法，以获取充分、适当的审计证据。

（1）审计证据按其外形特征分类，可分为实物证据、书面证据、口头证据、环境证据。

①实物证据。实物证据是指通过实际观察或盘点所取得的、用以确定某些实物资产是否真实存在的证据。例如，对于各种存货和固定资产，注册会计师可以通过观察或者监盘的方式证明其是否确实存在，而得到的实物盘点表等即为获得的实物证据。

实物证据通常是证明实物资产是否存在的非常有说服力的证据，也是最可靠的。但是，实物证据也有局限性，实物资产的存在并不能完全证实被审计单位对其拥有所有权以及其质量没能问题。对于取得实物证据的账面资产，还应就其所有权归属及其价值情况，通过从其他途径获取的审计证据来加以证明。

②书面证据。书面证据是注册会计师获取的各种以书面形式存在的，并以其记载内容证明审计事项的证据。它包括与审计有关的各种原始凭证、会计记录、各种会议记录和文件、各种合同、通知书、报告书及函件等。在审计过程中，注册会计师往往要大量地获取和利用书面证据，因此书面证据是审计证据的主要组成部分，也可称之为基本证据。

③口头证据。口头证据是被审计单位人员或其他有关人员对注册会计师的提问进行口头答复所形成的证据。在审计过程中，注册会计师通常会向被审计单位的有关人员询问会计记录、文件的存放地点，采用特别会计政策和方法的理由，收回逾期应收账款的可能性等。对于这些问题的口头答复，就构成了口头证据。

在审计过程中，注册会计师应把各种口头证据尽快做成记录，并注明是何人、何时、在何种情况下所做的口头陈述，必要时还应获得被询问者的签名确认。相对而言，不同人员对同一问题所做的口头陈述相同，口头证据具有较高的可靠性。但在一般情况下，口头证据往往需要得到其他相应证据的支持。

一般而言，口头证据本身并不足以证明事情的真相，但注册会计师往往可以通过口头证据发掘出一些重要的线索，从而有利于对某些需审核的情况做进一步的调查，以收集到更为可靠的证据。

④环境证据。环境证据也称状况证据，是指对被审计单位产生影响的各种环境事实。环境证据具体包括：一是被审计单位内部控制情况。如果被审计单位有着良好的内部控制，就可增加其会计资料的可信赖程度。此外，被审计单位内部控制的完善程度还决定着注册会计师所需的从其他各种渠道搜集的审计证据的数量。内部控制越健全、越严密，所需的其他各类审计证据就越少；否则，注册会计师就必须获取较大数量的其他审计证据。

二是被审计单位管理人员的素质。被审计单位管理人员的素质越高，则其所提供的证据发生差错的可能性就越小。例如，当被审计单位会计人员的素质较高时，其会计记录就不容易发生错误。因此，会计人员的素质对会计资料的可靠性会产生影响。三是各种管理条件和管理水平。良好的管理条件和较高的管理水平，也是影响其所提供证据的可靠程度的一个重要因素。

环境证据一般不属于基本证据，但它可帮助注册会计师了解被审计单位及其经济活动所处的环境，为注册会计师分析判断被审计事项提供有用的线索。如果审计人员能够合理充分地利用环境证据，并与其他证据结合起来使用，就能降低审计成本并完成审计工作。

（2）审计证据按其来源分类，可分为外部证据、内部证据。

①外部证据。外部证据是由被审计单位以外的机构或人员编制，并由其直接递交注册会计师的书面证据以及由被审计单位以外的机构或人员编制，但为被审计单位持有并提交注册会计师的书面证据。前者如应收账款函证回函等，此类证据不仅由完全独立于被审计单位的外界机构或人员提供，而且未经被审计单位有关人员之手，从而排除了伪造、更改凭证或业务记录的可能性，因而其证明力最强；后者如银行对账单、购货发票、应收票据、顾客订购单、有关的契约、合同等，由于此类证据已经过被审计单位职员之手，在评价其可靠性时，注册会计师应考虑被涂改或伪造的难易程度及其已被涂改的可能性。

此外，在外部证据中，往往还包括注册会计师为证明某个事项而自己动手编制的各种计算表、分析表等。

②内部证据。内部证据是由被审计单位内部机构或人员编制和提供的书面证据。它包括被审计单位的会计记录、被审计单位管理当局声明书以及其他各种由被审计单位编制和提供的有关书面文件。

一般而言，内部证据不如外部证据可靠。但如果内部证据在外部流转，并获得其他单位或个人的承认，则具有较强的可靠性。即使只在被审计单位内部流转的书面证据，其可靠程度也因被审计单位内部控制的好坏而异。如果内部证据经过了被审计单位不同部门的审核、签章，且所有凭据预先都有连续编号并按序号依次处理，则这些内部证据也具有较强的可靠性；反之，注册会计师就不能过分地信赖其内部自制的书面证据。

3. 审计证据的充分性和适当性

注册会计师应当保持职业怀疑态度，运用职业判断，评价审计证据的充分性和适当性。

（1）审计证据的充分性。审计证据的充分性是对审计证据数量的衡量，主要与注册会计师确定的样本量有关。注册会计师形成的审计意见需要有一定数量的审计证据给予支撑，充分性即是对注册会计师形成审计意见所应当获取的审计证据的最低数量要求。

注册会计师需要获取的审计证据的数量受其对重大错报风险评估的影响，并受审计证据质量的影响。评估的重大错报风险越高，需要的审计证据可能越多。审计证据质量越高，需要的审计证据可能越少。然而，注册会计师仅靠获取更多的审计证据可能无法弥补其质量上的缺陷。

（2）审计证据的适当性。审计证据的适当性是对审计证据质量的衡量，即审计证据在支持审计意见所依据的结论方面具有的相关性和可靠性。审计证据应当与审计目标相关联，并能如实地反映客观事实，只有相关且可靠的审计证据才是高质量的。

①审计证据的相关性。审计证据的相关性是指用做审计证据的信息与审计程序的目的和所考虑的相关认定之间的逻辑联系。注册会计师只有获取与审计目标存在逻辑联系的审计证据，才能据以证明或者否定被审计单位在会计报表中认定的事项。用做审计的信息的相关性可能受到测试方向的影响。例如，如果某审计程序的目的是测试应付账款的计价高估，则测试已记录的应付账款可能是相关的审计程序。另一方面，如果某审计程序的目的是测试应付账款的计价低估，则测试已记录的应付账款不是相关的审计程序，相关的审计程序可能是测试期后支出、未支付发票、供应商结算单以及发票未到的收货报告单。

特定的审计程序可能只为某些认定提供相关的审计证据，而与其他认定无关。例如，检查期后应收账款收回的记录和文件可以提供有关存在和计价的审计证据，但未必能提供与截止测试相关的审计证据。类似地，有关某一特定认定的审计证据不能替代与其他认定相关的审计证据。例如，有关存货实物存在的审计证据并不能够替代与存货计价相关的审计证据。

②审计证据的可靠性。审计证据的可靠性是指审计证据的可信程度。审计证据的可靠性受其来源和性质的影响，并取决于获取审计证据的具体环境。

注册会计师在判断审计证据的可靠性时，通常考虑的原则有：从外部独立来源获取的审计证据比从其他来源获取的审计证据更可靠；内部控制有效时内部生成的审计证据比内部控制薄弱时内部生成的审计证据更可靠；直接获取的审计证据比间接获取或推论得出的审计证据更可靠；以文件、记录形式（无论是纸质、电子还是其他介质）存在的审计证据比口头形式的审计证据更可靠；从原件获取的审计证据比从传真件或复印件获取的审计证据更可靠。

③充分性和适当性之间的关系。充分性和适当性是审计证据的两个重要特征，两者缺一不可，只有充分且适当的审计证据才是有证明力的。

审计证据质量越高，需要的审计证据数量可能越少。但如果审计证据的质量存在缺陷，那么注册会计师仅靠获取更多的审计证据可能无法弥补其质量上的缺陷。例如，注册会计师应当获取与销售收入完整性相关的证据，实际获取到的却是有关销售收入真实性的证据，审计证据与完整性目标不相关，即使获取的证据再多，也证明不了收入的完整性。

【例 1-3】注册会计师王某在对 HW 公司 2013 年度财务报表进行审计时，搜集到以下六组审计证据：（1）收料单与购货发票。（2）销货发票副本与产品出库单。（3）领料单与材料成本计算表。（4）工资计算单与工资发放单。（5）存货盘点表与存货监盘记录。（6）银行询证函回函与银行对账单。

要求：请分别说明每组审计证据中哪项审计证据较为可靠，并简要说明理由。

分析：

（1）购货发票比收料单可靠。这是因为购货发票来自于公司以外的机构或人员，而收料单是公司自行编制的。

（2）销货发票副本比产品出库单可靠。这是因为销货发票在外部流转，并获得公司以外的机构或个人的承认；而产品出库单只在公司内部流转。

（3）领料单比材料成本计算表可靠。这是因为领料单预先被连续编号，并且经过公司不同部门人员的审核，而材料成本计算表只在会计部门内部流转。

（4）工资发放单比工资计算单可靠。这是因为工资发放单需经会计部门以外的工资领取人签字确认，而工资计算单只在会计部门内部流转。

（5）存货监盘记录比存货盘点表可靠。这是因为存货监盘记录是注册会计师自行编制的，而存货盘点表是公司提供的。

（6）银行询证函回函比银行对账单可靠。这是因为银行询证函回函是注册会计师直接获取的，未经公司有关职员之手；而银行对账单经过了公司有关职员之手，存在伪造、涂改的可能性。

（二）获取审计证据的审计程序

审计程序是指注册会计师在审计过程中的某个时间，对将要获取的某类审计证据如何进行搜集的详细指令。在审计过程中，注册会计师可根据需要单独或综合运用以下程序，以获取充分、适当的审计证据。

1. 检查记录或文件

检查是指注册会计师对被审计单位内部或外部生成的，以纸质、电子或其他介质形式存在的记录或文件进行审查，或对资产进行实物审查。

检查记录或文件可提供可靠程度不同的审计证据，审计证据的可靠性取决于记录或文件的来源和性质。而在检查内部记录或文件时，其可靠性取决于生成该记录或文件的内部控制的有效性。检查有形资产可为其存在性提供可靠的审计证据，但不一定能够为权利和义务或计价认定提供可靠的审计证据。

2. 观察

观察是指注册会计师查看相关人员正在从事的活动或实施的程序。例如，注册会计师对被审计单位人员执行的存货盘点或控制活动进行观察。观察可以提供执行有关过程或程序的审计证据，但观察所提供的审计证据仅限于观察发生的时点，而且被观察人员的行为可能因为观察而受到影响，这也会使观察提供的审计证据受到限制。

3. 询问

询问是指注册会计师以书面或口头方式，向被审计单位内部或外部的知情人员获取财务信息和非财务信息，并对答复进行评价的过程。

知情人员对询问的答复可能为注册会计师提供尚未获悉的信息或佐证证据，也可能提供与注册会计师已获取的其他信息存在重大差异的信息。在某些情况下，对询问的答复为注册会计师修改审计程序或实施追加的审计程序提供了基础。

询问本身不足以发现认定层次存在的重大错报，也不足以测试内部控制运行的有效性，注册会计师还应当实施其他审计程序以获取充分、适当的审计证据。

4. 函证

函证是指注册会计师直接从第三方（被询证者）获取书面答复以作为审计证据的过程，书面答复可以采用纸质、电子或其他介质等形式。通常情况下，注册会计师应当对银行存款、应收账款、交易性金融资产、应收票据、预付账款、应付账款、由其他单位代为加工或销售的存货、或有事项和重大或异常的交易等实施函证。

注册会计师通常以资产负债表日为截止日，在资产负债表日后适当时间内实施函证。如果重大错报风险评估为低水平，注册会计师可选择资产负债表日前适当日期为截止日实施函证，并对所函证项目自该截止日起至资产负债表日止发生的变动实施实质性程序。

当实施函证时，注册会计师应当对选择被询证者、设计询证函以及发出和收回询证函保持控制。注册会计师应当采取下列措施对函证实施过程进行控制：

（1）将被询证者的名称、地址与被审计单位有关记录核对。

（2）将询证函中列示的账户余额或其他信息与被审计单位有关资料核对。

（3）在询证函中指明直接向接受审计业务委托的会计师事务所回函。

（4）询证函经被审计单位盖章后，由注册会计师直接发出。

（5）将发出询证函的情况形成审计工作记录。

（6）将收到的回函形成审计工作记录，并汇总统计函证结果。

通过函证获取的证据可靠性较高，因此，函证是受到高度重视并经常被使用的一种重要程序。

5. 重新计算

重新计算是指注册会计师对记录或文件中的数据计算的准确性进行核对。重新计算通常包括计算销售发票和存货的总金额，加总日记账和明细账，检查折旧费用和预付费用的计算，检查应纳税额的计算等。

6. 重新执行

重新执行是指注册会计师独立执行作为被审计单位内部控制组成部分的程序或控制。例如，注册会计师利用被审计单位的银行存款日记账和银行对账单，重新编制银行存款余额调节表，并与被审计单位编制的银行存款余额调节表进行比较。

7. 分析程序

分析程序是指注册会计师通过研究不同财务数据之间以及财务数据与非财务数据之间的内在关系，对财务信息作出评价。分析程序还包括对调查识别出的、与其他相关信息不一致或与预期值差异重大的波动和关系进行调查。分析程序既可用做风险评估程序和实质性程序，也可用于对财务报表的总体复核。

（1）用做风险评估程序。注册会计师在实施风险评估程序时，应当运用分析程序，以了解被审计单位及其环境。在这个阶段运用分析程序是强制要求。

注册会计师应重点关注关键的账户余额、趋势和财务比率关系等，对其形成一个合理的预期，并与被审计单位记录的金额、依据记录金额计算的比率或趋势相比较。如果分析程序的结果显示的比率、比例或趋势与注册会计师对被审计单位及其环境的了解不一致，并且被审计单位管理层无法提出合理的解释，或者无法取得相关的支持性文件证据，注册会计师应当考虑其是否表明被审计单位的财务报表存在重大错报风险。

（2）用做实质性程序。分析程序用做实质性程序时称为实质性分析程序，它与细节测试都可用于收集审计证据，以识别财务报表认定层次的重大错报风险。但相对于细节测试而言，实质性分析程序能够达到的精确度可能会受到种种限制，所提供的证据在很大程度上是间接证据，证明力相对较弱。

（3）用于总体复核。在审计结束或临近结束时，注册会计师应当运用分析程序，用于强调并解释财务报表项目自上个会计期间以来发生的重大变化，以证实财务报表中列报的所有信息与注册会计师对被审计单位及其环境的了解一致，与注册会计师取得的审计证据一致。在总体复核阶段实施分析程序是强制要求。

在运用分析程序进行总体复核时，如果识别出以前未识别的重大错报风险，则注册会计师应当重新考虑对全部或部分各类交易、账户余额、披露评估的风险是否恰当，并在此基础上重新评价之前计划的审计程序是否充分，是否有必要追加审计程序。

【例 1-4】某会计师事务所接受 NA 公司的委托，审计 NA 公司 2013 年度的财务报表。审计项目负责人李某指派助理人员黄某对 NA 公司财务报表项目实施分析程序，以初步确定审计重点领域并编制审计计划。黄某获取了 NA 公司有关财务报表数据，如表 1-3 所示。

表 1-3　**NA 公司有关财务报表数据**　单位：元

报表项目	2013 年	2012 年	报表项目	2013 年	2012 年
营业收入	5 778 000. 00	7 703 800. 00	速动资产	5 392 000. 00	4 542 000. 00
营业成本	4 367 000. 00	5 983 000. 00	流动资产	11 035 000. 00	10 455 000. 00
营业利润	1 411 000. 00	1 720 800. 00	流动负债	10 425 500. 00	10 047 000. 00
利润总额	–213 000. 00	53 000. 00	固定资产	9 382 000. 00	9 091 000. 00
净 利 润	–213 000. 00	47 500. 00	资产总额	17 273 000. 00	16 767 000. 00
存　　货	3 812 000. 00	4 607 000. 00	负债总额	13 155 000. 00	12 670 000. 00
应收账款	5 108 000. 00	4 379 000. 00	所在者权益	4 118 000. 00	4 097 000. 00

审计助理黄某把 NA 公司 2013 年度的财务数据与上年度的相关数据进行对比，从总体上进行趋势分析，并将分析过程及结果记录于审计工作底稿，如表 1-4 所示。

表 1-4　**趋势分析表**

被审计单位：NA 公司　　索引号：BE3

项目：趋势分析表　　财务报表截止日/期间：2013 年 12 月 31 日

编制：黄某　　日　期：2014 年 1 月 22 日

复核：李某　　日　期：2014 年 1 月 23 日

单位：元

报表项目	2013 年	2012 年	2013 年比 2012 年	
			增长额	增长率（%）
营业收入	5 778 000. 00	7 703 800. 00	–1 925 800. 00	–24. 99
营业成本	4 367 000. 00	5 983 000. 00	–1 616 000. 00	–27
营业利润	1 411 000. 00	1 720 800. 00	–309 800. 00	–18
利润总额	–213 000. 00	53 000. 00	–266 000. 00	–501. 89
净利润	–213 000. 00	47 500. 00	–260 500. 00	–548. 42
存货	3 812 000. 00	4 607 000. 00	–795 000. 00	–17. 26

续表

报表项目	2013 年	2012 年	2013 年比 2012 年	
			增长额	增长率（%）
应收账款	5 108 000. 00	4 379 000. 00	729 000. 00	16. 65
速动资产	5 392 000. 00	4 542 000. 00	850 000. 00	18. 71
流动资产	11 035 000. 00	10 455 000. 00	580 000. 00	5. 55
流动负债	10 425 500. 00	10 047 000. 00	378 500. 00	3. 77
固定资产	9 382 000. 00	9 091 000. 00	291 000. 00	3. 2
资产总额	17 273 000. 00	16 767 000. 00	506 000. 00	3. 02
负债总额	13 155 000. 00	12 670 000. 00	485 000. 00	3. 83
所在者权益	4 118 000. 00	4 097 000. 00	21 000. 00	0. 51

说明：2013 年度未审财务报表项目与 2012 年度已审财务报表项目的比较分析：

（1）营业收入、营业成本同比分别减少了 24. 99% 和 27%，致使营业利润也减少了 18%，说明本年度公司销售情况不好，审计时应关注影响销售的因素，如何影响本年度的利润；

（2）利润总额、净利润同比分别减少了 501. 89% 和 548. 42%，说明除本年销售的影响外，还要关注其他业务利润、费用、营业外支出对本年利润的影响；

（3）存货同比减少了 17. 26%，同营业成本减少基本同步；

（4）应收账款同比增加了 16. 65%，同营业收入减少相比，不合理。审计时要关注应收账款是否包含不属于交易债权的事项；

（5）速动资产同比增加 18. 71%，与应收账款增加基本同步，合理。

【例 1-5】 注册会计师张某是某会计师事务所指派的 HA 公司 2013 年度财务报表审计业务的项目负责人。在根据风险评估结果编制具体审计计划时，张某需要对该公司所列各账户的指定审计目标实施最恰当的审计程序，以获取充分、适当的审计证据（如表 1-5 所示）。

表 1-5　**相关账户及审计目标**

账户	审计目标	账户	审计目标
应收账款	存在	应付账款	分类和可理解性
	计价和分摊	存货	存在
固定资产	存在		权利和义务
	准确性	银行存款	完整性
	计价和分摊		分类

要求：代注册会计师张某指出对所列审计目标实施的最恰当审计程序和所能获取的最关键的审计证据。

分析：针对各账户指定审计目标实施的最恰当审计程序及获取的审计证据如表 1-6 所示。

表 1-6　**针对各账户指定审计目标实施的审计程序及获取的审计证据**

账户	审计目标	最恰当的审计程序	获取的关键证据
应收账款	存在	向债务单位发函询证	债务人函证回函
	计价和分摊	检查坏账准备的计提	账龄分析表
应付账款	分类和可理解性	检查是否存在借方余额	应付账款明细账
固定资产	存在	从明细账追查至实物	观察、询问记录
	准确性	将原始凭证与账簿记录核对	购货发票
	计价和分摊	检查减值准备与累计折旧的计提	账簿记录
存货	存在	从明细账追查至存货汇总表	存货汇总表
	权利和义务	向债权人询证担保抵押情况	函证回函
银行存款	完整性	追查银行已收、企业未收的账项	银行存款余额调节表
	分类	检查定期存款或限定用途存款	银行函证回函

任务二　编制审计工作底稿

（一）审计工作底稿的含义及内容

1. 审计工作底稿的含义

审计工作底稿是指注册会计师对制订的审计计划、实施的审计程序、获取的相关审计证据以及得出的审计结论作出的记录。审计工作底稿是审计证据的载体，是注册会计师在审计过程中形成的审计工作记录和获取的资料。它形成于审计过程，也反映整个审计过程。注册会计师应当及时编制审计工作底稿，以实现下列目的：

（1）提供充分、适当的记录，作为审计报告的基础。审计工作底稿是注册会计师形成审计结论，发表审计意见的直接依据。及时编制审计工作底稿有助于提高审计工作的质量，便于在出具审计报告之前，对取得的审计证据和得出的审计结论进行有效复核和评价。

（2）提供证据，证明其按照中国注册会计师审计准则的规定执行了审计工作。当会计师事务所因执业质量而涉及诉讼或有关监管机构进行执业质量检查时，审计工作底稿能够提供证据，证明会计师事务所是否按照审计准则的规定执行了审计工作。

除上述目的外，审计工作底稿还可以实现下列目的：

（1）有助于项目组计划和执行审计工作。

（2）有助于负责督导的项目组成员按照审计准则的规定，履行指导、监督与复核审计工作的责任。

（3）便于项目组说明其执行审计工作的情况。

（4）保留对未来审计工作持续产生重大影响的事项的记录。

（5）便于会计师事务所按照质量控制准则的规定，实施质量控制复核与检查。

（6）便于监管机构和注册会计师协会根据相关法律法规或其他相关要求，对会计师事务所实施执业质量检查。

2. 审计工作底稿的内容

审计工作底稿通常包括总体审计策略、具体审计计划、分析表、问题备忘录、重大事项概要、询证函回函、管理层声明书、核对表、有关重大事项的往来信件（包括电子邮件）以及对被审计单位文件记录的摘要或复印件等。

此外，审计工作底稿通常还包括审计业务约定书、管理建议书、项目组内部或项目组与被审计单位举行的会议记录、与其他人士（如其他注册会计师、律师、专家等）的沟通文件及错报汇总表等。

审计工作底稿通常不包括已被取代的审计工作底稿的草稿或财务报表的草稿、对不全面或初步思考的记录、存在印刷错误或其他错误而作废的文本以及重复的文件记录等。由于这些草稿、错误的文本或重复的文件记录不直接构成审计结论和审计意见的支持性证据，因此，注册会计师通常无须保留这些记录。

（二）审计工作底稿的构成要素

在实务中，审计工作底稿的形式多种多样，其记录的内容也不尽相同，但具有较高使用效能的审计工作底稿通常应当包括下列基本要素：

（1）审计工作底稿的标题。每张底稿应当包括被审计单位的名称、审计项目的名称以及记录执行审计工作的时间，对于资产负债表项目应该注明发生的时点，对于利润表项目应该注明发生的期间。

（2）审计过程记录。在审计工作底稿中要求详细记录审计程序实施的全过程，主要包括审计计划制订及调整变更情况的记录，实施审计程序的记录和资料，注册会计师的判断、评价、处理意见和建议记录，重大事项及其处理记录，审计项目组的讨论与审计复核记录以及其他与审计事项有关的记录和证明材料。

（3）审计结论。注册会计师恰当地记录审计结论非常重要，注册会计师需要根据所实施的审计程序及获取的审计证据得出结论，并以此作为对财务报表形成审计意见的基础。在记录审计结论时需注意，在审计工作底稿中记录的审计程序和审计证据是否足以支持所得出的审计结论。

（4）审计标志及其说明。审计工作底稿记录的内容一般都使用一些符号加以标示，以表达各种审计含义，加快审计工作底稿的编制。审计工作底稿中应说明使用的各种审计标志的含义，并保持前后一致。在实务中，注册会计师在审计工作底稿中常用的标志及其含义如表 1-7 所示。

表 1-7 **常用的审计标志**

审计标志	标志项目及含义	审计标志	标志项目及含义
∧	纵向相加核对	C	已发询证函
<	横向相加核对	C\	已收回询证函
B	与上年结转数核对一致	*	备注号
T	与原始凭证核对一致	N/A	不适用或无业务发生
G	与总分类账核对一致	O/S	未了事项
S	与明细账核对一致	✓	已查核
T/B	与试算平衡表核对一致	△	说明事项

（5）索引号及顺序编号。通常，审计工作底稿需要注明索引号及顺序编号，以保持

相关审计工作底稿之间清晰的钩稽关系，也便于整理归档，防止散落。

当审计工作底稿的某一部分引用其他一些工作底稿的内容时，应在相互引用的工作底稿上注明交叉索引号，即在引用其他工作底稿数据的工作底稿上，注明被引用工作底稿的索引号。

（6）编制人员和复核人员及执行日期。为了明确责任，在各自完成与特定工作底稿相关的任务后，编制者和复核者都应在工作底稿上签名并注明编制日期和复核日期。在需要对项目质量控制进行复核的情况下，还需要注明项目质量控制复核人员及复核的日期。

审计工作底稿的要素及编制示例如表 1-8 所示。

表 1-8　**应收账款审定表**

被审计单位：YH 股份有限公司　　索引号：ZD1

项目：应收账款审定表　　财务报表截止日/期间：2013 年 12 月 31 日

编制：李某　　日　期：2014 年 2 月 26 日

复核：王某　　日　期：2014 年 2 月 26 日

单位：元

上年审定数	未审数			账项调整		重分类调整		审定数
	项目	金额	索引号	金额	索引号	金额	索引号	
1 562 350.00B	报表数	1 078 770.00G				+560 000.00		1 638 770.00
	明细账							
	应收账款借方	1 286 330.00				+560 000.00		1 846 330.00
	预收账款借方							
	相关坏账准备	−207 560.00S						−207 560.00
	合计	1 078 770.00				+560 000.00		1 638 770.00

审计说明：从 70 户应收账款客户中抽取 28 户样本进行了函证，抽取样本占总户数的 40%，占应收账款余额的 70%。对未回函的实施了替代程序。对在审计外勤工作日已收讫货款的大额款项实施了必要的检查程序。其中 DT 公司的贷方余额应予以调整，作会计分录如下：

借：应收账款——DT 公司　　560 000

　贷：预收账款——DT 公司　　560 000

同时，坏账准备的计提数也要进行调整。

审计结论：

经审计调整后的余额 1 638 770 元可以确认。

审计标志及说明：

B：与上年结转数核对一致；

G：与总账核对相符；

S：与明细账核对相符。

（三）审计工作底稿的编制要求

注册会计师编制的审计工作底稿，应当使未曾接触该项审计工作的有经验的专业人士清楚地了解：

（1）按照审计准则和相关法律法规的规定实施的审计程序的性质、时间安排和范围。

（2）实施审计程序的结果和获取的审计证据。

（3）审计中遇到的重大事项和得出的结论以及在得出结论时作出的重大职业判断。

（四）审计工作底稿的复核

为了减少和消除审计工作失误，确保注册会计师出具适合具体情况的审计报告，会计师事务所应当建立完善的审计工作底稿复核制度。会计师事务所对审计工作底稿的复核可分为项目组成员实施的复核和项目质量控制复核两个层次。

1. 项目组成员实施的复核

中国注册会计师审计准则规定，由项目组内经验较多的人员（包括项目合伙人）复核经验较少人员的工作时，复核人员应当考虑：

（1）审计工作是否已按照法律法规、相关职业道德要求和审计准则的规定执行。

（2）重大事项是否已提请进一步考虑。

（3）相关事项是否已进行适当咨询，由此形成的结论是否得到记录和执行。

（4）是否需要修改已执行审计工作的性质、时间安排和范围。

（5）已执行的审计工作是否支持形成的结论，并已得到适当记录。

（6）获取的审计证据是否充分、适当，足以支持审计报告。

（7）审计程序的目标是否已经实现。

复核范围因审计规模、审计复杂程度以及工作安排的不同而存在显著差异。有时由高级助理人员复核低层次助理人员执行的工作，有时由项目经理完成，并最终由项目合伙人复核。对工作底稿实施的复核必须留下证据，一般由复核者在相关审计工作底稿上签名并署明日期。

2. 项目质量控制复核

项目质量控制复核是指在审计报告日或审计报告日之前，项目质量控制复核人员对项目组作出的重大判断和在编制审计报告时得出的结论进行客观评价的过程。

项目质量控制复核人员是指项目组成员以外的，具有足够、适当的经验和权限，对项目组作出的重大判断和在编制审计报告时得出的结论进行客观评价的合伙人、会计师事务所其他人员、具有适当资格的外部人员或由这类人员组成的小组。项目质量控制复核人员应当客观地评价项目组作出的重大判断以及编制审计报告时得出的结论。评价工作应当涉及下列内容：（1）与项目合伙人讨论重大事项。（2）复核财务报表和拟出具的审计报告。（3）复核选取的与项目组作出的重大判断和得出的结论相关的审计工作底稿。（4）评价在编制审计报告时得出的结论，并考虑拟出具审计报告的恰当性。

针对已复核的审计业务，项目质量控制复核人员应当就下列事项形成审计工作底稿：

（1）会计师事务所项目质量控制复核政策要求的程序已得到实施。

（2）项目质量控制复核在审计报告日或审计报告日之前已完成。

（3）项目质量控制复核人员没有注意到任何尚未解决的事项，使其认为项目组作出的重大判断和得出的结论不适当。

（五）审计工作底稿的归档

1. 审计档案的结构

对每项具体审计业务，注册会计师应当将审计工作底稿归整为审计档案。在实务中，审计档案按其使用时间的长短，可分为永久性档案和当期档案。

（1）永久性档案。永久性档案是指那些记录内容相对稳定，具有长期使用价值，并对以后审计工作具有重要影响和直接作用的审计档案。例如，被审计单位的组织结构、批准证书、营业执照、章程、重要资产的所有权或使用权的证明文件复印件等。若永久性档案中的某些内容已发生变化，注册会计师应当及时予以更新。

（2）当期档案。当期档案是指那些记录内容经常变化，主要供当期和下期审计使用的审计档案。例如，总体审计策略和具体审计计划，这些工作底稿所记录的内容在各年度之间是不同的，因此主要供当期审计使用。

2. 审计工作底稿的归档期限

注册会计师应当按照会计师事务所质量控制政策和程序的规定，在审计报告日后及时将审计工作底稿归整为最终审计档案。

归档时，可以按照审计循环或会计报表项目以及审计工作底稿的使用期限长短先行分类，再编上相应标志号和页次后，分别存档，以便于查阅。

审计工作底稿的归档期限为审计报告日后60天内。

如果注册会计师未能完成审计业务，审计工作底稿的归档期限为审计业务中止后的60天内。

3. 审计工作底稿保管期限

审计工作底稿是会计师事务所审计工作的重要历史资料，是会计师事务所的宝贵财富，应当妥善保管。

会计师事务所应当自审计报告日起，对审计工作底稿至少保存10年。

如果注册会计师未能完成审计业务，会计师事务所应当自审计业务中止日起，对审计工作底稿至少保存10年。

在完成最终审计档案的归整工作后，注册会计师不得在规定的保存期限届满前删除或废弃审计工作底稿。

项目三　审计流程

任务描述：

了解财务报表审计流程，熟悉开展初步业务活动的目标要求和工作内容，掌握总体审计策略和具体审计计划的各项要素，理解风险评估和风险应对的操作原理，在此基础上，根据承接业务的特点计划审计工作，通过实施风险评估程序识别、评估重大错报风险，并能针对评估的重大错报风险确定总体应对措施、设计和实施进一步审计程序，同时，将从承接业务到实施进一步审计程序的审计过程恰当地记录于审计工作底稿。

技能目标：

1. 能按照初步业务活动的要求恰当地承接审计业务。
2. 能制订初步的总体审计策略和具体审计计划。
3. 能通过实施风险评估程序识别、评估重大错报风险。
4. 能针对评估的重大错报风险确定总体应对措施、设计和实施进一步审计程序。
5. 能准确地将从承接业务到实施进一步审计程序的审计过程记录于审计工作底稿。

知识目标：

1. 熟悉开展初步业务活动的要求和内容。
2. 明确总体审计策略和具体审计计划的要素。
3. 了解审计重要性和审计风险的概念和意义。
4. 了解审计风险评估工作过程。
5. 掌握针对评估风险的总体应对措施和进一步审计程序的性质、时间安排和范围。

情境导入：

2010年2月3日，某会计师事务所的注册会计师张某接到好朋友李某的电话，说有一个亲戚开办的JR公司拟贷款需向银行提供审计后的财务报表，正在寻找合适的会计师事务所。李某希望张某能够承接对JR公司会计报表进行审计的业务。张某听了，一方面受朋友所托，另一方面也认为是开拓了一个新客户，于是非常爽快地答应了，并通过电话联系与该公司形成业务约定。同时张某考虑到业务的特殊性和时间的紧迫性，除按规定标准收取审计费用外，还提出另加收15%的赶工费。

2010年2月6日张某带领审计小组到JR公司实施审计，但审计过程不太顺利，张某发现该公司会计账册不齐，提出对存货进行监盘以及向会计人员索要客户资料以便函证等要求均以涉及公司机密为由被JR公司拒绝。2月15日张某带领的审计小组完成了外勤审计工作，并于3月3日按JR公司的要求提交了审计报告。注册会计师张某无法对JR公司的存货和应收账款实施必要的审计程序，以获取充分、适当的审计证据，由于这一事项对财务报表可能产生的影响重大且具有广泛影响，张某出具了无法表示意见的审计报告。JR公司认为该审计报告无法为公司获得银行贷款，拒绝支付审计费用和赶工费，双方争执不下。

JR公司属于私营公司，主营珠宝首饰的生产和销售，自开业以来，业务发展很快，营业额逐年增加，但从没有接受过注册会计师审计。注册会计师张某是该会计师事务所的出资人之一，业务专长是对工业企业，尤其是国有工业企业进行会计报表审计。

该会计师事务所的做法是否妥当？如果不妥当，你有什么建议？

审计流程是指注册会计师从接受审计项目开始，到审计工作结束的全部过程，一般包括接受业务委托、计划审计工作、实施风险评估程序、应对评估风险以及出具审计报告等过程。财务报表审计流程如图 1-1 所示。

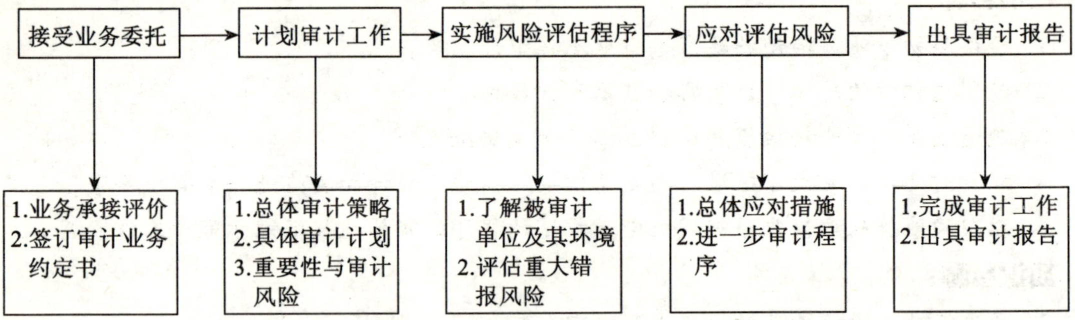

图 1-1　财务报表审计流程

任务一　接受业务委托

在风险导向模式下进行年度财务报表审计，会计师事务所面临着很大的执业挑战，注册会计师只有谨慎承接业务，才能从根本上规避和降低审计风险。因此，注册会计师应当在接受业务委托前开展初步业务活动，以确保在计划审计工作时达到下列要求：（1）具备执行业务所需要的独立性和专业胜任能力；（2）不存在因管理层诚信问题而可能影响注册会计师承接或保持该项业务意愿的事项；（3）与被审计单位之间不存在对业务约定条款的误解。初步业务活动的具体程序如表 1-9 所示。

表 1-9　　**初步业务活动程序表**

被审计单位：________　　索引号：________

项目：初步业务活动程序表　　财务报表截止日/期间：________

编制：________　　日　期：________

复核：________　　日　期：________

初步业务活动目标：确定是否接受业务委托。如接受业务委托，确保在计划审计工作时达到下列要求：（1）具备执行业务所需要的独立性和专业胜任能力；（2）不存在因管理层诚信问题而可能影响注册会计师承接或保持该项业务意愿的事项；（3）与被审计单位之间不存在对业务约定条款的误解。

初步业务活动程序	索引号	执行人
1. 如果首次接受审计委托，实施下列程序		
（1）与被审计单位面谈，讨论下列事项		
①审计的目标		
②审计报告的用途		
③管理层对财务报表的责任		
④审计范围		
⑤执行审计工作的安排，包括出具审计报告的时间要求		

续表

初步业务活动程序	索引号	执行人
⑥审计报告格式和对审计结果的其他沟通形式 ⑦管理层提供必要的工作条件和协助 ⑧注册会计师不受限制地接触任何与审计有关的记录、文件和所需要的其他信息 ⑨利用被审计单位专家或内部审计人员的程度（必要时） ⑩审计收费 （2）初步了解被审计单位及其环境，并予以记录 （3）征得被审计单位书面同意后，与前任注册会计师沟通		
2. 如果是连续审计，实施下列程序 （1）了解审计的目标、审计报告的用途、审计范围和时间安排等 （2）查阅以前年度审计工作底稿，重点关注非标准审计报告涉及的说明事项、管理建议书的具体内容、重大事项概要等 （3）初步了解被审计单位及其环境发生的重大变化，并予以记录 （4）考虑是否需要修改业务约定条款以及是否需要提醒被审计单位注意现有的业务约定条款		
3. 评价是否具备执行该项审计业务所需要的独立性和专业胜任能力		
4. 完成业务承接评价表或业务保持评价表		
5. 签订审计业务约定书（适用于首次接受业务委托以及连续审计中修改长期审计业务约定书条款的情况）		

（一）客户的接受与保持

按照执业准则的规定，在接受新客户的业务前，或决定是否保持现有业务或考虑接受现有客户的新业务时，会计师事务所应当执行一些客户接受与保持的程序，以获取如下信息：第一，考虑客户的诚信，没有信息表明客户缺乏诚信；第二，具有执行业务必要的素质、能力、时间和资源；第三，能够遵守职业道德规范。

1. 针对保持客户关系和具体审计业务实施质量控制程序

（1）初步了解被审计单位。会计师事务所在同意承接审计业务前，需要对被审计单位进行充分的了解。初步了解被审计单位的目的是评价被审计单位的可审性，确定是否接受业务委托，并为接受委托后计划和实施审计工作奠定基础。注册会计师在承接业务时应初步了解被审计单位的性质和主要业务、经营规模和组织结构、经营情况和经营风险、财务会计机构和工作组织、以前年度接受审计的情况以及管理层和治理层等相关方面的情况。

注册会计师除了通过向前任注册会计师、监管机构、金融机构、法律顾问和客户的同行等第三方询问和查阅相关资料等方式了解被审计单位的基本情况外，还应特别考虑客户的诚信，确认没有信息表明客户缺乏诚信。针对客户的诚信，注册会计师所考虑的事项主要包括：①客户主要股东、关键管理人员、关联方及治理层的身份和商业信誉。②客户的经营性质，包括其业务。③有关客户主要股东、关键管理人员及治理层对内部控制环境和会计准则等的态度的信息。④客户是否过分考虑将会计师事务所的收费维持在尽可能低的水平。⑤工作范围受到不适当限制的迹象。⑥客户可能涉嫌洗钱或其他刑事犯罪行为的迹象。⑦变更会计师事务所的理由。⑧关联方的名称、特征和商业信誉。

在连续审计的情况下，注册会计师已经积累了一定的审计经验，因此，在决定是否保持与某一客户的关系时，通常重点考虑以前执行业务时发现的重大事项、本期被审计单位及其环境所发生的重大变化和它们对保持客户关系产生的影响。

（2）考虑会计师事务所的胜任能力、素质和资源。在确定是否具有接受新业务所需的胜任能力、素质和资源时，会计师事务所需要评价新业务的特定要求和所有相关级别的现有员工的基本情况以及下列事项：①会计师事务所人员是否熟悉相关行业或业务对象。②会计师事务所人员是否了解相关监管要求或报告要求，或具备有效获取必要技能和知识的能力。③会计师事务所是否拥有足够的具有必要胜任能力和素质的人员。④需要时是否能够得到专家的帮助。⑤如果需要实施项目质量控制复核，是否具备符合标准和资格要求的项目质量控制复核人员。⑥会计师事务所是否能够在提交报告的最后期限内完成业务。

2. 评价遵守相关职业道德要求的情况

注册会计师的职业性质决定了其对社会公众应承担的责任。注册会计师作为独立第三方，运用专业知识、技能和经验对财务报表进行审计并发表审计意见，旨在提高财务报表的可信赖程度，为投资者进行决策提供依据。因此，注册会计师在执业过程中应自觉遵守诚信、独立、客观和公正的原则，保持专业胜任能力和应有的关注，具备良好的职业行为，并对职业活动中获知的涉密信息保密。

独立性是注册会计师执行审计业务的灵魂。因为注册会计师要以自身的信誉向社会公众表明被审计单位的财务报表是合法和公允的，如果注册会计师与客户之间不能保持独立，就很难取信于社会公众。根据中国注册会计师执业准则对财务报表审计实施的质量控制的规定，注册会计师应当在开展初步业务活动中评价遵守相关职业道德要求的情况，包括独立性要求。独立性包括实质上的独立性和形式上的独立性。实质上的独立性是一种内心状态，使注册会计师在得出结论时不受损害职业判断的因素影响，诚信行事，遵循客观和公正原则，保持职业怀疑态度；形式上的独立性是一种外在表现，使得一个理性且掌握充分信息的第三方，在权衡所有相关事实和情况后，认为会计师事务所或审计项目组成员没有损害诚信原则、客观和公正原则或职业怀疑态度。

注册会计师在承接业务时应获取相关信息，识别和评价对独立性产生不利影响的情形，采取适当的行动，运用防范措施以消除对独立性的不利影响或将其降至可接受的水平，或拒绝承接业务。可能对注册会计师遵循独立性要求产生不利影响的因素主要有：

（1）自身利益导致的不利影响。如果经济利益或其他利益对注册会计师的职业判断或行为产生不当影响，将产生自身利益导致的不利影响。自身利益导致不利影响的情形主要包括：①项目组成员在鉴证客户中拥有直接经济利益。②会计师事务所的收入过分依赖某一客户。③项目组成员与鉴证客户存在重要且密切的商业关系。④会计师事务所担心可能失去某一重要客户。⑤项目组成员正在与鉴证客户协商受雇于该客户。⑥会计师事务所与客户就鉴证业务达成或有收费的协议。⑦注册会计师在评价所在会计师事务所以往提供的专业服务时，发现了重大错误。

（2）自我评价导致的不利影响。如果注册会计师对其（或者其所在会计师事务所或雇佣单位的其他人员）以前的判断或服务结果做出不恰当的评价，并且将据此形成的判断作为当前服务的组成部分，将产生自我评价导致的不利影响。自我评价导致不利影响的情形主要包括：

①会计师事务所在对客户提供财务系统的设计或操作服务后，又对系统的运行有效性出具鉴证报告。

②会计师事务所为客户编制原始数据，这些数据构成鉴证业务的对象。

③项目组成员担任或最近曾经担任客户的董事或高级管理人员。

④项目组成员目前或最近曾受雇于客户，并且所处职位能够对鉴证对象施加重大影响。

⑤会计师事务所为鉴证客户提供直接影响鉴证对象信息的其他服务。

（3）密切关系导致的不利影响。如果注册会计师与客户或雇佣单位存在长期或亲密的关系，而过于倾向他们的利益，或认可他们的工作，将产生密切关系导致的不利影响。密切关系导致不利影响的情形主要包括：

①项目组成员的近亲属担任客户的董事或高级管理人员。

②项目组成员的近亲属是客户的员工，其所处职位能够对业务对象施加重大影响。

③客户的董事、高级管理人员或所处职位能够对业务对象施加重大影响的员工，最近曾担任会计师事务所的项目合伙人。

④注册会计师接受客户的礼品或款待。

⑤会计师事务所的合伙人或高级员工与鉴证客户存在长期业务关系。

（4）外在压力导致不利影响。如果注册会计师受到实际的压力或感受到压力（包括对注册会计师实施不当影响的意图）而无法客观行事，将产生外在压力导致的不利影响。外在压力导致不利影响的情形主要包括：

①会计师事务所受到客户解除业务关系的威胁。

②审计客户表示，如果会计师事务所不同意对某项交易的会计处理，则不再委托其承办拟议中的非鉴证业务。

③客户威胁将起诉会计师事务所。

④会计师事务所受到降低收费的影响而不恰当地缩小工作范围。

⑤由于客户员工对所讨论的事项更具有专长，注册会计师面临服从其判断的压力。

⑥会计师事务所合伙人告知注册会计师，除非同意审计客户不恰当的会计处理，否则将影响晋升。

【例 1-6】HN 公司系某会计师事务所的常年审计客户。2013 年 11 月，该会计师事务所与 HN 公司续签了审计业务约定书，并拟派出由注册会计师李某、刘某组成的审计项目组审计 HN 公司 2013 年度财务报表。假定存在以下情形：

（1）HN 公司由于财务困难，应付该会计师事务所 2012 年度的审计费用 100 万元一直没有支付。经双方协商，该会计师事务所同意 HN 公司延期至 2014 年 6 月底支付。在此期间，HN 公司按银行同期贷款利率支付资金占用费。

（2）注册会计师李某在2012年11月来事务所前曾是HN公司财务部负责人。

（3）注册会计师李某的妹妹在HN公司财务部从事会计核算工作，但非财务部负责人。

（4）注册会计师刘某已连续5年担任HN公司年度财务报表审计的签字注册会计师。

（5）注册会计师刘某已初步接受HN公司邀请，将于2014年6月加盟HN公司任财务总监一职。

（6）该会计师事务所针对审计过程中发现的问题，向HN公司提出了会计政策选用和会计处理调整的建议，并协助其解决相关账户调整问题。

（7）HN公司要求该会计师事务所在出具审计报告的同时，提供内部控制审核报告。为此，双方另行签订了业务约定书。

（8）由于HN公司降低了2013年度财务报表审计费用近1/3，导致该会计师事务所审计收入不能弥补审计成本，该会计师事务所决定不再对HN公司下属的2个重要的销售分公司进行审计，并以审计范围受限为由出具了保留意见的审计报告。

要求：请根据《中国注册会计师职业道德守则》有关独立性的规定，分别判断上述情形是否对该会计师事务所的独立性产生不利影响，并简要说明理由。

分析：

（1）产生不利影响。该会计师事务所将2012年度的审计收入100万元延期至2014年6月收取而继续承接HN公司2013年年报审计委托，如果该会计师事务所要求HN公司立即支付审计费用，该会计师事务所可能会失去这一客户，同时，对HN公司以前年度尚未支付的审计费用收取资金占用费，这说明该会计师事务所与HN公司存在除审计收费以外的直接经济利益关系，会产生自身利益导致的不利影响。

（2）产生不利影响。项目组成员李某担任或最近曾经担任客户的董事或高级管理人员，会产生自我评价导致的不利影响。

（3）产生不利影响。因为注册会计师李某是审计项目负责人之一，其妹妹属于李某的直系亲属，并且其从事会计核算工作能够对年报审计业务产生直接重大影响，会产生密切关系导致的不利影响。

（4）产生不利影响。注册会计师刘某与客户存在长期业务关系，会产生密切关系导致的不利影响。

（5）产生不利影响。注册会计师刘某拟在2014年加盟HN公司高级管理层是与审计客户进行雇佣协商，会产生自身利益导致的不利影响。

（6）不产生不利影响。为HN公司提出会计政策选用和会计处理调整的建议，并协助其解决相关账户调整问题属于审计过程中的正常工作，不会对独立性产生不利影响。

（7）不产生不利影响。内部控制审核与财务报表审计业务是相容的工作，不会对独立性产生不利影响。

（8）产生不利影响。由于该会计师事务所受到HN公司降低收费的压力而不恰当地缩小工作范围，影响到审计工作的质量，会产生外在压力导致的不利影响。

（二）签订审计业务约定书

在作出接受或保持客户关系及具体审计业务的决策后，注册会计师应当按照《中国注册会计师审计准则第1111号——就审计业务约定条款达成一致意见》的规定，在审计业务开始前，与被审计单位就审计业务约定条款达成一致意见，签订或修改审计业务约定书，以免双方对审计业务的理解产生分歧。

审计业务约定书是指会计师事务所与被审计单位签订的，用以记录和确认审计业务的委托与受托关系、审计目标和范围、双方的责任以及报告的格式等事项的书面协议。

1. 确定审计业务约定书的条款

审计业务约定书的具体条款可能因被审计单位不同而存在差异，但应当包括下列主要内容：

（1）财务报表审计的目标。财务报表审计的目标是注册会计师通过执行审计工作，对财务报表是否在所有重大方面按照企业会计准则的规定编制以及是否在所有重大方面公允反映了被审计单位的财务状况、经营成果和现金流量发表审计意见。

（2）注册会计师的责任。按照中国注册会计师审计准则的规定对财务报表发表审计意见是注册会计师的责任。审计准则要求注册会计师遵守中国注册会计师职业道德守则，计划和执行审计工作以对财务报表是否不存在重大错报获取合理保证。

（3）管理层的责任。注册会计师执行审计工作的前提是被审计单位管理层已认可并理解其承担的责任，这些责任包括：

①按照适用的财务报告编制基础编制财务报表，并使其实现公允反映。

②设计、执行和维护必要的内部控制，以使财务报表不存在由于舞弊或错误导致的重大错报。

③向注册会计师提供必要的工作条件，包括允许注册会计师接触与编制财务报表相关的所有信息（如记录、文件和其他事项），向注册会计师提供审计所需要的其他信息，允许注册会计师在获取审计证据时不受限制地接触其认为必要的内部人员和其他相关人员。

（4）指出用于编制财务报表所适用的财务报告编制基础。财务报告编制基础分为通用目的编制基础和特殊目的编制基础。通用目的编制基础，是指旨在满足广大财务报表使用者共同的财务信息需求的财务报告编制基础，主要是指会计准则和会计制度。特殊目的编制基础，是指旨在满足财务报表特定使用者财务信息需求的财务报告编制基础，包括计税核算基础、监管机构的报告要求和合同的约定等。适用的财务报告编制基础为注册会计师提供了用以审计财务报表的标准。

（5）执行审计工作的安排。包括注册会计师出具审计报告的时间要求，拟出具的审计报告的预期形式和内容以及对在特定情况下对出具的审计报告可能不同于预期形式和内容的说明。

（6）审计收费。在签订审计业务约定书前，注册会计师应当与委托人商定审计收费，包括收费的计算基础和收费安排。

（7）违约责任及解决争议的方法。

（8）签约双方法定代表人或其授权代表的签字盖章以及签约双方单位加盖的公章。

2. 审计业务约定条款的变更

在完成审计业务前，可能会发生一些新情况导致客户要求变更业务。通常，导致客户要求变更业务的原因可能包括：(1) 环境变化对审计服务的需求产生影响；(2) 对原来要求的审计业务的性质存在误解；(3) 无论是管理层施加的还是其他情况引起的审计范围受到限制。

如果客户要求将审计业务变更为保证程度较低的业务，注册会计师应当确定是否存在予以变更的合理理由。由于环境变化导致对审计服务的需求产生影响，或对原来要求的审计业务的性质存在误解可以认为是被审计单位要求变更审计业务约定条款的合理理由。但如果有迹象表明变更审计业务约定条款的要求与错误的、不完整的或者不能令人满意的信息有关，则该变更不能认为是合理的。例如，如果注册会计师不能就应收款项获取充分、适当的审计证据，而被审计单位要求将审计业务变更为审阅业务，以避免注册会计师发表保留意见或无法表示意见，则该变更是不合理的。

如果审计业务约定条款发生变更，注册会计师应当与管理层就新的业务约定条款达成一致意见，并记录于业务约定书或其他适当形式的书面协议中。如果注册会计师不同意变更审计业务约定条款，而管理层又不允许继续执行原审计业务，注册会计师应当在适用的法律法规允许的情况下，解除审计业务约定，并确定是否有约定义务或其他义务向治理层、所有者或监管机构等报告该事项。

注册会计师与客户之间就审计业务约定条款达成一致意见后，就可以签订正式的审计业务约定书了。在实务中，审计业务约定书可以采用合同式或信函两种格式。

任务二　制订审计计划

计划审计工作对于注册会计师顺利完成审计工作和控制审计风险具有非常重要的意义。合理的审计计划有助于注册会计师关注重要的审计领域、及时发现和解决潜在问题及恰当地组织和管理审计工作，以有效的方式执行审计业务。同时，充分的审计计划还有助于选择具备必要的专业素质和胜任能力的项目组成员应对预期的风险，向项目组成员分派适当的工作并复核其工作。

计划审计工作是一项持续的过程，注册会计师通常在前一期审计工作结束后即开始开展本期的审计计划工作，并直到本期审计工作结束为止。在制订审计计划的过程中，注册会计师需要做出很多关键决策，包括确定可接受的审计风险水平和重要性、配置项目人员等。审计计划分为总体审计策略和具体审计计划两个层次。

（一）总体审计策略

注册会计师应当为审计工作制订总体审计策略。总体审计策略用以确定审计工作的范围、时间安排和方向，并指导具体审计计划的制订。在制订总体审计策略时，应当考虑以下事项：

1. 审计范围

注册会计师应当确定审计业务的特征，包括财务报告编制基础、特定行业的报告要求以及被审计单位组成部分的分布等，以确定审计范围。具体来说，在确定审计范围时，注册会计师需要考虑下列事项：

（1）编制拟审计的财务信息所依据的财务报告编制基础。

（2）特定行业的报告要求，如某些行业的监管部门要求提交的报告。

（3）预期的审计工作涵盖范围，包括应涵盖的组成部分的数量及所在地点。

（4）母公司和集团内其他组成部分之间存在的控制关系的性质，以确定如何编制合并财务报表。

（5）拟审计的经营分部的性质，包括是否需要具备专门知识。

（6）外币折算，包括外币交易的会计处理，外币财务报表的折算和相关信息的披露。

（7）除为合并目的执行的审计工作之外，对个别财务报表进行法定审计的需求。

（8）内部审计工作的可获得性及注册会计师拟信赖内部审计工作的程度。

（9）对利用在以前审计工作中获取的审计证据（如获取的与风险评估程序和控制测试相关的审计证据）的预期。

（10）信息技术对审计程序的影响，包括数据的可获得性和预期使用计算机辅助审计技术的情况。

2. 报告目标、时间安排及所需沟通的性质

总体审计策略的制订应当包括明确审计业务的报告目标以及计划审计的时间安排和所需沟通的性质，预期与管理层和治理层沟通的重要日期等。为明确审计业务的报告目标、审计的时间安排和沟通的性质，需要考虑下列事项：

（1）被审计单位对外报告的时间表，包括中间阶段和最终阶段。

（2）与管理层和治理层举行会谈，讨论审计工作的性质、时间安排和范围。

（3）与管理层和治理层讨论注册会计师拟出具的报告的类型和时间安排以及沟通的其他事项（口头或书面沟通），包括审计报告、管理建议书和向治理层通报的其他事项。

（4）与管理层讨论预期就整个审计业务中对审计工作的进展进行的沟通。

（5）项目组成员之间沟通的性质和时间安排，包括项目组会议的性质和时间安排以及复核已执行工作的时间安排。

（6）预期是否需要和第三方进行其他沟通，包括与审计相关的法定或约定责任。

3. 审计方向

总体审计策略的制订应当包括考虑影响审计业务的重要因素，以确定项目组的工作方向。在确定审计方向时，注册会计师需要考虑下列事项：

（1）重要性方面，包括为计划目的确定的重要性水平，在审计过程中重新考虑重要性以及初步识别重要的组成部分和账户余额。

（2）初步识别的可能存在较高重大错报风险的领域。

（3）评估的财务报表层次的重大错报风险对指导、监督和复核的影响。

（4）以往审计中对内部控制运行有效性评价的结果，包括所识别的控制缺陷的性质及应对措施。

（5）管理层重视设计和实施健全的内部控制的相关证据，包括这些内部控制得以适当记录的证据。

（6）业务交易量规模，以基于审计效率的考虑确定是否依赖内部控制。

（7）对内部控制重要性的重视程度。

（8）影响被审计单位的重大业务变化，包括信息技术和业务流程的变化，关键管理人员的变化以及收购、兼并和处置。

（9）重大的行业发展情况，如行业法规变化和新的报告要求。

（10）财务报告编制基础的重大变化，如适用的会计准则的变化。

4. 资源的性质、时间安排和范围

注册会计师应当在审计总体策略中清楚地说明审计资源的规划和调配，包括确定执行审计业务所需审计资源的性质、时间安排和范围。

（1）项目组成员（在必要时包括项目质量控制复核人员）的选择以及对项目组成员审计工作的分派，包括向可能存在较高重大错报风险的领域分派具备适当经验的人员。

（2）项目预算，包括为可能存在较高重大错报风险的领域预留适当的工作时间。

注册会计师在确定好审计范围、时间安排和审计方向以后，就可以编写总体审计策略。总体审计策略的格式如表 1-10 所示。

表 1-10　**总体审计策略**

被审计单位：________　索引号：________

项目：总体审计策略　财务报表截止日/期间：________

编制：________　日　期：________

复核：________　日　期：________

一、审计范围

报告要求	
适用的会计准则或制度	
适用的审计准则	
与财务报告相关的行业特别规定	例如：监管机构发布的有关信息披露法规、特定行业主管部门发布的与财务报告相关的法规等
需审计的集团内组成部分的数量及所在地点	
需要阅读的含有已审计财务报表的文件中的其他信息	例如：上市公司年报
制订审计策略需考虑的其他事项	例如：单独出具报告的子公司范围等

二、审计业务时间安排

（一）对外报告时间安排：________

（二）执行审计时间安排

执行审计时间安排	时　间
1. 期中审计	
（1）制订总体审计策略	
（2）制订具体审计计划	
……	

续表

执行审计时间安排	时　　间
2. 期末审计	
（1）存货监盘	
……	

（三）沟通的时间安排

所 需 沟 通	时　　间
与管理层及治理层的会议	
项目组会议（包括预备会和总结会）	
与专家或有关人士的沟通	
与其他注册会计师的沟通	
与前任注册会计师的沟通	
……	

三、影响审计业务的重要因素

（一）重要性

确定的重要性水平	索引号

（二）可能存在较高重大错报风险的领域

可能存在较高重大错报风险的领域	索引号

（三）重要的组成部分和账户余额

重要的组成部分和账户余额	索引号
1. 重要的组成部分	
……	
2. 重要的账户余额	
……	

四、人员安排

（一）项目组主要成员的责任

职位	姓名	主要职责

（二）与项目质量控制复核人员的沟通（如适用）

复核的范围：____

沟通内容	负责沟通的项目组成员	计划沟通时间
风险评估、对审计计划的讨论		
对财务报表的复核		
……		

续表

五、对专家或有关人士工作的利用（如适用）

（一）对内部审计工作的利用

主要报表项目	拟利用的内部审计工作	索引号
存货	内部审计部门对各仓库的存货每半年至少盘点一次。在中期审计时，项目组已经对内部审计部门的盘点步骤进行了观察，其结果满意，因此项目组将审阅其年底的盘点结果，并缩小存货监盘的范围	
……		

（二）对其他注册会计师工作的利用

其他注册会计师名称	利用其工作范围及程度	索引号

（三）对专家工作的利用

主要报表项目	专家名称	主要职责及工作范围	利用专家工作的原因	索引号

（四）对被审计单位使用服务机构的考虑

主要报表项目	服务机构名称	服务机构提供的相关服务及其注册会计师出具的审计报告意见及日期	索引号

（二）具体审计计划

总体审计策略一经制订，注册会计师就应当针对总体审计策略中所识别的不同事项，制订具体审计计划，并考虑通过有效利用审计资源以实现审计目标。值得注意的是，虽然编制总体审计策略的过程通常在具体审计计划之前，但是两项计划活动并不是孤立、不连续的过程，而是内在紧密联系的，对其中一项的决定可能会影响甚至改变对另外一项的决定。例如，注册会计师在了解被审计单位及其环境的过程中，注意到被审计单位对主要业务的处理依赖复杂的自动化信息系统，因此计算机信息系统的可靠性及有效性对其经营、管理、决策以及编制可靠的财务报告具有重大影响。对此，注册会计师可能会在具体审计计划中制定相应的审计程序，并相应调整总体审计策略的内容，作出利用信息技术专家的工作的决定。

具体审计计划比总体审计策略更加详细，其内容包括为获取充分、适当的审计证据以将审计风险降至可接受的低水平，项目组成员拟实施的审计程序的性质、时间安排和范围。可以说，为获取充分、适当的审计证据，确定审计程序的性质、时间安排和范围是具体审计计划的核心。具体审计计划应当包括风险评估程序、计划实施的进一步审计程序和其他审计程序。

（1）风险评估程序。具体审计计划应当包括按照《中国注册会计师审计准则第 1211 号——通过了解被审计单位及其环境识别和评估重大错报风险》的规定，为了足够识别和评估财务报表重大错报风险，注册会计师计划实施的风险评估程序的性质、时间安排和范围。

注册会计师为识别和评估被审计单位财务报表的重大错报风险，需要制订实施风险评估的具体审计计划，这一般是通过编制了解被审计单位及其环境程序表的形式进行的。

（2）计划实施的进一步审计程序。具体审计计划应当包括按照《中国注册会计师审计准则第 1231 号——针对评估的重大错报风险采取的应对措施》的规定，针对评估的认定层次的重大错报风险，注册会计师计划实施的进一步审计程序的性质、时间安排和范围。

通常，注册会计师计划的进一步审计程序可以分为进一步审计程序的总体方案和拟实施的具体审计程序（包括进一步审计程序的具体性质、时间安排和范围）两个层次。进一步审计程序的总体方案主要是指注册会计师针对各类交易、账户余额和列报决定采用的总体方案（包括实质性方案或综合性方案）。具体审计程序则是对进一步审计程序的总体方案的延伸和细化，它通常包括控制测试和实质性程序的性质、时间安排和范围。

在实务中，注册会计师通常单独编制一套包括这些具体程序的进一步审计程序表，待具体实施审计程序时，注册会计师将基于所计划的具体审计程序，进一步记录所实施的审计程序及结果，并最终形成有关进一步审计程序的审计工作底稿。如注册会计师针对应付账款计划实施进一步审计程序，则编制的应付账款实质性程序表如表 1-11 所示。

表 1-11　**应付账款实质性程序表**

被审计单位：＿＿＿＿＿＿　索引号：＿＿＿＿＿＿

项目：应付账款实质性程序表　财务报表截止日/期间：＿＿＿＿＿＿

编制：＿＿＿＿＿＿　日　期：＿＿＿＿＿＿

复核：＿＿＿＿＿＿　日　期：＿＿＿＿＿＿

一、审计目标

1. 资产负债表中记录的应付账款是存在的
2. 所有应当记录的应付账款均已记录
3. 资产负债表中记录的应付账款是被审计单位应当履行的现时义务
4. 应付账款以恰当的金额包括在财务报表中，与之相关的计价调整已恰当记录
5. 应付账款已按照企业会计准则的规定在财务报表中作出恰当的列报

二、可实施的审计程序

续表

可供选择的审计程序	执行情况	执行人	索引号
1. 获取或编制应付账款明细表 （1）复核加计是否正确，并与报表数、总账数和明细账合计数核对是否相符 （2）检查非记账本位币应付账款的折算汇率及折算是否正确 （3）分析出现借方余额的项目，查明原因，必要时，作重分类调整 （4）结合预付账款等往来项目的明细余额，调查有无同挂的项目、异常余额或与购货无关的其他款项（如关联方账户或雇员账户），如有，应做出记录，必要时作调整			
2. 获取被审计单位与其供应商之间的对账单（应从非财务部门，如采购部门获取），并将对账单和被审计单位财务记录之间的差异进行调节（如在途款项、在途货物、付款折扣、未记录的负债等），查找有无未入账的应付账款，确定应付账款金额的准确性			
3. 检查债务形成的相关原始凭证，如供应商发票、验收报告或入库单等，查找有无未及时入账的应付账款，确定应付账款金额的准确性			
4. 检查应付账款长期挂账的原因并进行记录，注意其是否可能无需支付；对确实无需支付的应付账款的会计处理是否正确，依据是否充分；关注账龄超过 3 年的大额应付账款在资产负债表日后是否偿还，检查偿还记录及单据，并披露（分析程序）			
5. 针对资产负债表日后付款项目，检查银行对账单及有关付款凭证（如银行划款通知、供应商收据等），询问被审计单位内部或外部的知情人员，查找有无未及时入账的应付账款			
6. 复核截至审计现场工作日的全部未处理的供应商发票，并询问是否存在其他未处理的供应商发票，确认所有的负债都记录在正确的会计期间内			
7. 选择应付账款的重要项目（包括零账户）函证其余额和交易条款，对未回函的再次发函或实施替代的检查程序（检查原始凭单，如合同、发票、验收单，核实应付账款的真实性）			
8. 针对已偿付的应付账款，追查至银行对账单、银行付款单据和其他原始凭证，检查其是否在资产负债表日前真实偿付			
9. 检查资产负债表日后应付账款明细账贷方发生额的相应凭证，关注其购货发票的日期，确认其入账时间是否合理			

续表

可供选择的审计程序	执行情况	执行人	索引号
10. 结合存货监盘程序，检查被审计单位在资产负债日前后的存货入库资料（验收报告或入库单），检查是否有大额料到单未到的情况，确认相关负债是否计入了正确的会计期间			
11. 针对异常或大额交易及重大调整事项（如大额的购货折扣或退回，会计处理异常的交易，未经授权的交易，或缺乏支持性凭证的交易等），检查相关原始凭证和会计记录，以分析交易的真实性、合理性			
12. 检查带有现金折扣的应付账款是否按发票上记载的全部应付金额入账，在实际获得现金折扣时再冲减财务费用			
13. 被审计单位与债权人进行债务重组的，检查不同债务重组方式下的会计处理是否正确			
14. 检查应付关联款项的真实性、完整性			

（3）计划实施的其他审计程序。计划实施的其他审计程序可以包括上述进一步程序的计划中没有涵盖的、根据其他审计准则的要求注册会计师应当执行的既定程序。例如，《中国注册会计师审计准则第 1141 号——财务报表审计中与舞弊相关的责任》及《中国注册会计师审计准则第 1323 号——关联方》等准则中对注册会计师针对这些特定项目在审计计划阶段应当执行的程序及其记录做出了规定。

（三）审计重要性与审计风险

审计重要性是审计学的一个基本概念。审计重要性概念的运用贯穿于整个审计过程。在计划审计工作时，注册会计师应当确定一个可接受的重要性水平，以发现在金额上重大的错报，以便确定进一步审计程序的性质、时间安排和范围，将审计风险降至可接受的低水平。在确定审计意见类型时，注册会计师也需要考虑重要性水平。

1. 重要性的含义

财务报告编制基础通常从编制和列报财务报表的角度阐释重要性概念。财务报告编制基础可能以不同的术语解释重要性，但通常而言，重要性概念可从下列方面进行理解：

（1）如果合理预期错报（包括漏报）单独或汇总起来可能影响财务报表使用者依据财务报表作出的经济决策，则通常认为错报是重大的；

（2）对重要性的判断是根据具体环境作出的，并受错报的金额或性质的影响，或受两者共同作用的影响；

（3）判断某事项对财务报表使用者是否重大，是在考虑财务报表使用者整体共同的财务信息需求的基础上作出的。不同财务报表使用者对财务信息的需求可能差异很大，因此不考虑错报对个别财务报表使用者可能产生的影响。

2. 重要性水平的确定

注册会计师在确定重要性时，应从性质和数量两个方面合理确定重要水平。

（1）从性质方面考虑重要性。在某些情况下，金额相对较小的错报可能会对财务报表产生重大影响。例如一项不重大的违法支付或者没有遵循某项法律规定，但该支付或违法行为可能导致一项重大的或有负债、重大的资产损失或收入损失，就认为上述事项是重大的。注册会计师在判断错报的性质时可能考虑的因素有：①对财务报表使用者需要的感知。他们对财务报表的哪一方面感兴趣。②获利能力趋势。③因没有遵守贷款契约、合同约定、法规条款和法定的或常规的报告要求而产生错报的影响。④计算管理层报酬（奖金等）的依据。⑤由于错误或舞弊而使一些账户项目对损失的敏感性。⑥重大或有负债。⑦关联方交易。⑧可能的违法行为、违约和利益冲突。⑨管理层一直不愿意纠正已报告的与财务报告相关的内部控制制度的缺陷。

（2）从数量方面考虑重要性。具体包括：

①财务报表整体的重要性水平。由于财务报表审计的目标是注册会计师通过执行审计工作对财务报表发表审计意见，因此，注册会计师应当考虑财务报表整体的重要性。只有这样，才能得出财务报表是否公允反映的结论。注册会计师在制订总体审计策略时，应当确定财务报表整体的重要性水平。

确定多大错报会影响到财务报表使用者所作的决策，是注册会计师运用职业判断的结果。注册会计师通常先选定一个基准，再乘以某一百分比作为财务报表整体的重要性水平。在选择适当的基准时，注册会计师应当考虑的因素包括：第一，财务报表的要素（如资产、负债、所有者权益、收入、费用和利润）；第二，是否存在特定会计主体的财务报表使用者特别关注的项目（如为了评价财务业绩，使用者可能更关注利润、收入或净资产）；第三，被审计单位的性质、所处的生命周期阶段以及所处行业和经济环境；第四，被审计单位的所有权结构和融资方式；第五，基准的相对波动性。

适当的基准取决于被审计单位的具体情况，包括各类报告收益（如税前利润、营业收益、毛利和费用总额）以及所有者权益或净资产。对于以营利为目的实体，通常以经常性业务的税前利润作为基准。

为选定的基准确定百分比需要运用职业判断。百分比和选定的基准之间存在一定的联系，如经常性业务的税前利润对应的百分比通常比营业收入对应的百分比要高。例如，对以营利为目的的制造业实体，注册会计师可能认为经常性业务的税前利润的5%是适当的；而对非营利组织，注册会计师可能认为总收入或费用总额的1%是适当的。百分比无论是高一些还是低一些，只要符合具体情况，都是适当的。

②特定类别交易、账户余额和披露的重要性水平。根据被审计单位的特定情况，如果存在一个或多个特定类别的交易、账户余额或披露，其发生的错报金额虽然低于财务报表整体的重要性，但合理预期它们可能影响财务报表使用者依据财务报表作出的经济决策，则注册会计师还应当确定适用于这些交易、账户余额或披露的一个或多个重要性水平。

注册会计师在确定适用于特定类别的交易、账户余额或披露的一个或多个重要性水平时，应当考虑的因素主要有：第一，法律法规或适用的财务报告编制基础是否影响财务报告使用者对特定项目（如关联方交易、管理层及治理层的报酬）计量和披露的预期；第二，与被审计单位所处行业及其环境相关的关键性披露（如制药业的研究与开发成本）；

第三，财务报表使用者是否特别关注财务报表中单独披露的特定业务分部（如新近购买的业务）的财务业绩。

在审计执行过程中，注册会计师应当根据审计过程中情况发生的重大变化、获取的新信息以及进一步审计程序，判断是否需要修改已确定的重要性水平。如果出现的新情况可能导致注册会计师确定与原来不同的财务报表整体的重要性，或者特定类别的交易、账户余额或披露的一个或多个重要性水平，则注册会计师应当修改重要性。例如，注册会计师在审计过程中发现，实际财务成果与最初确定财务报表整体的重要性时使用的预期本期财务成果相比存在很大差异，则需要修改重要性。

【例 1-7】CG 公司生产和销售系列干红葡萄酒。该公司生产设备为新型流水线，一般在 10 年内无需大修，酿造的葡萄酒供不应求，款项结算及时。为保障原料供应，CG 公司于 3 年前与一家种植优质葡萄的国有农场签订了期限为 30 年的投资及供货协议。该农场接受 CG 公司投资后，生产经营稳定，效益较高。

某会计师事务所的注册会计师李某受会计师事务所指派，担任 CG 公司 2013 年度财务报表审计业务的项目负责人。根据以往经验，注册会计师李某确定以 CG 公司资产总额的 0.5% 作为财务报表层的重要性水平，拟采用分配的方法确定资产类各项目、交易层的重要性，并提出四种认定层次重要性水平分配方案，如表 1-12 所示。

表 1-12 **认定层次重要性水平分配方案** 单位：元

项目	金额	账户余额的重要性水平			
		分配方案 A	分配方案 B	分配方案 C	分配方案 D
现金	1 000 000.00	5 000.00	1 000.00	0	1 000.00
应收账款	6 000 000.00	30 000.00	45 000.00	50 000.00	65 000.00
存货	10 000 000.00	50 000.00	77 000.00	75 000.00	55 000.00
固定资产	10 000 000.00	50 000.00	25 000.00	25 000.00	19 000.00
长期股权投资	3 000 000.00	15 000.00	2 000.00	0	10 000.00
合计	30 000 000.00	150 000.00	150 000.00	150 000.00	150 000.00

要求：逐一分析表中所列各重要性分配方案，指出有无明显不足之处。如没有，请简要说明理由；如有，请针对本方案指出最具代表性的一条。

分析：除方案 B 之外，表中所列其他各方案均存在明显的不足之处。

（1）方案 A 存在缺陷。对各账户按同一比例分配重要性水平，这意味着没有考虑各账户、交易的性质和错弊的可能性；

（2）方案 B 没有明显的不足之处。方案 B 较好地结合了 CG 公司的具体情况，降低了性质最强的现金项目和问题较少的固定资产、长期股权投资项目的重要性，提高了存货项目的重要性。

（3）方案 C 存在缺陷。将现金项目的重要性降低到零，这对于以公允性为特征的当代审计而言，是难以达到的且不现实的。

（4）方案D存在缺陷。分配给应收账款的重要性高于分配给存货项目的重要性。事实上，CG公司存货项目所需的审计时间要高于应收账款项目，分配给存货项目的重要性应高于分配给应收账款的重要性。

3. 审计风险

审计风险是指财务报表存在重大错报而注册会计师发表不恰当审计意见的可能性。可接受的审计风险的确定，需要考虑会计师事务所对审计风险的态度、审计失败对会计师事务所可能造成损失的大小等因素。其中，审计失败对会计师事务所可能造成的损失大小又受所审计财务报表的用途、使用者的范围等因素的影响。但必须注意，审计业务是一种保证程度高的鉴证业务，可接受的审计风险应当足够低，以使注册会计师能够合理保证所审计财务报表不含有重大错报。审计风险取决于重大错报风险和检查风险。

（1）重大错报风险。重大错报风险是指财务报表在审计前存在重大错报的可能性。重大错报风险与被审计单位的风险相关，且独立存在于财务报表的审计。在设计审计程序以确定财务报表整体是否存在重大错报时，注册会计师应当从财务报表层次和各类交易、账户余额、披露认定层次方面考虑重大错报风险。

财务报表层次重大错报风险与财务报表整体存在广泛联系，可能影响多项认定。此类风险通常与控制环境有关，但也可能与其他因素有关，如经济萧条。此类风险难以界定于某类交易、账户余额、披露的具体认定；相反，此类风险增大了任何数目的不同认定发生重大错报的可能性，与注册会计师考虑由舞弊引起的风险特别相关。

注册会计师同时考虑各类交易、账户余额、披露认定层次的重大错报风险，考虑的结果直接有助于注册会计师确定认定层次上实施的进一步审计程序的性质、时间安排和范围。注册会计师在各类交易、账户余额、披露认定层次获取审计证据，以便能够在审计工作完成时，以可接受的低审计风险水平对财务报表整体发表审计意见。

（2）检查风险。检查风险是指如果存在某一错报，该错报单独或连同其他错报可能是重大的，注册会计师为将审计风险降至可接受的低水平而实施审计程序后没有发现这种错报的可能性。检查风险取决于审计程序设计的合理性和执行的有效性。由于注册会计师通常并不对所有的交易、账户余额和披露进行检查以及其他原因，检查风险不可能降低为零。其他原因包括注册会计师可能选择了不恰当的审计程序、审计过程执行不当，或者错误解读了审计结论。这些其他因素可以通过适当计划、在项目组成员之间进行恰当的职责分配、保持职业怀疑态度以及监督、指导和复核助理人员所执行的审计工作得以解决。

（3）检查风险与重大错报风险之间的反向关系。在既定的审计风险水平下，可接受的检查风险水平与认定层次重大错报风险的评估结果之间存在反向关系。评估的重大错报风险越高，可接受的检查风险越低；评估的重大错报风险越低，可接受的检查风险越高。检查风险与重大错报风险之间的关系用数学模型表示如下：

$$审计风险=重大错报风险\times检查风险$$

这个模型就是审计风险模型。假设针对某一认定，注册会计师将可接受的审计风险水平设定为5%，注册会计师实施风险评估程序后将重大错报风险评估为25%，则根据这一模型，可接受的检查风险为20%。当然，实务中，注册会计师不一定用绝对数量表达这些风险水平，而选用“高”、“中”、“低”等文字描述。

注册会计师应当合理设计审计程序的性质、时间安排和范围，并有效执行审计程序，以控制检查风险。上例中，注册会计师根据确定的可接受检查风险（20%），设计审计程序的性质、时间和范围。审计计划在很大程度上围绕确定审计程序的性质、时间安排和范围而展开。

4. 重要性与审计风险的关系

重要性与审计风险之间存在反向关系。重要性水平越高，审计风险越低；重要性水平越低，审计风险越高。这里所说的重要性水平高低指的是金额的大小。通常，8 000元的重要性水平比4 000元的重要性水平高。在理解两者之间的关系时，必须注意，重要性水平是注册会计师从财务报表使用者的角度进行判断的结果。如果重要性水平是8 000元，则意味着低于8 000元的错报不会影响到财务报表使用者的决策，此时注册会计师需要通过执行有关审计程序合理保证能发现高于8 000元的错报。如果重要性水平是4 000元，则金额在4 000元以上的错报就会影响财务报表使用者的决策，此时注册会计师需要通过执行有关审计程序合理保证能发现金额在4 000元以上的错报。显然，重要性水平为4 000元时审计不出这样的重大错报的可能性即审计风险，要比重要性水平为8 000元时的审计风险高。审计风险越高，越要求注册会计师收集更多更有效的审计证据，以将审计风险降至可接受的低水平。因此，重要性和审计证据之间也是反向变动关系。

注册会计师不能通过不合理地人为调高重要性水平，降低审计风险。因为重要性是依据重要性概念中所述的判断标准确定的，而不是由主观期望的审计风险水平决定的。

重要性和审计风险存在上述反向关系，而且这种关系对注册会计师将要执行的审计程序的性质、时间安排和范围有直接的影响，因此，注册会计师应当综合考虑各种因素，合理确定重要性水平。

任务三 实施风险评估

（一）风险评估程序和信息来源

风险导向审计是当今主流的审计方法，它要求注册会计师必须了解被审计单位及其环境，以识别和评估财务报表重大错报风险，设计和实施进一步审计程序，提高审计效率和效果。注册会计师为了解被审计单位及其环境，以识别和评估财务报表层次和认定层次的重大错报风险而实施的审计程序称为“风险评估程序”。

注册会计师应当实施包括询问被审计单位管理层和内部其他相关人员、分析程序以及观察和检查等风险评估程序，以了解被审计单位及其环境。

1. 询问被审计单位管理层和内部其他相关人员

询问被审计单位管理层和内部其他相关人员是注册会计师了解被审计单位及其环境的一个重要信息来源。注册会计师可以考虑向管理层和财务负责人询问下列事项：

（1）管理层所关注的主要问题。如新的竞争对手、主要客户和供应商的流失、新的税收法规的实施以及经营目标或战略的变化等。

（2）被审计单位最近的财务状况、经营成果和现金流量。

（3）可能影响财务报告的交易和事项，或者目前发生的重大会计处理问题。如重大的购并事宜等。

（4）被审计单位发生的其他重要变化。如所有权结构、组织结构的变化以及内部控制的变化等。

注册会计师通过询问管理层和财务负责人可获取大部分信息。注册会计师也可以通过询问被审计单位内部其他不同层级的人员获取信息，从而为识别重大错报风险提供不同的视角。例如：

（1）直接询问治理层，可能有助于注册会计师理解财务报表编制的环境。

（2）直接询问内部审计人员，可能有助于注册会计师了解其本年度针对被审计单位内部控制设计和运行有效性而实施的内部审计程序以及管理层是否根据实施这些程序的结果采取了适当的应对措施。

（3）询问参与生成、处理或记录复杂或异常交易的员工，可能有助于注册会计师评价被审计单位选择和运用某项会计政策的恰当性。

（4）直接询问内部法律顾问，可能有助于注册会计师了解有关信息，如诉讼、遵守法律法规的情况、影响审计的舞弊或舞弊嫌疑、产品保证、售后责任、与业务合作伙伴（如合营企业）的安排和合同条款的含义等。

（5）直接询问营销或销售人员，可能有助于注册会计师了解被审计单位的营销策略的变化、销售趋势或与客户的合同安排。

2. 实施分析程序

分析程序是指注册会计师通过研究不同财务数据之间以及财务数据与非财务数据之间的内在关系，对财务信息作出评价。分析程序还包括调查识别出的、与其他相关信息不一致或与预期数据严重偏离的波动和关系。

注册会计师实施分析程序有助于识别异常的交易或事项以及对财务报表和审计产生影响的金额、比率和趋势。在实施分析程序时，注册会计师应当预期可能存在的合理关系，并与被审计单位记录的金额、依据记录金额计算的比率或趋势相比较。如果发现异常或未预期到的关系，注册会计师应当在识别重大错报风险时考虑这些比较结果。例如，注册会计师在对营业收入进行审计时，可将本期的主营业务收入与上期的主营业务收入进行比较，分析产品销售的结构和价格变动是否异常，并分析异常变动的原因；计算本期重要产品的毛利率，与上期和同行业进行比较，检查是否存在异常，各期之间是否存在重大波动，并查明原因。

3. 观察和检查

观察和检查程序可以支持对管理层和其他相关人员的询问结果，并可以提供有关被审计单位及其环境的信息，注册会计师应当实施下列观察和检查程序：

（1）观察被审计单位的经营活动。例如，观察被审计单位人员正在从事的生产活动和内部控制活动，增加注册会计师对被审计单位人员如何进行生产经营活动及实施内部控制的了解。

（2）检查文件、记录和内部控制手册。例如，检查被审计单位的经营计划、策略、章程，与其他单位签订的合同、协议，各业务流程操作指引和内部控制手册等，了解被审计单位组织结构和内部控制制度的建立健全情况。

（3）阅读由管理层和治理层编制的报告。例如，阅读被审计单位年度和中期财务报告，股东大会、董事会会议、高级管理层会议的会议记录或纪要，管理层的讨论和分析资料，对重要经营环节和外部因素的评价，被审计单位内部管理报告以及其他特殊目的的报告（如新投资项目的可行性分析报告）等，了解自上一期审计结束至本期审计期间被审计单位发生的重大事项。

（4）实地查看被审计单位的生产经营场所和设备。现场访问和实地查看被审计单位的生产经营场所和设备，可以帮助注册会计师了解被审计单位的性质及其经营活动。在实地查看被审计单位的厂房和办公场所的过程中，注册会计师有机会与被审计单位管理层和担任不同职责的员工进行交流，可以增强注册会计师对被审计单位的经营活动及其重大影响因素的了解。

（5）追踪交易在财务报告信息系统中的处理过程（穿行测试）。这是注册会计师了解被审计单位业务流程及其相关控制时经常使用的审计程序。通过追踪某笔或某几笔交易在业务流程中如何生成、记录、处理和报告以及相关控制如何执行，注册会计师可以确定被审计单位的交易流程和相关控制是否与之前通过其他程序所获得的了解一致，并确定相关控制是否得到执行。

4. 其他审计程序或信息来源

除了采用上述程序从被审计单位内部获取信息以外，如果根据职业判断认为从被审计单位外部获取的信息有助于识别重大错报风险，注册会计师应当实施其他审计程序以获取这些信息。例如，询问被审计单位聘请的外部法律顾问、专业评估师、投资顾问和财务顾问等。

阅读外部信息也可能有助于注册会计师了解被审计单位及其环境。外部信息包括证券分析师、银行、评级机构出具的有关被审计单位及其所处行业的经济或市场环境等状况的报告，贸易与经济方面的报纸期刊，法规以及政府部门或民间组织发布的行业报告和统计数据等。

（二）了解被审计单位及其环境

在财务报表年报审计中，了解被审计单位及其环境是必要程序。《中国注册会计师审计准则第 1211 号——通过了解被审计单位及其环境识别和评估重大错报风险》要求，注册会计师应当从以下几个方面了解被审计单位及其环境。

1. 外部环境

了解被审计单位的行业状况、法律环境与监管环境以及其他外部因素，有助于注册会计师识别与被审计单位所处行业、法律与监管环境等有关的重大错报风险。

（1）行业状况。注册会计师应当了解被审计单位的行业状况，主要包括：①所处行业的市场供求与竞争，包括市场需求、生产能力和价格竞争。②生产经营的季节性和周期性。③与被审计单位产品相关的生产技术。④能源供应与成本。⑤行业的关键指标和统计数据。

（2）法律环境与监管环境。注册会计师应当了解被审计单位所处的法律环境与监管环境，主要包括：①会计准则和行业特定惯例。②受管制行业的法律框架。③对被审计单位经营活动产生重大影响的法律法规，包括直接的监管活动。④目前对被审计单位开展经营活动产生影响的政府政策，如货币政策、财政政策、税收政策、关税和贸易政策等。⑤影响行业和被审计单位经营活动的环保要求。

注册会计师还应当了解影响被审计单位经营的其他外部因素，主要包括总体经济情况、利率、融资的可获得性、通货膨胀水平或币值变动等。

2. 被审计单位的性质

（1）所有权结构。对被审计单位所有权结构的了解有助于注册会计师识别关联方关系并了解被审计单位的决策过程。注册会计师应当了解所有权结构以及所有者与其他人员或实体之间的关系，考虑关联方关系是否已经得到识别以及关联方交易是否得到恰当核算。例如，注册会计师应当了解被审计单位是属于国有企业、外商投资企业、民营企业，还是属于其他类型的企业，还应当了解其直接控股母公司、间接控股母公司、最终控股母公司和其他股东的构成以及所有者与其他人员或实体之间的关系。

（2）治理结构。良好的治理结构可以对被审计单位的经营和财务运作实施有效的监督，从而降低财务报表发生重大错报的风险。注册会计师应当了解被审计单位的治理结构。例如，董事会的构成情况、董事会内部是否有独立董事、治理结构中是否设有审计委员会或监事会及其运作情况。注册会计师应当考虑治理层是否能够在独立于管理层的情况下对被审计单位事务作出客观判断。

（3）组织结构。复杂的组织结构可能导致某些特定的重大错报风险。注册会计师应当了解被审计单位的组织结构，考虑复杂组织结构可能导致的重大错报风险，包括财务报表合并、商誉减值以及长期股权投资核算等问题。

（4）经营活动。了解被审计单位经营活动有助于注册会计师识别预期在财务报表中反映的主要交易类别、重要账户余额和列报。注册会计师应当了解的被审计单位经营活动主要包括主营业务的性质、与生产产品或提供劳务相关的市场信息、业务开展情况、重要供应商、研发活动及其支出、劳动用工安排和关联方交易等。

（5）投资活动。了解被审计单位投资活动有助于注册会计师关注被审计单位在经营策略和方向上的重大变化。注册会计师应当了解的被审计单位的投资活动主要包括近期拟实施或已实施的并购活动与资产处置情况、资本性投资活动、不纳入合并范围的投资以及证券投资、委托贷款的发生与处置等。

（6）筹资活动。了解被审计单位筹资活动有助于注册会计师评估被审计单位在融资方面的压力，并进一步考虑被审计单位在可预见未来的持续经营能力。注册会计师应当了解的被审计单位的筹资活动主要包括债务结构和相关条款、主要子公司和联营企业、实际受益方及关联方和衍生金融工具的使用等。

3. 被审计单位对会计政策的选择和运用

在了解被审计单位对会计政策的选择和运用是否适当时，注册会计师应当关注下列重要事项：

（1）重大和异常交易的会计处理方法。某些被审计单位可能存在与其所处行业相关的重大交易。例如，银行向客户发放贷款、证券公司对外投资、医药企业的研究与开发活动等。注册会计师应当考虑对重大和不经常发生的交易的会计处理方法是否适当。

（2）会计政策的变更。如果被审计单位变更了重要的会计政策，注册会计师应当考虑变更的原因及其适当性，并关注会计政策的变更是否得到充分披露。

（3）在新领域和缺乏权威性标准或共识的领域，采用重要会计政策产生的影响。在新领域和缺乏权威性标准或共识的领域，注册会计师应当关注被审计单位选用了哪些会计政策，为什么选用这些会计政策以及选用这些会计政策产生的影响。

4. 被审计单位目标、战略以及相关经营风险

企业管理层或治理层一般会根据企业经营面临的外部环境和内部各种因素，制定合理可行的经营目标。战略是企业管理层为实现经营目标而采用的总体层面的策略和方法。经营风险源于对被审计单位实现目标和战略产生不利影响的重大情况、事项、环境和行动，或源于不恰当的目标和战略。

注册会计师应当了解被审计单位是否存在与下列方面有关的目标和战略，并考虑相应的经营风险：

（1）行业发展。例如，潜在的相关经营风险可能是被审计单位不具备足以应对行业变化的人力资源和业务专长。

（2）开发新产品或提供新服务。例如，潜在的相关经营风险可能是被审计单位产品责任增加。

（3）业务扩张。例如，潜在的相关经营风险可能是被审计单位对市场需求的估计不准确。

（4）新的会计要求。例如，潜在的相关经营风险可能是被审计单位执行不当或不完整，或会计处理成本增加。

（5）监管要求。例如，潜在的相关经营风险可能是被审计单位法律责任增加。

（6）本期及未来的融资条件。例如，潜在的相关经营风险可能是被审计单位由于无法满足融资条件而失去融资机会。

（7）信息技术的运用。例如，潜在的相关经营风险可能是被审计单位信息系统与业务流程难以融合。

5. 被审计单位业绩的衡量与评价

被审计单位内部和外部对财务业绩的衡量和评价可能对管理层产生压力，促使其改善财务业绩，但当财务业绩达不到规定的要求时，管理层在面临重大压力时可能粉饰财务业绩，发生舞弊风险。因此注册会计师应当了解被审计单位财务业绩的衡量与评价情况以及由此产生的财务报表重大错报风险。

在了解被审计单位财务业绩衡量和评价情况时，注册会计师应当关注下列信息：

（1）关键业绩指标（财务或非财务的）、关键比率、趋势和经营统计数据。

（2）同期财务业绩比较分析。

（3）预测、预算、差异分析，分部信息与分部、部门或其他不同层次的业绩报告。

（4）员工业绩考核与激励性报酬政策。

（5）被审计单位与竞争对手的业绩比较。

在实务中，注册会计师了解被审计单位及其环境的工作主要是通过编制了解被审计单位及其环境（不包括内部控制）工作底稿来完成。

（三）了解被审计单位的内部控制

内部控制是被审计单位为了合理保证财务报告的可靠性、经营的效率和效果以及对法律法规的遵守，由治理层、管理层和其他人员设计与执行的政策及程序。内部控制的目标是合理保证财务报告的可靠性、经营的效率和效果以及对法律法规的遵守，它包括控制环境、风险评估过程、信息系统与沟通、控制活动和对控制的监督等要素。

1. 了解和评价控制环境

控制环境包括治理职能和管理职能以及治理层和管理层对内部控制及其重要性的态度、认识和措施。控制环境设定了被审计单位的内部控制基调，并影响员工对内部控制的认识和态度。良好的控制环境是实施有效内部控制的基础。

注册会计师对控制环境的了解影响其对财务报表层次重大错报风险的评估，良好的控制环境可以使注册会计师增强对内部控制的信赖程度。在评价控制环境的设计和实施情况时，注册会计师应当了解管理层在治理层的监督下，是否营造并保持了诚实守信和合乎道德的文化以及是否建立了防止或发现并纠正舞弊和错误的恰当控制。

在了解控制环境时，与控制环境相关的要素可能包括下列方面：

（1）对诚信和道德价值观念的沟通与落实，包括管理层对诚信和道德价值观念的营造和保持以及管理层如何处理不诚实、非法或不道德行为。

（2）对胜任能力的重视，包括管理层对特定工作胜任能力的考虑以及这些能力如何转化为必要的知识和技能。

（3）治理层的参与，包括治理层的经验和品德、参与被审计单位经营的程度以及治理层采取措施的适当性。

（4）管理层的理念和经营风格，包括对内部控制和对具体控制实施环境的重视程度以及管理层所能接受业务风险的性质。

（5）组织结构，即被审计单位为实现目标而计划、执行控制及评价其活动的框架。

（6）职权与责任的分配，包括如何分配经营活动的职权与责任，如何建立报告关系和职权等级。

（7）人力资源政策与实务，包括与招聘、培训、考核、咨询、晋升、薪酬和补救措施等相关的政策与实务。

在实务中，注册会计师将对被审计单位的控制环境的了解和评价过程记录在工作底稿中，即编制了解和评价控制环境表（如表1-13所示）。

表 1-13　　**了解和评价控制环境表**

被审计单位：＿＿＿＿＿＿＿＿　　索引号：＿＿＿＿＿＿＿＿

项目：了解和评价控制环境表　　财务报表截止日/期间：＿＿＿＿＿＿

编制：＿＿＿＿＿＿＿＿　　日　期：＿＿＿＿＿＿＿＿

复核：＿＿＿＿＿＿＿＿　　日　期：＿＿＿＿＿＿＿＿

索引号	控制目标	拟实施的风险评估程序	被审计单位的控制	询问	观察	检查	结论	存在的缺陷
一、对诚信和道德价值观念的沟通与落实								
	使员工行为守则及其他政策得到执行	询问、检查	1. 公司制定了《员工行为守则》，其内容完备，涉及利益冲突、不法或不当支出、公平竞争的保障、内幕交易等问题 2. 员工定期承诺遵守这些制度 3.《员工行为守则》可供公开查阅（如可在公司的内网上查阅） 4. 指定专人回答关于《员工行为守则》中的问题 5.《员工行为守则》充分描述了违反规定的内部汇报系统，指明向适当的人汇报违规行为 6.《员工行为守则》没有规范的地方，通过企业文化强调操守及价值观的重要性。在员工大会上口头传达、一对一谈话或在处理日常事务中通过实例示范	于 2014 年 2 月 2 日询问人力资源部经理××	N/A	1.《员工行为守则》 2. 员工定期遵守制度的承诺 3. 员工大会的会议纪要	控制设计合理，并得到执行	不适用
	建立信息传达机制，使员工能够清晰了解管理层的理念	询问	1. 将对诚信和道德规范应当严格遵循的观念，通过文字和实际行动有效地灌输给所有员工 2. 鼓励员工行为端正 3. 当出现存在问题的迹象时，特别是当发现和解决问题的成本可能较高时，管理层能予以恰当地处理	于 2014 年 2 月 2 日询问人力资源部经理××			控制设计合理，并得到执行	不适用
	与公司的利益相关者（如投资者、债权人等）保持良好的关系	询问	1. 管理层在处理交易业务时保持高度诚信，并要求其员工和客户同样保持诚信 2. 当不诚信的行为发生时，能尽快并严肃处理	于 2014 年 2 月 2 日询问××部经理××			控制设计合理，并得到执行	不适用
	对背离公司规定的行为及时采取补救措施，并将这些措施传达至相应层次的员工	询问	1. 管理层能立即对违反规定的行为作出反应 2. 对违反规定员工的处理结果及时让全体员工知晓 3. 对违反规定的管理人员采取撤职处理	于 2014 年 2 月 2 日询问××部经理××			控制设计合理，并得到执行	不适用

续表

索引号	控制目标	拟实施的风险评估程序	被审计单位的控制	询问	观察	检查	结论	存在的缺陷
	对背离公司现有控制的行为进行调查和记录	询问	1. 明确地禁止管理人员逾越既定控制 2. 任何与既定政策不一致的事件都会被调查并记录 3. 鼓励员工举报任何企图逾越控制的情况	于2014年2月2日询问××部经理××			控制设计合理,并得到执行	不适用
	员工和管理层的工作压力恰当	询问、检查	1. 公司设计合理的激励机制,员工的报酬和升职并不完全建立在实现短期目标的基础上 2. 薪酬体系设计着眼于调动员工个人及团队的积极性	于2014年2月2日询问××部经理××		激励机制相关文件	控制设计合理,并得到执行	不适用
二、对胜任能力的重视								
	公司岗位职责明确,任职条件清晰	询问、检查	1. 管理层对所有岗位的工作有正式的书面描述,任职条件规定了履行特定职责所需的知识和技能 2. 岗位职责在组织内予以清晰地传达 3. 每位员工的岗位职责与分派的权限相关	于2014年2月2日询问人力资源部经理××	N/A	岗位说明书	控制设计合理,并得到执行	不适用
	持续培训员工	询问	定期对员工培训,更新员工的知识	于2014年2月2日询问人力资源部经理××		培训记录	控制设计合理,并得到执行	不适用
三、治理层的参与程度								
	在董事会内部建立监督机制	询问、检查	在董事会内部建立审计委员会,审计委员会与总会计师、内部及外部审计人员讨论财务报告程序、内部控制体系、管理层的业绩、重要观点和建议等的合理性,每年审查内外部审计人员的审计活动范围	于2014年2月2日询问××部经理××	N/A	董事会会议纪要	控制设计合理,并得到执行	不适用
	保证董事会成员具备适当的经验和资历,并保持成员相对的稳定性	询问、检查	1. 对董事会成员的经验和资历有明确的书面规定,股东在提名董事会成员时严格按照规定进行,不合格的提名无效 2. 每届任期3年,可以连任	于2014年2月2日询问××部经理××		董事任职文件	控制设计合理,并得到执行	不适用

续表

索引号	控制目标	拟实施的风险评估程序	被审计单位的控制	询问	观察	检查	结论	存在的缺陷
	董事会、审计委员会或类似机构独立于管理层	询问、检查	1. 管理层的提案需要经过董事会审议 2. 董事会监督经营成果，检查预算与实际的差异，并要求管理层作出解释 3. 董事会不是仅由部门领导和员工组成，董事会保持至少三位独立董事	于2014年2月2日询问××部经理××		董事会会议纪要	控制设计合理，并得到执行	不适用
	审计委员会正常运作	询问、检查	董事会审计委员会每年召开三次会议，定期收到诸如财务报表、主要的市场营销活动、重要协议或谈判等的关键信息，监督编制财务报告的过程	于2014年2月2日询问××部经理××		董事会会议纪要	控制设计合理，并得到执行	不适用
四、管理层的理念和经营风格								
	管理层不能由一人或少数几人控制		董事会、审计委员会对管理层实施有效监督				控制设计合理，并得到执行	不适用
	对非经常的经营风险，管理层采取了稳妥措施	询问、检查	管理层在承担经营风险、选择会计政策和作出会计估计时必须保守，并需要在内部民主讨论，对当事人规定明确的个人责任	于2014年2月2日询问××部经理××		检查公司章程	控制设计合理，并得到执行	不适用
	管理层对信息技术的控制给予适当关注	询问	定期召开信息技术工作会议，研究制定发展规划，安排足够的资金和人员	于2014年2月2日询问××部经理××			控制设计合理，并得到执行	不适用
	高级管理层对业务分支机构保持有效控制	询问、检查	1. 高级经理经常深入附属机构或分支机构视察其运作情况 2. 经常召开集团或区域管理人员会议	于2014年2月2日询问××部经理××		检查信息技术工作会议纪要	控制设计合理，并得到执行	不适用
	管理层对财务报告的态度合理	询问	管理层对财务报告的基本态度是财务报告应反映实际情况，反对收入最大化、平滑盈利增长曲线、纳税收入最小化等行为。愿意因错报金额重大而调整财务报表	于2014年2月2日询问××部经理××			控制设计合理，并得到执行	不适用

续表

索引号	控制目标	拟实施的风险评估程序	被审计单位的控制	询问	观察	检查	结论	存在的缺陷
	管理层对于重大的内部控制和会计事项，征询注册会计师的意见	询问、检查	1. 管理层和注册会计师经常就会计和审计问题进行沟通 2. 在审计调整和内部控制方面达成一致意见	于2014年2月2日询问××部经理××		检查沟通记录	控制设计合理，并得到执行	不适用
五、组织结构								
	组织结构合理，具备提供管理各类活动所需信息的能力	询问、检查	1. 根据经营活动的性质，恰当地采用集权或者分权的组织结构设计 2. 组织结构的设计便于由上而下、由下而上或横向的信息传递	于2014年2月2日询问××部经理××		检查组织结构文件	控制设计合理，并得到执行	不适用
	对交易授权的控制建立在适当的层次上	询问、检查	1. 董事会对董事长、总经理授予不同的权力 2. 总经理对副总经理授权	于2014年2月2日询问××部经理××		检查授权文件	控制设计合理，并得到执行	不适用
	对于分散（分权）的交易存在适当的监控	询问	经理层密切关注该类交易，经常听取汇报	于2014年2月2日询问××部经理××			控制设计合理，并得到执行	不适用
	管理层制定和修订会计系统和控制活动的政策	询问、检查	1. 管理层已经制定了会计系统和控制活动的标准并予以记录 2. 管理层依其职责和权限从现有的报告系统中得到适当的信息 3. 业务经理可通过沟通渠道接触到负责经营的高级主管	于2014年2月2日询问××部经理××		检查会计系统和控制活动的标准	控制设计合理，并得到执行	不适用
	保持员工，特别是负有监督和管理责任的员工数量充足	询问、检查	1. 对加班严格审批 2. 工作压力大时，及时招聘人员	于2014年2月2日询问××部经理××		检查加班记录	控制设计合理，并得到执行	不适用
	管理层定期评估组织结构的恰当性	询问、检查	董事会每年召开一次会议，讨论组织机构的设置	于2014年2月2日询问××部经理××		检查董事会会议纪要	控制设计合理，并得到执行	不适用

续表

索引号	控制目标	拟实施的风险评估程序	被审计单位的控制	询问	观察	检查	结论	存在的缺陷
六、职权与责任的分配								
	员工的岗位职责，包括具体任务、报告关系及所受限制等被明确制定并传达到本人	询问、检查	1. 公司制定管理层及负有监督责任员工的职务说明书以及各级员工的职务说明书 2. 职务说明书明确规定了与控制有关的责任	于2014年2月2日询问××部经理××		检查职务说明书	控制设计合理，并得到执行	不适用
	在被审计单位内部有明确的职责划分和岗位分离	询问、检查	将业务授权、业务记录、资产保管和维护以及业务执行的责任尽可能地分离	于2014年2月2日询问××部经理××		检查业务分离的文件	控制设计合理，并得到执行	不适用
	保持权力和责任的对等	询问、检查	1. 完成工作所需权力与高级管理人员的参与程度保持适当的平衡 2. 授予合适级别的员工纠正问题或实施改进的权力，并且此授权也明确了所需的能力水平和明确的权限	于2014年2月2日询问××部经理××		检查职务说明书	控制设计合理，并得到执行	不适用
	对授权交易及系统改善的控制有适当的记录，对数据处理的控制适当记录	询问	建立授权交易及系统改善的控制制度	于2014年2月2日询问××部经理××			控制设计合理，并得到执行	不适用
七、人力资源的政策与实务								
	关键管理人员具备岗位所需的丰富知识和经验	询问、检查	1. 招聘业务主管需要具备执行任务、履行职责的知识及经验 2. 对关键管理人员实施适当的培训	于2014年2月2日询问××部经理××		检查关键管理人员培训记录	控制设计合理，并得到执行	不适用
	人事政策中强调员工需保持适当的伦理和道德标准	询问、检查	评估业绩时将员工的操守和价值观纳入评估标准之中	于2014年2月2日询问××部经理××		检查员工评价文件	控制设计合理，并得到执行	不适用

续表

索引号	控制目标	拟实施的风险评估程序	被审计单位的控制	询问	观察	检查	结论	存在的缺陷
	人力资源政策与程序清晰，定期发布和更新	询问、检查	1. 每年检查人力资源政策与程序，对不恰当的进行调整 2. 对更新的文件及时传达	于2014年2月2日询问××部经理××		检查人力资源政策与程序	控制设计合理，并得到执行	不适用

编制说明：

1. 本审计工作底稿中列示的被审计单位的控制目标和控制活动，仅为说明有关表格的使用方法，并非对所有控制目标和控制活动的全面列示。在执行财务报表审计业务时，注册会计师应根据被审计单位的实际情况予以填写。

2. 如果我们拟信赖以前审计获取的审计证据，应通过询问并结合观察或者检查程序，获取控制活动是否已经发生变化的审计证据，并予以记录。

3. “拟实施的风险评估程序”一列，应填写注册会计师针对控制目标计划采取的审计程序，包括询问、观察和检查；“被审计单位的控制”一列应记录被审计单位实际采取的控制活动；“询问”一列应填写该询问对象的姓名、级别、所在部门以及询问日期。

4. 注册会计师对控制的评价结论可能是：(1) 控制设计合理，并得到执行；(2) 控制设计合理，未得到执行；(3) 控制设计无效或缺乏必要的控制。

2. 了解和评价风险评估过程

风险评估过程包括识别与财务报告相关的经营风险以及针对这些风险所采取的措施。风险评估过程的作用是识别、评估和管理影响被审计单位实现经营目标能力的各种风险。

与财务报告相关的风险包括可能发生的事项或情形，这些事项或情形会对被审计单位生成、记录、处理和报告财务报表中与管理层认定相一致的财务数据产生不利影响。管理层可能会制订计划、执行程序或采取措施以解决特定风险，或者出于成本或其他考虑决定接受风险。以下情况可能会产生或改变风险：

(1) 监管环境和经营环境的变化。监管环境和经营环境的变化会导致竞争压力的变化以及显著不同的风险。

(2) 新员工。新员工可能对内部控制有不同的关注点或认识。

(3) 新的或升级的信息系统。信息系统重大、快速的变化会改变与内部控制有关的风险。

(4) 业务快速增长。重要、快速的业务扩张可能使控制难以应对，从而增加了控制失效的风险。

(5) 新技术。将新技术运用于生产过程或信息系统可能改变与内部控制相关的风险。

(6) 新业务模式、产品或活动。进入新的业务领域和发生新的交易，可能因被审计单位具有较少的经验而带来新的与内部控制相关的风险。

(7) 公司重组。重组可能带来裁员和监督及职责分离的变化，可能改变与内部控制相关的风险。

（8）扩张海外经营。在海外扩张或收购海外企业会产生新的并且往往是独特的风险，进而可能影响内部控制，如由于外币交易产生的额外或已变化的风险。

（9）新的会计准则。采用新的会计准则或变更会计政策可能影响财务报告编制过程中的风险。

在了解和评价被审计单位风险评估过程的设计和执行时，注册会计师应当确定管理层如何识别与财务报告相关的经营风险，如何估计该风险的重要性，如何评估风险发生的可能性以及如何采取措施管理这些风险。如果被审计单位的风险评估过程符合其具体情况，了解被审计单位的风险评估过程和结果有助于注册会计师识别财务报表的重大错报风险。

3. 了解和评价信息系统与沟通

与财务报告相关的信息系统包括用以生成、记录、处理和报告交易、事项和情况，对相关资产、负债和所有者权益履行经营管理责任的程序和记录。

与财务报告相关的沟通包括使员工了解各自在与财务报告有关的内部控制方面的角色和职责，员工之间的工作联系以及向适当级别的管理层报告例外事项的方式。

（1）了解与财务报告相关的信息系统。注册会计师应当从下列方面了解和评价与财务报告相关的信息系统：

①在被审计单位经营过程中，对财务报表具有重大影响的各类交易。

②在信息技术和人工系统中，被审计单位的交易生成、记录、处理、必要的更正、结转至总账以及在财务报表中报告的程序。

③用以生成、记录、处理和报告交易的会计记录、支持性信息和财务报表中的特定账户。

④被审计单位的信息系统如何获取除交易以外的对财务报表重大的事项和情况。

⑤用于编制被审计单位财务报表的财务报告过程，包括做出的重大会计估计和披露。

⑥与会计分录相关的控制。

（2）了解与财务报告相关的沟通。注册会计师应当了解被审计单位内部如何对财务报告的岗位职责以及与财务报告相关的重大事项进行沟通。注册会计师还应当了解管理层与治理层（特别是审计委员会）之间的沟通以及被审计单位与外部（包括与监管部门）的沟通。具体包括：

①管理层就员工的职责和控制责任是否进行了有效沟通。

②针对可疑的不恰当事项和行为是否建立了沟通渠道。

③组织内部沟通的充分性是否能够使人员有效地履行职责。

④对于与客户、供应商、监管者和其他外部人士的沟通，管理层是否及时采取了适当的进一步行动。

⑤被审计单位是否受到某些监管机构发布的监管要求的约束。

⑥外部人士如客户和供应商在多大程度上获知被审计单位的《员工行为守则》。

在实务中，注册会计师将对被审计单位的信息系统与沟通的了解和评价过程记录在工作底稿中，即编制了解和评价信息系统与沟通表（如表1-14所示）。

表 1-14　　　　　　**了解和评价信息系统与沟通表**

被审计单位：____________　　　　索引号：____________

项目：了解和评价信息系统与沟通表　　　　财务报表截止日/期间：____________

编制：____________　　　　日　期：____________

复核：____________　　　　日　期：____________

索引号	控制目标	拟实施的风险评估程序	被审计单位的控制	询问	观察	检查	结论	存在的缺陷
一、与财务报告相关的信息系统								
	信息系统向管理层提供有关被审计单位经营的相关信息	询问、检查	1. 建立必要的机制获取外部信息，包括市场状况、竞争对手的计划、法律法规的最新发展以及经济状况的变动等 2. 管理层制定的整体战略规划可识别、分析和监控整体目标所需的内外部信息 3. 管理层可以获取关于履行其职责所需信息的报告	于2014年2月2日询问××部经理××		检查企业获取的外部信息	控制设计合理，并得到执行	不适用
	向适当人员提供的信息充分、具体且及时，保证其能够有效地履行职责	询问、检查	1. 标明信息的有效期并经管理层认可 2. 定期监测企业的财务信息，并向财务总监汇报 3. 根据管理人员的级别，恰当确定需向其提供信息的详略程度 4. 适当进行信息汇总，既能提供相关的信息，又可在必要时进一步查阅相关细节 5. 有专人识别员工需要的信息并及时提供给员工	于2014年2月2日询问××部经理××			控制设计合理，并得到执行	不适用
	与财务报告相关的信息系统的开发及改善基于战略考虑，与被审计单位整体层面的信息系统密切相关，有助于实现被审计单位整体层面和业务流程层面的目标	询问、检查	1. 建立必要的机制（如信息系统指导委员会）识别新的信息需求 2. 由适当的人员确定对信息的需求及各项需求之间的优先次序 3. 制订与财务报告相关的信息系统的长期战略规划，且该计划随着被审计单位发展战略的变化及时更新，并与单位整体信息系统需求密切相关	于2014年2月2日询问××部经理××		检查企业长期战略规划	控制设计合理，并得到执行	不适用

续表

索引号	控制目标	拟实施的风险评估程序	被审计单位的控制	询问	观察	检查	结论	存在的缺陷
	提供适当的人力和财力开发必需的信息系统	询问	投入充足的资源(具有必要技术能力的管理人员、分析人员和程序员),以支持开发新的信息系统或者增强现有信息系统的功能	于2014年2月2日询问××部经理××			控制设计合理,并得到执行	不适用
	监督信息系统的开发、变更和测试工作	询问	设立领导小组,委派专人监督信息系统的开发、变更和测试工作	于2014年2月2日询问××部经理××			控制设计合理,并得到执行	不适用
	员工职责适当分离,以降低舞弊和不当行为发生的风险	询问、检查	公司制定相关的员工职责分离的制度,明确需分离的职责	于2014年2月2日询问××部经理××		检查员工职责分工的制度	控制设计合理,并得到执行	不适用
	会计系统中的数据与实物资产定期核对	询问、检查	公司制定财务与实物的定期核对制度	于2014年2月2日询问××部经理××		检查财务与实物的定期核对制度	控制设计合理,并得到执行	不适用
二、沟通								
	就岗位职责与员工进行有效沟通	询问、检查	1. 建立各种沟通渠道(如正式和非正式的培训课程、会议、工作过程中的督导等)有效地实现沟通 2. 新员工培训中向员工提供有关其岗位职责的信息,促使员工明确自己的岗位所要达到的目标以及如何实现该目标 3. 定期对员工进行评估,对员工职责进行讨论以确保员工能充分理解自身职责	于2014年2月2日询问××部经理××		检查企业员工培训记录	控制设计合理,并得到执行	不适用
	针对不恰当事项和行为建立沟通渠道	询问、检查	1.《员工行为手册》明确了违反公司制度的可疑行为的沟通方式 2. 建立恰当的信息沟通渠道,该渠道的信息接收者不是信息提供者的直接上司,如舞弊情况调查官员或者公司律师等 3. 保障员工实际运用该沟通渠道 4. 向沟通员工反馈沟通事项的处理情况,并确保其不受打击报复	于2014年2月2日询问××部经理××		检查《员工行为手册》	控制设计合理,并得到执行	不适用

续表

索引号	控制目标	拟实施的风险评估程序	被审计单位的控制	询问	观察	检查	结论	存在的缺陷
	组织内部有充分畅通的横向沟通渠道，横向信息传递完整、及时，并能提供有关人员履行其职责所需的充分信息	询问	1. 建立销售部门与技术、生产、营销等部门的沟通渠道，保证顾客的需求得到适当的处理 2. 建立财务部门与信用管理部门的沟通渠道，保证拖延付款信息得到适当的处理 3. 建立相应的沟通渠道，保证关于竞争对手新产品、售后服务保障等的信息传递给负责技术、市场开拓和营销的部门	于2014年2月2日询问××部经理××			控制设计合理，并得到执行	不适用
	管理层认真听取和采纳员工提出的改进意见	询问	1. 建立有效的机制使员工能够提出改进建议 2. 建立奖励机制促使员工积极提出改进意见	于2014年2月2日询问××部经理××			控制设计合理，并得到执行	不适用
	管理层与客户、供应商、监管者和其他外部人士有效地沟通	询问、检查	1. 建立各方的沟通渠道 2. 收集各方的建议、投诉及其他信息，并保证公司内部及时沟通 3. 建立信息的追踪调查等后续措施 4. 负责处理投诉的员工与负责最初交易处理的员工互相独立 5. 定期向管理层报告投诉的性质和数量	于2014年2月2日询问××部经理××		检查投诉记录的追踪记录	控制设计合理，并得到执行	不适用
	外部人士了解被审计单位的《员工行为守则》	询问	负责向外发布重要信息的管理人员，其级别应与所发布信息的性质和重要程度相称（例如：高层管理人员定期以书面方式对外公布公司的《员工行为守则》）	于2014年2月2日询问××部经理××			控制设计合理，并得到执行	不适用

编制说明：

1. 本审计工作底稿中列示的被审计单位的控制目标和控制活动，仅为说明有关表格的使用方法，并非对所有控制目标和控制活动的全面列示。在执行财务报表审计业务时，注册会计师应根据被审计单位的实际情况予以填写。

2. 如果我们拟信赖以前审计获取的审计证据，应通过询问并结合观察或者检查程序，获取控制活动是否已经发生变化的审计证据，并予以记录。

3. “拟实施的风险评估程序”一列，应填写注册会计师针对控制目标计划采取的审计程序，包括询问、观察和检查；“被审计单位的控制”一列应记录被审计单位实际采取的控制活动；“询问”一列应填写该询问对象的姓名、级别、所在部门以及询问日期。

4. 注册会计师对控制的评价结论可能是：（1）控制设计合理，并得到执行；（2）控制设计合理，未得到执行；（3）控制设计无效或缺乏必要的控制。

4. 了解控制活动

控制活动是指有助于确保管理层的指令得以执行的政策和程序，包括与授权、业绩评价、信息处理、实物控制和职责分离等相关的活动。

在了解被审计单位的控制活动时，注册会计师应当重点考虑一项控制活动单独或连同其他控制活动，是否能够以及如何防止或发现并纠正各类交易、账户余额、披露存在的重大错报。注册会计师的工作重点是识别和了解针对重大错报可能发生的领域的控制活动。注册会计师对被审计单位整体层面的控制活动进行的了解和评估，主要是针对被审计单位的一般控制活动，特别是信息技术的一般控制。在了解和评估一般控制活动时考虑的主要因素可能包括：

（1）被审计单位的主要经营活动是否都有必要的控制政策和程序。

（2）管理层在预算、利润及其他财务和经营业绩方面是否都有清晰的目标，在被审计单位内部，是否对这些目标都加以清晰的记录和沟通，并且积极地对其进行监控。

（3）是否存在计划和报告系统，以识别与目标业绩的差异，并向适当层次的管理层报告该差异。

（4）是否由适当层次的管理层对差异进行调查，并及时采取适当的纠正措施。

（5）不同人员的职责应在何种程度上相分离，以降低舞弊和不当行为发生的风险。

（6）会计系统中的数据是否与实物资产定期核对。

（7）是否建立了适当的保护措施，以防止未经授权接触文件、记录和资产。

（8）是否存在信息安全职能部门负责监控信息安全政策和程序。

5. 了解对控制的监督

对控制的监督是指被审计单位评价内部控制在一段时间内运行有效性的过程，该过程包括及时评价控制的设计和运行以及根据情况的变化采取必要的纠正措施。通常，被审计单位通过持续的监督活动、专门的评价活动或两者相结合，实现对控制的监督。

注册会计师在对被审计单位整体层面的监督进行了解和评估时，考虑的主要因素可能包括：

（1）被审计单位是否定期评价内部控制。

（2）被审计单位人员在履行正常职责时，能够在多大程度上获得内部控制是否有效运行的证据。

（3）与外部的沟通能够在多大程度上证实内部产生的信息或者指出存在的问题。

（4）管理层是否采纳内部审计人员和注册会计师有关内部控制的建议。

（5）管理层是否及时纠正控制运行中的偏差。

（6）管理层根据监管机构的报告及建议是否及时采取了纠正措施。

（7）是否存在协助管理层监督内部控制的职能部门。

在实务中，注册会计师将对被审计单位对控制的监督的了解和评价过程记录在工作底稿中，即编制了解和评价被审计单位对控制的监督表（如表1-15所示）。

表 1-15　　**了解和评价被审计单位对控制的监督表**

被审计单位：________　　索引号：________

项目：了解和评价被审计单位对控制的监督表　　财务报表截止日/期间：________

编制：________　　日　期：________

复核：________　　日　期：________

索引号	控制目标	拟实施的风险评估程序	被审计单位的控制	询问	观察	检查	结论	存在的缺陷
一、持续监督								
	内部控制定期评价	询问、检查	建立内部审计的内部控制评价体系，定期评价内部控制	于2014年3月2日询问内部审计部门经理××		公司整体目标文件	控制设计合理，并得到执行	不适用
	内部控制制度对日常经营活动有效进行的保障程度能够评价	询问、检查	1. 负责业务活动的管理人员将其在日常经营活动中获得的生产、库存、销售或其他方面的信息与信息系统产生的信息相比较 2. 将用于管理业务活动的经营信息与由财务报告系统所产生的财务资料相整合或者相比较，并分析差异	于2014年3月2日询问内部审计部门经理××		具体策略和业务流程层面目标相关文件	控制设计合理，并得到执行	不适用
	外界沟通所获取的信息能够反映内部控制运行的有效性	询问	1. 顾客按销货发票所列金额付款，即隐含该发票金额正确无误；顾客投诉账单有错误，即表明处理销售业务的系统可能存在缺陷。当顾客投诉时，调查出现问题的原因 2. 记录来自供应商的信息（如供应商寄来的对账单），公司将其用做控制和监督的工具 3. 考虑监管机构告知本企业遵循相关法律、法规和规章的情况或其他有助于判断内部控制系统作用的事项	于2014年3月2日询问内部审计部门经理××			控制设计合理，并得到执行	不适用
	管理层对内部审计人员和注册会计师提出的内部控制方面的意见和建议进行适当的处理	询问、检查	1. 设置具有适当权限的管理人员处理内部审计人员和注册会计师所提的意见和建议，并形成记录 2. 跟踪相关决策并验证其落实情况	于2014年3月2日询问内部审计部门经理××		处理意见和建议的记录	控制设计合理，并得到执行	不适用

续表

索引号	控制目标	拟实施的风险评估程序	被审计单位的控制	询问	观察	检查	结论	存在的缺陷
	管理层能够获得关于控制有效的反馈信息	询问、检查	1. 通过培训课程、规划会议和其他会议，掌握提出的争议及问题 2. 员工建议自下向上传递	于2014年3月2日询问内部人力资源部门经理××		检查培训记录	控制设计合理，并得到执行	不适用
	定期询问员工遵循公司的《员工行为守则》的情况、重要控制活动执行的有效性	询问、检查	1. 要求员工定期确认其切实遵循了《员工行为守则》的规定 2. 要求员工在执行重要控制工作（如调节指定账户金额）之后签名，留下执行证据	于2014年3月2日询问内部人；和资源部门经理××		检查执行证据	控制设计合理，并得到执行	不适用
	内部审计工作有效	询问	1. 内部审计人员的能力及经验水平适当 2. 内部审计人员在组织中的地位适当 3. 建立内部审计人员直接向董事会或审计委员会报告的渠道 4. 内部审计人员的审计范围、责任和审计计划适当	于2014年3月2日询问内部审计部门经理××			控制设计合理，并得到执行	不适用
	政策和程序得到有效执行	询问	管理层定期审查政策和程序的遵循情况	于2014年3月2日询问内部审计部门经理××			控制设计合理，并得到执行	不适用
二、专门评价								
	对内部控制进行专门评价，专门评价的范围和频率适当	询问	专门评价的范围（包括广度和深度）及频率适当	于2014年3月2日询问内部审计部门经理××			控制设计合理，并得到执行	不适用
	评价过程是适当的	询问	1. 负责专门评价的人员具备必要的知识和技能 2. 评价人员充分了解企业的活动 3. 评价人员了解系统应当如何运作以及实际如何运作 4. 评价人员将评估结果与既定标准进行比较并对发现的差异进行分析	于2014年3月2日询问内部审计部门经理××			控制设计合理，并得到执行	不适用

续表

索引号	控制目标	拟实施的风险评估程序	被审计单位的控制	询问	观察	检查	结论	存在的缺陷
	用以评价内部控制系统的方法适当，并合乎逻辑	询问、检查	1. 评价方法使用核对清单、问卷及其他评价工具 2. 评价小组成员一起设计评价程序，并保证各成员工作的协调 3. 负责管理该项评价工作的高层管理人员具备足够的权威	于2014年3月2日询问内部审计部门经理××		检查核对清单或问卷	控制设计合理，并得到执行	不适用
	书面记录适当	询问、检查	1. 书面记录评价的过程 2. 审计委员会会议记录中包括评价的记录	于2014年3月2日询问内部审计部门经理××		1. 检查内部控制评价报告 2. 检查审计委员会会议记录	控制设计合理，并得到执行	不适用
	内部审计主要集中于经营责任审计，且能够降低财务报表重大错报风险	询问、检查	1. 内部审计人员定期检查财务信息 2. 内部审计人员定期评价经营效率和经营效果	于2014年3月2日询问内部审计部门经理××		检查评价结果形成的记录	控制设计合理，并得到执行	不适用
	内部审计的独立性适当	询问、检查	内部审计部门定期地直接向董事会、审计委员会或类似的独立机构报告	于2014年3月2日询问内部审计部门经理××		检查内部审计报告	控制设计合理，并得到执行	不适用
	信息系统审计人员能够胜任职责	询问、检查	定期对信息系统审计人员进行培训，以应对复杂的高度自动化的环境	于2014年3月2日询问内部审计部门经理××		检查培训记录	控制设计合理，并得到执行	不适用
	内部审计人员坚持适用的专业准则	询问、检查	1. 建立内部审计人员的定期培训制度 2. 建立内部审计自查制度	于2014年3月2日询问内部审计部门经理××		检查培训记录	控制设计合理，并得到执行	不适用
	内部审计人员记录了计划、风险评估和执行的过程，形成的结论适当	询问、检查	1. 内部审计定期制订内部审计计划 2. 内部审计记录适当	于2014年3月2日询问内部审计部门经理××		检查内部审计计划	控制设计合理，并得到执行	不适用

续表

索引号	控制目标	拟实施的风险评估程序	被审计单位的控制	询问	观察	检查	结论	存在的缺陷
	内部审计部门活动的范围适当	询问	以日常经营活动审计工作为主，配合外部审计工作	于2014年3月2日询问内部审计部门经理××			控制设计合理，并得到执行	不适用

编制说明：

1. 本审计工作底稿中列示的被审计单位的控制目标和控制活动，仅为说明有关表格的使用方法，并非对所有控制目标和控制活动的全面列示。在执行财务报表审计业务时，注册会计师应根据被审计单位的实际情况予以填写。

2. 如果我们拟信赖以前审计获取的审计证据，应通过询问并结合观察或者检查程序，获取控制活动是否已经发生变化的审计证据，并予以记录。

3. “拟实施的风险评估程序”一列，应填写注册会计师针对控制目标计划采取的审计程序，包括询问、观察和检查；“被审计单位的控制”一列应记录被审计单位实际采取的控制活动；“询问”一列应填写该询问对象的姓名、级别、所在部门以及询问日期。

4. 注册会计师对控制的评价结论可能是：(1) 控制设计合理，并得到执行；(2) 控制设计合理，未得到执行；(3) 控制设计无效或缺乏必要的控制。

(四) 评估重大错报风险

评估重大错报风险是风险评估阶段的最后一个步骤，注册会计师在了解被审计单位及其环境的过程中，应当识别和评估财务报表层次和认定层次的重大错报风险，确定需要特别考虑的重大错报风险，并随着不断获取的审计证据对风险评估的结果进行修正。

1. 可能表明被审计单位存在重大错报风险的事项和情况

注册会计师应当关注下列事项和情况可能表明被审计单位存在重大错报风险：

(1) 在经济不稳定（如货币发生重大贬值或经济发生严重通货膨胀）的国家或地区开展业务。

(2) 在高度波动的市场开展业务（如期货交易）。

(3) 在高度复杂的监管环境中开展业务。

(4) 持续经营和资产流动性出现问题，包括重要客户流失。

(5) 获取资本或借款的能力受到限制。

(6) 被审计单位经营所处的行业环境发生变化。

(7) 开发新产品或提供新服务，或进入新的业务领域。

(8) 开辟新的经营场所。

(9) 被审计单位发生变化，如发生重大收购、重组或其他异常事项。

(10) 存在复杂的联营或合资企业。

(11) 存在重大的关联方交易。

（12）大额非常规或非系统性交易（包括公司间的交易和在期末发生大量收入的交易）。

（13）缺乏具备会计和财务报告技能的员工。

（14）关键人员变动（包括核心执行人员的离职）。

（15）内部控制存在缺陷，尤其是管理层未处理的内部控制缺陷。

（16）安装新的与财务报告有关的重大信息技术系统。

（17）以往发生的错报或错误，或者在本期期末出现重大会计调整。

（18）采用新的会计准则，或者涉及复杂过程的会计计量。

（19）涉及重大计量不确定性（包括会计估计）的事项或交易。

（20）存在未决诉讼和或有负债（如售后质量保证、财务担保和环境补救）。

注册会计师应当充分关注可能表明被审计单位存在重大错报风险的上述事项和情况，并考虑由于上述事项和情况导致的风险是否重大以及该风险导致财务报表发生重大错报的可能性。

2. 识别两个层次的重大错报风险

在对重大错报风险进行识别和评估后，注册会计师应当确定识别的重大错报风险是与特定的某类交易、账户余额、列报的认定相关，还是与财务报表整体广泛相关，进而影响多项认定。

（1）财务报表层次的重大错报风险。如果注册会计师识别的重大错报风险是与财务报表整体广泛相关，进而影响多项认定，则该重大错报风险属于财务报表层次的重大错报风险。例如，在经济不稳定的国家和地区开展业务可能导致注册会计师对被审计单位的持续经营能力产生重大疑虑，管理层缺乏诚信或承受异常的压力可能引发舞弊风险，这些风险与财务报表整体相关。

财务报表层次的重大错报风险很可能源于薄弱的控制环境。薄弱的控制环境带来的风险可能对财务报表产生广泛影响，并不局限于某类交易、账户余额、列报。例如，被审计单位治理层、管理层对内部控制的重要性缺乏认识，没有建立必要的制度和程序；或管理层经营理念偏于激进，又缺乏实现激进目标的人力资源等，这些缺陷源于薄弱的控制环境，可能对财务报表产生广泛影响，需要注册会计师采取总体应对措施。

（2）认定层次的重大错报风险。某些重大错报风险可能与特定的各类交易、账户余额、列报的认定相关。例如，被审计单位存在复杂的联营或合资，这一事项表明长期股权投资账户的认定可能存在重大错报风险。又如，被审计单位存在重大的关联方交易，该事项表明关联方及关联方交易的披露认定可能存在重大错报风险。

控制有助于防止或发现并纠正认定层次的重大错报，因此，在评估重大错报风险时，注册会计师应当将所了解的控制与特定认定相联系。有效的控制会减少错报发生的可能性，而控制不当或缺乏控制，错报就会由可能变成现实。例如，被审计单位建立的、以确保盘点工作人员能够正确地盘点和记录存货的控制活动，与存货账户余额的存在性和完整性认定相关。注册会计师需要了解盘点过程和程序，从而确定控制是否能够实现目标。

3. 需要特别考虑的重大错报风险

特别风险，是指注册会计师识别和评估的、根据判断认为需要特别考虑的重大错报风险。

（1）确定特别风险时应考虑的事项。在确定哪些风险是特别风险时，注册会计师应当在考虑识别出的控制对相关风险的抵消效果前，根据风险的性质、潜在错报的重要程度（包括该风险是否可能导致多项错报）和发生的可能性，判断风险是否属于特别风险。

在确定风险的性质时，注册会计师应当考虑下列事项：①风险是否属于舞弊风险。②风险是否与近期经济环境、会计处理方法和其他方面的重大变化有关。③交易的复杂程度。④风险是否涉及重大的关联方交易。⑤财务信息计量的主观程度，特别是对不确定事项的计量存在较大区间。⑥风险是否涉及异常或超出正常经营过程的重大交易。

（2）非常规交易和判断事项导致的特别风险。非常规交易是指由于金额或性质异常而不经常发生的交易。例如，企业购并、债务重组、重大或有事项等。由于非常规交易具有下列特征，与重大非常规交易相关的特别风险可能导致更高的重大错报风险：①管理层更多地介入会计处理；②数据收集和处理涉及更多的人工成分；③复杂的计算或会计处理方法；④非常规交易的性质可能使被审计单位难以对由此产生的特别风险实施有效控制。

判断事项通常包括作出的会计估计。由于下列原因，与重大判断事项相关的特别风险可能导致更高的重大错报风险：①对涉及会计估计、收入确认等方面的会计原则存在不同的理解；②所要求的判断可能是主观和复杂的，或需要对未来事项作出假设。

（3）考虑与特别风险相关的控制。了解与特别风险相关的控制，有助于注册会计师制定有效的审计方案予以应对。对特别风险，注册会计师应当评价相关控制的设计情况，并确定其是否已经得到执行。由于与重大非常规交易或判断事项相关的风险很少受到日常控制的约束，注册会计师应当了解被审计单位是否针对该特别风险设计和实施了控制。

如果管理层未能实施控制以恰当应对特别风险，注册会计师应当认为内部控制存在重大缺陷，并考虑其对风险评估的影响。在此情况下，注册会计师应当就此类事项与治理层沟通。

【例 1-8】 NY 公司主要从事小型电子消费品的生产和销售，产品销售以 NY 公司仓库为交货地点。NY 公司日常交易采用自动化信息系统（以下简称系统）和手工控制相结合的方式进行。系统自 2012 年以来没有发生变化。NY 公司产品主要销售给国内各主要城市的电子消费品经销商。注册会计师王某和李某负责审计 NY 公司 2013 年度财务报表。

注册会计师王某和李某在审计工作底稿中记录了所获取的 NY 公司财务数据，部分数据如表 1-16 所示。

表 1-16 **NY 公司部分财务数据** 单位：元

项目 \ 年份 / 产品	2013 年		2012 年	
	C 产品	D 产品	C 产品	D 产品
产成品	2 000 000. 00	1 800 000. 00	2 500 000. 00	0
存货跌价准备	0	0	0	0
主营业务收入	18 500 000. 00	8 000 000. 00	20 000 000. 00	0

续表

项目　　产品　　年份	2013 年		2012 年	
	C 产品	D 产品	C 产品	D 产品
主营业务成本	17 000 000.00	5 600 000.00	16 800 000.00	0
销售费用——运输费	1 200 000.00		1 150 000.00	
利息支出	300 000.00		25 000.00	
减：利息资本化	250 000.00		25 000.00	
净利息支出	50 000.00		0	

注册会计师王某和李某在审计工作底稿中记录了所了解的 NY 公司及其环境的情况，部分内容摘录如下：

（1）在 2012 年度实现销售收入增长 10% 的基础上，NY 公司董事会确定的 2013 年销售收入增长目标为 20%。NY 公司管理层实行年薪制，总体薪酬水平根据上述目标的完成情况上下浮动。NY 公司所处行业 2013 年的平均销售增长率是 12%。

（2）NY 公司财务总监已为 NY 公司工作超过 6 年，于 2013 年 9 月劳动合同到期后被 NY 公司的竞争对手高薪聘请。由于工作压力大，NY 公司会计部门人员流动频繁，除会计主管服务期超过 4 年外，其余人员的平均服务期少于 2 年。

（3）NY 公司的产品面临快速更新换代的压力，市场竞争激烈。为巩固市场占有率，NY 公司于 2013 年 4 月将主要产品（C 产品）的销售价格下调了 8% ~10%。另外，NY 公司在 2013 年 8 月推出了 D 产品（C 产品的改良型号），其市场表现良好，NY 公司在 2014 年全面扩大产量，并在 2014 年 1 月停止 C 产品的生产。为了加快资金流转，NY 公司于 2011 年 1 月针对 C 产品开始实施新一轮的降价促销，平均降价幅度达到 10%。

（4）NY 公司销售的产品均由经客户认可的外部运输公司实施运输，运费由 NY 公司承担，但运输途中风险仍由客户自行承担。由于受能源价格上涨影响，2013 年的运输单价比上年平均上升了 15%，但运输商同意将运费结算周期从原来的 30 天延长至 60 天。

（5）2013 年度 NY 公司主要原料的价格与上年基本持平，供应商也没有大的变化，但由于技术要求发生变化，D 产品所耗高档金属材料比 C 产品略有上升，使得 D 产品的原材料成本比 C 产品上升了 3%。

（6）除了于 2013 年 12 月借入的 2 年期、年利率 6% 的银行借款 500 万元外，NY 公司没有其他借款。上述长期借款专门用于扩建现有的一条生产线，以满足 D 产品的生产需要。该生产线总投资 6 500 万元，2012 年 12 月开工，2013 年 7 月完工投入使用（假设不考虑利息收入）。

要求：根据注册会计师所了解的 NY 公司及其环境的情况，假定不考虑其他条件，请逐项指出所列事项是否可能表明存在重大错报风险。如果认为存在，请简要说明理由，并分别说明该风险是属于财务报表层次还是认定层次。如果认为属于认定层次，请指出相关事项与何种交易或账户的何种认定相关。

分析：NY 公司可能表明存在重大错报风险的事项以及与之相关的认定如表 1-17 所示。

表 1-17　　可能表明存在重大错报风险的事项以及与之相关的认定

事项序号	是否可能表明存在重大错报风险（是/否）	理　由	重大错报风险属于财务报表层次还是认定层次	交易或账户名称和认定
(1)	是	销售增长目标与同行业其他公司相比偏高，并且管理层的薪酬与销售增长目标挂钩，可能导致管理层多计销售收入	认定层次	营业收入/发生（应收账款/存在）
(2)	是	关键人员的变动和缺乏有经验的会计人员可能表明存在重大错报风险	财务报表层次	
(3)	是	C 产品在 2013 年的毛利率为 8.1%，在 2014 年 1 月价格下调 10%后，C 产品的可变现净值小于成本，可能高估了存货成本	认定层次	存货/计价和分摊（资产减值损失/发生）
(4)	是	1. 2013 年的产品总销量大于 2012 年，并且运输单价平均上升了 15%，但是运输费只上升了 4.3%，可能低估了 2013 年的运费 2. 2013 年运费没有大的变化，表明销量变化不大，可能高估了销售收入	认定层次	1. 销售费用/完整性 应付账款/完整性 2. 营业收入/发生 应收账款/存在
(5)	否			
(6)	是	工程 7 月完工，但资本化了 10 个月的利息支出，可能高估了固定资产成本、低估了 2013 年的财务费用	认定层次	固定资产/存在（财务费用/完整性）

任务四　应对审计风险

注册会计师在了解被审计单位及其环境并评估重大错报风险之后，应当针对评估的重大错报风险确定总体应对措施，设计和实施进一步审计程序，以将审计风险降至可接受的低水平。

（一）风险应对措施

1. 针对财务报表层次重大错报风险的总体应对措施

注册会计师应当针对评估的财务报表层次重大错报风险确定下列总体应对措施：

（1）向项目组强调保持职业怀疑态度的必要性。职业怀疑是指注册会计师执行审计业务的一种态度，包括采取质疑的思维方式，对可能表明由于错误或舞弊导致错报的迹象保持警觉以及对审计证据进行审慎评价。职业怀疑态度要求注册会计师凭证据“说话”。职业怀疑态度意味着，在实施审计程序时，注册会计师不能因轻信管理层和治理层的诚信而满足于说服力不够的审计证据。相应地，为得出审计结论，注册会计师不应使用管理层声明替代应当获取的充分、适当的审计证据。

（2）指派更有经验或具有特殊技能的审计人员，或利用专家的工作。由于各行业在经营业务、经营风险、财务报告、法规要求等方面具有特殊性，审计人员的专业分工细化成为一种趋势。审计项目组成员中应有一定比例的人员曾经参与过被审计单位以前年度的审计，或具有被审计单位所处特定行业的相关审计经验。必要时，要考虑利用信息技术、税务、评估、精算等方面的专家的工作。

（3）提供更多的督导。对于财务报表层次重大错报风险较高的审计项目，项目组的高级别成员，如项目负责人、项目经理等经验较丰富的人员，要对其他成员提供更详细、更经常、更及时的指导和监督并加强项目质量复核。

（4）在选择拟实施的进一步审计程序时融入更多的不可预见的因素。被审计单位人员，尤其是管理层，如果熟悉注册会计师的审计套路，就可能采取种种规避手段，掩盖财务报告中的舞弊行为。因此，在设计拟实施审计程序的性质、时间安排和范围时，注册会计师要考虑使某些程序不被审计单位管理层预见或事先了解。

在实务中，注册会计师可以采用以下方法提高审计程序的不可预见性：

①对某些以前未测试的低于设定的重要性水平或风险较小的账户余额和认定实施实质性程序。注册会计师可以关注以前未曾关注过的审计领域，尽管这些领域可能重要程度比较低。如果这些领域有可能被用于掩盖舞弊行为，注册会计师就要针对这些领域实施一些具有不可预见性的测试。

②调整实施审计程序的时间，使其超出被审计单位的预期。例如，如果注册会计师在以前年度的大多数审计工作都围绕着12月或在年底前后进行，注册会计师则可以考虑调整实施审计程序时测试项目的时间，从测试12月的项目调整到测试9月、10月或11月的项目。

③采取不同的审计抽样方法，使当年抽取的测试样本与以前有所不同。

④选取不同的地点实施审计程序，或预先不告知被审计单位所选定的测试地点。例如，在存货监盘程序中，注册会计师可以到未事先通知被审计单位的盘点现场进行监盘，使被审计单位没有机会事先清理现场，隐藏一些不想让注册会计师知道的情况。表1-18列举了一些具有不可预见性的审计程序。

表 1-18　**审计程序的不可预见性示例**

审计领域	一些可能适用的具有不可预见性的审计程序
存货	（1）向以前审计过程中接触不多的被审计单位员工询问，例如采购、销售、生产人员等 （2）在不事先通知被审计单位的情况下，选择一些以前未曾到过的盘点地点进行存货监盘
销售和应收账款	（1）向以前审计过程中接触不多或未曾接触过的被审计单位员工询问，例如负责处理大客户账户的销售部人员 （2）改变实施实质性分析程序的对象，例如对收入按细类进行分析 （3）针对销售和销售退回延长截止测试期间 （4）实施以前未曾考虑过的审计程序 ①函证确认销售条款或者选定销售额较不重要，以前未曾关注的销售交易，例如对出口销售实施实质性程序 ②实施更细致的分析程序，例如使用计算机辅助审计技术复核销售及客户账户 ③测试以前未曾函证过的账户余额，例如，金额为负或是零的账户，或者余额低于以前设定的重要性水平的账户 ④改变函证日期，即把所函证账户的截止日期提前或者推迟 ⑤对关联公司销售和相关账户余额，除了进行详细函证外，再实施其他审计程序进行验证
采购和应付账款	（1）如果以前未曾对应付账款余额普遍进行函证，可考虑直接向供应商函证确认余额，如果经常采用函证方式，可考虑改变函证的范围或者时间 （2）对以前由于低于设定的重要性水平而未曾测试过的采购项目，进行详细测试 （3）使用计算机辅助审计技术审阅采购和付款账户，以发现一些特殊项目，例如是否有不同的供应商使用相同的银行账户
现金和银行存款	（1）多选几个月的银行存款余额调节表进行测试 （2）对有大量银行账户的，考虑改变抽样方法
固定资产	对以前由于低于设定的重要性水平而未曾测试过的固定资产进行测试，例如考虑实地盘查一些价值较低的固定资产，如汽车和其他设备等
跨区域审计项目	修改分支机构审计工作的范围或者区域（如增加某些较次要分支机构的审计工作量，或实地去分支机构开展审计工作）

（5）对拟实施审计程序的性质、时间安排和范围作出总体修改。注册会计师对控制环境的了解影响其对财务报表层次重大错报风险的评估。有效的控制环境可以使注册会计师增强对内部控制和被审计单位内部产生的证据的信赖程度。如果控制环境存在缺陷，注册会计师应对拟实施审计程序的性质、时间安排和范围作出总体修改，修改内容包括在期末而非期中实施更多的审计程序，通过实施实质性程序获取更广泛的审计证据以及增加拟

纳入审计范围的经营地点的数量。

注册会计师评估的财务报表层次重大错报风险以及采取的总体应对措施，对拟实施进一步审计程序的总体方案具有重大影响。拟实施进一步审计程序的总体方案包括实质性方案和综合性方案。其中，实质性方案是指注册会计师实施的进一步审计程序以实质性程序为主；综合性方案是指注册会计师在实施进一步审计程序时，将控制测试与实质性程序结合使用。当评估的财务报表层次重大错报风险属于高风险水平（并相应采取更强调审计程序不可预见性、重视调整审计程序的性质、时间安排和范围等总体应对措施）时，拟实施进一步审计程序的总体方案往往更倾向于实质性方案。

2. 针对认定层次重大错报风险的进一步审计程序

注册会计师应当针对评估的认定层次重大错报风险设计和实施进一步审计程序，包括审计程序的性质、时间安排和范围。

（1）进一步审计程序的含义和要求。进一步审计程序相对风险评估程序而言，是指注册会计师针对评估的各类交易、账户余额、列报认定层次重大错报风险实施的审计程序，包括控制测试和实质性程序。注册会计师设计和实施的进一步审计程序的性质、时间安排和范围，应当与评估的认定层次重大错报风险具备明确的对应关系，这有助于优化配置审计资源，提高审计效率和效果。

（2）进一步审计程序的性质。进一步审计程序的性质是指进一步审计程序的目的和类型。其中，进一步审计程序的目的包括通过实施控制测试以确定内部控制运行的有效性，通过实施实质性程序以发现认定层次的重大错报；进一步审计程序的类型包括检查、观察、询问、函证、重新计算、重新执行和分析程序。在应对评估的风险时，合理确定审计程序的性质是最重要的。这是因为不同的审计程序应对特定认定错报风险的效力不同。例如，对于与收入完整性认定相关的重大错报风险，控制测试通常更能有效应对；对于与收入发生认定相关的重大错报风险，实质性程序通常更能有效应对。

（3）进一步审计程序的时间安排。进一步审计程序的时间安排是指注册会计师何时实施进一步审计程序，或审计证据适用的期间或时点。因此，当提及进一步审计程序的时间时，在某些情况下指的是审计程序的实施时间，在另一些情况下是指需要获取的审计证据适用的期间或时点。注册会计师可以在期中或期末实施控制测试或实质性程序。在期中实施进一步审计程序，可能有助于注册会计师在审计工作初期识别重大事项，并在管理层的协助下及时解决这些事项；或针对这些事项制定有效的实质性方案或综合性方案。考虑到期中实施进一步审计程序的局限性，注册会计师还应当针对剩余期间获取审计证据。但是，当重大错报风险较高时，注册会计师应当考虑在期末或接近期末实施实质性程序；或采用不通知的方式，或在管理层不能预见的时间实施审计程序。

（4）进一步审计程序的范围。进一步审计程序的范围是指实施进一步审计程序的数量，包括抽取的样本量，对某项控制活动的观察次数等。在确定审计程序的范围时，注册会计师应当考虑确定的重要性水平、评估的重大错报风险和计划获取的保证程度等因素。需要说明的是，随着重大错报风险的增加，注册会计师应当考虑扩大审计程序的范围。但是，只有当审计程序本身与特定风险相关时，扩大审计程序的范围才是有效的。

（二）控制测试

1. 控制测试的概念

控制测试是指用于评价内部控制在防止或发现并纠正认定层次重大错报方面的运行有效性的审计程序。

控制测试和了解内部控制是不同的。在实施风险评估程序了解内部控制时，获取的证据是确定某项控制是否存在并正在被使用，而控制测试要获取的证据包括控制在所审计期间的不同时点是如何运行的、控制是否得到一贯执行和控制由谁或以何种方式执行等。控制运行的有效性强调的是控制能够在各个不同时点按照既定设计得以一贯执行。因此，在了解控制是否得到执行时，注册会计师只需抽取少量的交易进行检查或观察某几个时点。但在测试控制运行的有效性时，注册会计师需要抽取足够数量的交易进行检查或对多个不同时点进行观察。作为进一步审计程序的类型之一，控制测试并非在任何情况下都需要实施。当存在下列情形之一时，注册会计师应当实施控制测试：（1）在评估认定层次重大错报风险时，预期控制的运行是有效的。（2）仅实施实质性程序不足以提供认定层次充分、适当的审计证据。

如果在评估认定层次重大错报风险时预期控制的运行是有效的，注册会计师应当实施控制测试，就控制在相关期间或时点的运行有效性获取充分、适当的审计证据。

2. 控制测试的性质

控制测试的性质是指控制测试所使用的审计程序的类型及其组合，包括询问、观察、检查和重新执行。

（1）询问。注册会计师可以向被审计单位适当员工进行询问，获取与内部控制运行情况相关的信息。例如，询问信息系统管理人员有无未经授权接触计算机硬件和软件，向负责复核银行存款余额调节表的人员询问如何进行复核。然而，仅仅通过询问不能为控制运行的有效性提供充分的证据，注册会计师通常需要印证被询问者的答复。

（2）观察。观察是测试不留下书面记录的控制（如职责分离）运行情况的有效方法。例如，观察存货盘点控制的执行情况。观察也可运用于实物控制，如查看仓库门是否锁好，或空白支票是否妥善保管。通常情况下，注册会计师通过观察直接获取的证据比间接获取的证据更可靠。

（3）检查。对运行情况留有书面证据的控制，检查非常适用。书面说明、复核时留下的记号，或其他记录在偏差报告中的标志，都可以被当做控制运行情况的证据。例如，检查销售发票是否有复核人员签字，检查销售发票是否附有客户订购单和出库单等。

（4）重新执行。通常只有当询问、观察和检查程序结合在一起仍无法获得充分的证据时，注册会计师才考虑通过重新执行来证实控制是否有效运行。例如，为了合理保证计价认定的准确性，被审计单位的一项控制是由复核人员核对销售发票上的价格与统一价格单上的价格是否一致。但是，要检查复核人员有没有认真执行核对，仅仅检查复核人员是否在相关文件上签字是不够的，注册会计师还需要自己选取一部分销售发票进行核对，这就是重新执行程序。

3. 控制测试的时间

控制测试的时间包含两层含义：一是何时实施控制测试；二是测试所针对的控制适用

的时点或期间。

注册会计师应当根据控制测试的目的确定控制测试的时间，并确定拟信赖的相关控制的时点或期间。如果仅需要测试控制在特定时点的运行有效性，注册会计师只需要获取该时点的审计证据。如果需要获取控制在某一期间有效运行的审计证据，仅获取与时点相关的审计证据是不充分的，注册会计师应当辅以其他控制测试，包括测试被审计单位对控制的监督。

如果注册会计师在期中实施了控制测试，获取了有关控制在期中运行有效性的审计证据，并拟利用该证据，那么注册会计师仍然需要考虑如何能够将控制在期中运行有效性的审计证据合理延伸至期末，即针对期中至期末这段剩余期间获取充分、适当的审计证据。此时，注册会计师应当获取这些控制在剩余期间变化情况的审计证据以及确定针对剩余期间还需获取的补充审计证据。

4. 控制测试的范围

控制测试的范围主要是指某项控制活动的测试次数。注册会计师应当设计控制测试，以获取控制在整个拟信赖的期间有效运行的充分、适当的审计证据。

注册会计师在确定某项控制的测试范围时通常考虑的因素主要有：

（1）在整个拟信赖的期间，被审计单位执行控制的频率。控制执行的频率越高、控制测试的范围越大。

（2）在所审计期间，注册会计师拟信赖控制运行有效性的时间长度。拟信赖控制运行有效性的时间长度不同，在该时间长度内发生的控制活动次数也不同。拟信赖期间越长，控制测试的范围越大。

（3）控制的预期偏差。预期偏差可以用控制未得到执行的预期次数占控制应当得到执行次数的比率即预期偏差率来衡量。控制的预期偏差率越高，需要实施控制测试的范围越大。如果控制的预期偏差率过高，注册会计师应当考虑控制可能不足以将认定层次的重大错报风险降至可接受的低水平，从而针对某一认定实施的控制测试可能是无效的。

（4）通过测试与认定相关的其他控制获取的审计证据的范围。针对同一认定，可能存在不同的控制。当针对其他控制获取审计证据的充分性和适当性较高时，测试该控制的范围可适当缩小。

（5）拟获取的有关认定层次控制运行有效性的审计证据的相关性和可靠性。

（三）实质性程序

1. 实质性程序的含义

实质性程序是指用于发现认定层次重大错报的审计程序，包括对各类交易、账户余额和披露的细节测试和实质性分析程序。实质性程序包括与财务报表编制完成阶段相关的审计程序，即核对财务报表与其所依据的会计记录以及检查财务报表编制过程中作出的重大会计分录和其他会计调整。

由于评估重大错报风险是一种判断，可能无法充分识别所有的重大错报风险，并且由于内部控制存在固有局限性，无论评估的重大错报风险结果如何，注册会计师都应当针对所有重大的各类交易、账户余额、列报实施实质性程序。

如果认为评估的认定层次重大错报风险是特别风险，注册会计师应当专门针对该风险实施实质性程序。如果针对特别风险仅实施实质性程序，注册会计师应当使用细节测试，或将细节测试和实质性分析程序结合使用，以获取充分、适当的审计证据。

2. 实质性程序的性质

实质性程序的性质，是指实质性程序的类型及其组合。实质性程序的两种基本类型包括细节测试和实质性分析程序。

（1）细节测试。细节测试是对各类交易、账户余额和披露的具体细节进行测试，目的在于直接识别财务报表认定是否存在错报。细节测试被用于获取与某些认定相关的审计证据，如存在、准确性、计价等。

注册会计师需要根据不同的认定层次的重大错报风险设计有针对性的细节测试。例如，在针对存在或发生认定设计细节测试时，注册会计师应当选择包含在财务报表金额中的项目，并获取相关审计证据。在针对完整性认定设计细节测试时，注册会计师应当选择有证据表明应包含在财务报表金额中的项目，并调查这些项目是否确实包括在内。

（2）实质性分析程序。实质性分析程序是指在实质性程序中通过研究数据间关系评价信息，以识别各类交易、账户余额和披露及相关认定是否存在错报。实质性分析程序通常更适用于在一段时期内存在可预期关系的大量交易。

3. 实质性程序的时间

实质性程序的时间是指在什么时间实施实质性程序。或者说，注册会计师在准备实施实质性程序时，需要考虑是在期中实施或在期末实施，还是两者兼而有之。

（1）在期中实施实质性程序。如在期中实施实质性程序，注册会计师应当针对剩余期间实施进一步的实质性程序，或将实质性程序与控制测试相结合，以使期中审计证据能够合理延伸至期末。如果针对剩余期间实施实质性程序还需要消耗大量审计资源才有可能降低期末存在错报而未被发现的风险，甚至没有把握通过适当的进一步审计程序降低期末存在错报而未被发现的风险，则不宜在期中实施实质性程序。

（2）在期末实施实质性程序。如果已识别出由于舞弊导致的重大错报风险，为将期中得出的结论延伸至期末而实施的审计程序通常是无效的，注册会计师应当考虑在期末或者接近期末实施实质性程序。

如果已在期中实施了实质性程序，或将控制测试与实质性程序相结合，并拟信赖期中测试得出的结论，注册会计师应当针对剩余期间实施实质性程序，重点关注并调查重大的异常交易或分录、重大波动以及各类交易或账户余额在构成上的重大或异常变动。

4. 实质性程序的范围

在确定实质性程序的范围时，注册会计师应当考虑评估的认定层次重大错报风险和实施控制测试的结果。注册会计师评估的认定层次的重大错报风险越高，需要实施实质性程序的范围越广。如果对控制测试结果不满意，注册会计师应当考虑扩大实质性程序的范围。在设计细节测试时，注册会计师除了从样本量的角度考虑测试范围外，还要考虑选样方法的有效性等因素。例如，从总体中选取大额或异常项目，而不是进行代表性抽样或分层抽样。

实质性分析程序的范围有两层含义：第一层含义是对什么层次上的数据进行分析，注册会计师可以选择对高度汇总的财务数据进行分析，也可以根据重大错报风险的性质和水平调整分析层次。例如，按照不同产品线、不同季节或月份、不同经营地点或存货存放地点等实施实质性分析程序。第二层含义是需要对什么幅度或性质的偏差展开进一步调查。实施分析程序可能发现偏差，但并非所有的偏差都值得展开进一步调查。可容忍或可接受的预期偏差越大，作为实质性分析程序一部分的进一步调查的范围就越小。

【例1-9】某会计师事务所接受委托，承办HA公司2013年度财务报表审计业务。注册会计师李某负责针对评估的与销售业务流程有关的认定层次重大错报风险实施进一步审计程序。

HA公司是一家生产和销售高端清洁用品的外商独资公司，其产品主要用于星级酒店和大型饭店。除了在北京、上海直接向终端客户销售外，在全国其他地区均向省级或市级经销商销售。HA公司提供的财务报表显示：2013年度销售收入为112 655 260元，比上一年增长21%（董事会制定的当年销售目标是销售收入增长20%）；2013年12月31日应收账款余额为39 560 810元，具体情况如下：共有226个客户，其中9个客户（均为省级经销商）的余额在100万元以上，占应收账款总额的38%，其余客户的余额均小于30万元。此外，余额为10万元以上且账龄超过1年的应收账款客户有15家。

2013年12月31日坏账准备余额为1 879 830元。公司采用账龄分析法和个别认定法相结合的方式计提坏账准备，其中账龄分析法提取比例是：6个月以上1年以下为10%，1年以上2年以下为50%，2年以上为100%。HA公司的财务资料如表1-19所示。

表1-19　**HA公司的财务资料**　单位：元

项目	2013年	2012年	项目	2013年	2012年
应收账款	39 560 810.00	27 765 338.00	销售收入	112 655 260.00	93 103 520.00
坏账准备	1 879 830.00	1 707 400.00	应收账款周转天数	108天	92天

该公司2013年度的税前利润为8 475 623元，按公司税前利润的5%确定的总体重要性水平为423 781元。

注册会计师对销售业务流程的风险评估和进一步审计程序的方案如下：

由于销售业务的重要性及其固有风险，注册会计师认为销售收入和应收账款层次的“存在或发生”和“准确性”认定存在重大错报风险。

HA公司2013年以放宽授信额度来增加销售收入，导致货款回收速度放慢，应收账款余额大幅度上升，但坏账准备余额与去年基本持平。注册会计师认为应收账款的计价认定存在特别风险，即年末坏账准备的提取很可能不够。

基于以前年度对该公司的了解以及本年度对该公司环境、经营状况、内部控制等的了解和评估，注册会计师决定对应收账款采用综合性审计方案。

该公司在各主要业务流程及财务报告编制中采用了计算机信息系统，注册会计师在本年度审计中测试了信息系统一般控制并认为信息系统一般控制是有效的。

注册会计师对销售收入、应收账款余额和坏账准备余额实施了以下的进一步审计程序：控制测试、评估针对特别风险的控制、实质性程序。下面分别予以介绍。

（1）控制测试。注册会计师李某从销售流程中选取了一些关键的控制进行测试。

①业绩评价控制测试。所测试的控制：销售主管每月审核按客户分列的销售收入（包括与上月销售额和本月预测额的比较）和应收账款（包括当月货款回收金额和月末余额）汇总表，对其中的重大差异和异常情况进行跟进分析，编制分析报告并呈报销售经理和总经理。总经理与销售经理审阅后讨论解决措施。

相关的财务报表认定：销售收入的发生、准确性、完整性以及应收账款的存在、准确性。

测试程序：该控制是月度控制，注册会计师李某决定选取2月、6月、10月、11月这四个月份测试该控制。注册会计师分别与总经理和销售经理就上述四个月份的分析报告进行讨论，证实他们确实审阅了该报告并对重大差异和异常情况进行了调查和跟进。事后注册会计师还通过询问销售经理和相关销售人员印证了当时所采取的跟进措施。销售收入和应收账款汇总表由财务系统自动生成并与当月财务报表的销售收入总额和应收账款余额一致，注册会计师核对了上述四个月的财务报表，证实无误。

测试结果：该控制有效运行，注册会计师对该控制可以信赖。

②人工控制测试。所测试的控制：对每一笔销售收入，销售部专职秘书将客户订单、客户已签收的送货单（所有货物由物流公司运送）与发票（计算机发票由销售部开具）上的客户名称、货物品种、数量、价格进行核对，并在发票记账联盖“核对确认无误”章，交给财务部作为确认销售收入的凭证。对于数据不符的交易则进行调查并调整。

相关的财务报表认定：销售收入的发生、准确性以及应收账款的存在、准确性。

测试程序：该控制为人工控制，每天发生数次，注册会计师为了获取较高程度的保证，决定抽取每月5个共60个样本。该测试是双重目的测试，既可测试控制运行的有效性，同时也是针对销售收入的细节测试。注册会计师询问了执行该控制的销售部专职秘书和负责记录销售收入的会计人员，确认该控制确实得到执行。注册会计师从销售收入明细账中抽取60笔交易，核对客户订单、客户已签收的送货单以及发票，以检查有关信息是否一致，发票记账联上是否有“核对确认无误”章以及入账金额是否准确。

测试结果：没有发现例外情况。该控制有效运行。注册会计师对该控制可以信赖。

③自动化应用控制测试。所测试的控制：订单分为“待批准”、“已批准”和“已执行”状态。订单一经批准就会自动生成相应的送货单；已发货的订单在系统中被设置为“已执行”状态，每月末系统会自动配比当月的“已执行”订单、送货单和当月入账的销售收入（均有订单号索引），对未确认收入的订单生成“已执行订单未入账报告”。财务人员对该报告进行跟踪调查，补记漏记的销售收入。

相关的财务报表认定：销售收入的完整性。

测试程序：注册会计师在上年度审计中已经测试了该控制并证明该控制的运行是有效的。本年度注册会计师了解到该控制没有发生变化。注册会计师本年度已经测试了信息技术一般控制的运行有效性，因而不必再测试该自动化控制（该控制还包括人工控制的成分，即财务人员的跟进程序，注册会计师对该人工控制进行测试，结果显示控制有效。此处不作详细说明）。

综合以上控制测试的结果，针对销售收入的发生、准确性和完整性认定及应收账款的存在和准确性认定的控制是有效运行的，注册会计师对控制有较高程度的信赖，只需要从实质性程序中获取较低程度的保证。

（2）评估针对特别风险的控制。注册会计师了解到管理层为了应对应收账款账龄变长及由此带来的坏账增加的风险，采取了与账款逾期 1 年以上的客户签订还款协议的方式，要求客户对归还旧账的时间和金额作出书面承诺。如果客户未按照协议执行，则暂停供货。该控制每月执行。注册会计师认为该控制的设计是适当的并证实该控制确实得以执行。考虑到审计程序的效率，决定不测试该控制而直接对年末应收账款坏账准备余额实施细节测试。

（3）实质性程序。主要包括：

①对销售收入及应收账款实施实质性分析程序（略）。

②对应收账款和坏账准备实施细节测试。主要包括：

第一，应收账款函证。由于从控制测试中获得了较高程度的信赖，注册会计师只需要从细节测试中获取较低程度的保证。因此，注册会计师决定采用选取特定项目进行测试的方法选取函证样本，符合下列条件之一的被选为样本：应收账款余额在 100 万元以上；年购货款在 500 万元以上的客户；10 万元以上账龄超过 1 年的应收账款。

有 35 家客户符合上述条件，总金额为 18 593 581 元，覆盖率为 47%。函证结果为：26 家回函确认无误；3 家回函存在付款时间性差异，即年末客户已付款而被审计单位尚未收到，经查看次年 1 月初银行对账单确认无误；6 家没有回函。前两项 29 家回函总金额为 13 272 566 元，函证的实际覆盖率为 34%。

第二，对上述没有回函的应收账款余额 5 321 015 元实施替代程序，并查看了期后收款。截至审计现场工作结束，共收回货款 2 866 390 元，对剩余的金额 2 454 625 元查看了相应的原始凭证（订单、发货单、发票、还款协议、与客户的往来信件等），没有发现差异。替代程序的实际覆盖率为 13%。

第三，应收账款余额函证及替代程序的总体覆盖率为 47%。对于未函证的应收账款，相关控制是有效运行的，实施实质性分析程序未发现误差，注册会计师判断重大错报风险水平较低，因而可接受一个较高的检查风险水平。对于未函证的应收账款，注册会计师采用审计抽样（一个相对较小的样本即可）的方法予以函证，结果是推断的错报未超过应收账款可容忍错报。

第四，验证应收账款账龄分析报告的准确性。注册会计师采取审计抽样的方法，选取 40 笔交易检查销售发票并验证是否归入了正确的账龄期间。测试结果没有发现错误，可以证实账龄分析报告的准确性。

第五，向总经理和销售经理询问他们对应收账款可收回性的评估；重新计算坏账准备的计提；对账龄较长而未提取坏账准备的应收账款余额，查看还款协议和实际付款记录。注册会计师发现有一笔 339 465 元账龄超过两年的应收账款，该客户签订的还款协议承诺 2012 年 12 月 31 日之前支付 100 000 元，到审计现场工作结束时（2013 年 3 月）仍未支付，目前被审计单位已停止向对方供货。另一笔 133 282 元账龄未满 6 个月的应收账款，该客户是一家连锁餐厅，最近因资金链出现问题，拖欠租金和供应商货款而被起诉，该笔货款很可能无法收回。对上述两笔可能无法收回的应收账款共计 472 747 元被审计单位均未计提坏账准备。注册会计师建议作审计调整并计划向被审计单位管理层报告该事项。

第六，销售收入截止测试（略）。

思考与练习

一、单项选择题

1. 在财务报表审计中，管理层对财务报表责任的陈述不恰当的是（　　）。

A. 选择适用的会计准则和相关会计制度

B. 选择和运用恰当的会计政策

C. 根据企业的具体情况，做出合理的会计估计

D. 保证财务报表不存在重大错报以减轻注册会计师的责任

2. 甲公司将2013年度的主营业务收入列入2011年度的财务报表，则其2011年度的财务报表存在错误的认定是（　　）。

A. 截止　　B. 计价和分摊　　C. 发生　　D. 完整性

3. 在被审计单位发生的下列事项中，违反管理层对所属项目的“计价和分摊”认定的是（　　）。

A. 将应收账款420万元记为360万元

B. 将应付乙公司的款项280万元记在甲公司名下

C. 未将向外单位拆借的120万元款项列入所属项目中

D. 将经营租赁的固定资产原值80万元记入固定资产账户

4. 注册会计师在审查被审计单位销售部门的销货合同时，发现有一笔A公司的100万元购货款未入账，通过函证A公司，检查该笔销货记录，证实A公司实际已购货且欠款100万元。那么，注册会计师首先认为管理层对营业收入账户的（　　）认定存在问题。

A. 发生　　B. 完整性　　C. 准确性　　D. 计价和分摊

5. 如果被审计单位将其固定资产用做某笔长期借款项目的抵押物，但没有在财务报表附注中披露，则其违反的认定是（　　）。

A. 计价和分摊　　B. 完整性　　C. 发生　　D. 准确性和计价

6. 甲公司当年购入设备一台，会计部门在入账时，漏记了该设备的运费，则其违反的认定是（　　）。

A. 存在　　B. 完整性　　C. 计价和分摊　　D. 截止

7. 注册会计师在审计A公司2014年的财务报表时，应当确认该公司在销售交易中发出商品的数量与账单上的数量是否相符，这是证实销售交易的（　　）认定。

A. 发生　　B. 完整性　　C. 计价和分摊　　D. 准确性

8. A注册会计师在对XYZ股份有限公司2014年的财务报表进行审计时发现，被审计单位未将其一年内到期的长期负债在流动负债项下单独列示，注册会计师对该项目审计目标的相关认定是（　　）。

A. 存在　　B. 完整性　　C. 计价和分摊　　D. 分类与可理解性

9. 对特定日期各项资产确属企业的权利，各项负债确属企业的义务的确认，是(　　)认定。

A. 权利和义务　　B. 计价和分摊　　C. 存在　　D. 完整性

10. 注册会计师在检查被审计单位的财务报表附注时，发现该单位没有分别对原材料、在产品和产成品等存货成本核算方法做出恰当说明，请问被审计单位存在的错误认定是（　　）。

A. 权利和义务　　B. 完整性　　C. 分类和可理解性　　D. 准确性和计价

11. 注册会计师发现了被审计单位将2010年12月31日已经发生的一笔赊销收入记在了2011年1月3日的营业收入账上的确凿审计证据，则注册会计师最关注的与这笔业务有关的认定是（　　）。

A. 分类　　B. 准确性　　C. 截止　　D. 计价和分摊

12. 注册会计师在审查应收账款时，发现账上有某笔记录“借：应收账款——A公司100，贷：营业收入100”，通过函证A公司，检查该笔销货记录证实，A公司实际欠款50万元。那么，注册会计师首先认为管理层对主营业务收入账户的（　　）认定存在问题。

A. 发生　　B. 准确性　　C. 完整性　　D. 权利和义务

13. 为证实A公司对于“销售业务的准确性”认定，注册会计师所实施的下列实质性程序中，效果可能最差的是（　　）。

A. 将所选择的销售业务笔数与应收账款和销售发票存根的张数进行比较

B. 将销售发票上所列的单价与经过批准的商品价目表进行比较核对，其金额小计和合计数也要进行验算

C. 将发票上列出的商品的规格、数量和顾客代号等与发票凭证进行核对

D. 将销售单上批准赊销的数量与发货凭证上列示的数量相核对，并将顾客订货单和销售单中的商品数相核对

14. 注册会计师证实某项资产是按历史成本入账还是按公允价值入账，主要是为了证实资产的（　　）认定。

A. 存在　　B. 完整性　　C. 计价和分摊　　D. 准确性

15. 被审计单位当年建造完工厂房已投入使用并办理了固定资产竣工决算手续，但注册会计师发现厂房的“工程成本”中有多笔职工福利开支费，则其违反了固定资产报表项目的（　　）认定。

A. 存在　　B. 完整性　　C. 计价和分摊　　D. 分类和可理解性

16. 在确定审计证据相关性时，下列事项中不属于注册会计师应当考虑的是（　　）。

A. 特定的审计程序可能只为某些认定提供相关的审计证据，而与其他认定无关

B. 针对同一项认定可以从不同来源获取审计证据或获取不同性质的审计证据

C. 从外部独立来源获取的审计证据比从其他来源获取的审计证据更可靠

D. 只与特定认定相关的审计证据并不能替代与其他认定相关的审计证据

17. 在获取的下列审计证据中，可靠性最强的通常是（　　）。

A. 被审计单位连续编号的采购订单

B. 被审计单位编制的成本分配计算表

C. 被审计单位提供的银行对账单

D. 被审计单位管理层提供的声明书

18. 下列各项中，为获取适当审计证据所实施的审计程序与审计目标最相关的是(　　)。

A. 从甲公司销售发票中选取样本，追查至对应的发货单，以确定销售的完整性

B. 实地观察甲公司的固定资产，以确定固定资产的所有权

C. 对已盘点的甲公司存货进行检查，将检查结果与盘点记录相核对，以确定存货计价的正确性

D. 复核甲公司编制的银行存款余额调节表，以确定银行存款余额的正确性

19. 下列与审计证据相关的表述中，正确的是（　　）。

A. 如果审计证据数量足够，就可以弥补审计证据的质量缺陷

B. 审计工作通常不涉及鉴定文件的真伪，对用做审计证据的文件记录，只需考虑相关内部控制的有效性

C. 不应考虑获取审计证据的成本与获取信息的有用性之间的关系

D. 会计记录中含有的信息本身不足以提供充分的审计证据作为对财务报表发表审计意见的基础

20. 在审计结束或临近结束时，使用分析程序对财务报表进行总体复核的目的是(　　)。

A. 针对自上年以来尚未发生变化的账户余额搜集证据

B. 再次测试认为有效的内部控制，评估控制风险

C. 确定以前尚未识别的异常或未预期到的关系

D. 确定实质性分析程序对特定认定的适用性

21. 下列有关审计证据的表述中，不正确的是（　　）。

A. 审计工作中通常不涉及鉴定文件记录的真伪，但是应当考虑用做审计证据的信息的可靠性

B. 注册会计师用观察、检查及函证、询问、重新计算和分析程序等方法均可获取与内部控制相关的审计证据

C. 注册会计师自行获取的审计证据通常比被审计单位提供的证据可靠

D. 在某些情况下，存货监盘是证实存货存在性认定的不可替代的审计程序，注册会计师在审计中不得以检查成本高或难以实施为由而不执行该程序

22. 下列关于审计证据的其他信息的说法中错误的是（　　）。

A. 可用做审计证据的其他信息包括注册会计师从被审计单位内部或外部获取的会计记录以外的信息

B. 会计记录中含有的信息本身并不足以提供充分的审计证据作为对财务报表发表审计意见的基础，注册会计师还应当获取用做审计证据的其他信息

C. 附有验货单的订购单属于审计证据的其他信息的范畴

D. 财务报表依据的会计记录中包含的信息和其他信息共同构成了审计证据，两者缺

一不可

23. 以下项目中，必须实施函证的是（　　）。

A. 长期投资　　B. 应收票据　　C. 银行存款　　D. 应付账款

24. 下列有关函证时间的说法中错误的是（　　）。

A. 注册会计师通常在资产负债表日后适当时间内实施函证

B. 如果重大错报风险评估为低水平，注册会计师可选择资产负债表日前适当日期为截止日实施函证

C. 如果注册会计师选择资产负债表日前适当日期为截止日实施函证，则需要对所函证项目自该截止日起至资产负债表日止发生的变动实施实质性程序

D. 如果在资产负债表日前对应收账户余额实施函证程序，则注册会计师仅对截止日与资产负债表日之间实施控制测试即可

25. 下列有关分析程序的说法中错误的是（　　）。

A. 与实质性分析程序相比，在风险评估过程中使用的分析程序所进行比较的性质、预期值的精确程度以及所进行的分析和调查的范围都并不足以提供很高的保证水平

B. 如果数据之间不存在稳定的可预期关系，注册会计师将无法运用实质性分析程序，此时只能考虑利用检查、函证等其他审计程序搜集充分、适当的审计证据

C. 与实质性分析程序相比，在风险评估过程中使用分析程序进行的分析和调查的范围足以提供很高的保证水平

D. 分析程序可以帮助注册会计师发现被审计单位财务状况或盈利能力发生变化的信息和征兆，识别那些表明被审计单位持续经营能力问题的事项

26. 下列有关审计证据可靠性的表述中，注册会计师认同的是（　　）

A. 口头证据比环境证据重要，属于基本证据，可靠性较强

B. 书面证据与实物证据相比是一种辅助证据，可靠性较弱

C. 内部证据在外流转并获得其他单位承认，则具有较强的可靠性

D. 被审计单位管理当局声明书有助于审计结论的形成，具有较强的可靠性

27. 如果注册会计师终止了对被审计单位的审计服务，则原来作为永久性档案的审计工作底稿应当（　　）。

A. 永久保存

B. 从中止委托之日起至少保存 10 年

C. 从中止委托之日起与最近 1 年当期档案的保管年限相同

D. 在中止委托之日销毁

28. 审计工作底稿的复核中，不能作为复核人的是（　　）。

A. 主任会计师、所长或指定代理人　　B. 业务助理人员

C. 部门经理或签字注册会计师　　D. 项目经理或项目负责人

29. 注册会计师发现被审计单位的会计报表和其他会计数据中的重要比率及趋势的异常变动后，应采用的收集审计证据的方法是（　　）。

A. 检查　　B. 函证　　C. 监盘　　D. 分析性复核

30. 在下列选项中，不属于注册会计师开展的初步业务活动所包括的内容是（　　）。
A. 针对保持客户关系和具体审计业务实施相应的质量控制程序
B. 了解被审计单位及其环境评估的重大错报风险
C. 评价遵守职业道德规范的情况
D. 及时签订或修改审计业务约定书
31. 下列有关审计重要性的表述中，错误的是（　　）。
A. 在考虑一项错报是否重要时，既要考虑错报的金额，又要考虑错报的性质
B. 如果一项错报单独或连同其他错报可能影响财务报表使用者依据财务报表做出的经济决策，则该项错报是重要的
C. 如果已识别但尚未更正的错报汇总数接近但不超过重要性水平，注册会计师无须要求管理层调整
D. 重要性的确定离不开职业判断
32. 审计风险取决于重大错报风险和检查风险，下列表述正确的是（　　）。
A. 在既定的审计风险水平下，注册会计师应当实施审计程序，将重大错报风险降至可接受的低水平
B. 注册会计师应当合理设计审计程序的性质、时间和范围，并有效执行审计程序，以控制重大错报风险
C. 注册会计师应当合理设计审计程序的性质、时间和范围，并有效执行审计程序，以消除检查风险
D. 注册会计师应当获得认定层次充分、适当的审计证据，以便在完成审计工作时，能够以可接受的低审计风险对财务报表整体发表意见
33. 下列有关检查风险的观点不能认同的是（　　）。
A. 检查风险取决于审计程序逻辑设计的合理性和执行的有效性
B. 在既定的审计风险水平下，可接受的检查风险水平与认定层次重大错报风险的评估结果成反向关系。评估的重大错报风险越低，可接受的检查风险越高
C. 注册会计师应当合理设计审计程序的性质、时间和范围，并有效执行审计程序，以控制检查风险
D. 检查风险与注册会计师所需的审计证据呈正向关系
34. 关于控制环境的说法不正确的是（　　）。
A. 控制环境包括治理职能和管理职能以及治理层和管理层对内部控制及其重要性的态度、认识和措施
B. 控制环境设定了被审计单位的内部控制基调，影响员工对内部控制的认识和态度
C. 了解管理层在治理层的监督下，是否营造并保持了诚实守信和合乎道德的文化以及是否建立了防止或发现并纠正舞弊和错误的恰当控制
D. 在审计业务承接阶段，注册会计师就需要对控制环境做出最终评价
35. 在进行风险评估时，注册会计师通常采用的审计程序是（　　）。
A. 将财务报表与其所依据的会计记录相核对
B. 实施分析程序以识别异常的交易或事项以及对财务报表和审计产生影响的金额、

比率和趋势

C. 对应收账款进行函证

D. 以人工方式或使用计算机辅助审计技术，对记录或文件中的数据计算准确性进行核对

36. 以下关于评估重大错报风险的说法中不正确的是（　　）。

A. 注册会计师应当在了解被审计单位及其环境的整个过程中识别风险

B. 注册会计师在评估重大错报风险时，可以不考虑相关内部控制

C. 注册会计师应当确定识别的重大错报风险是与财务报表整体相关，进而影响多项认定，还是与特定的各类交易、账户余额、列报的认定相关

D. 在评估重大错报风险时，注册会计师应将所了解的控制与特定认定相联系

37. 下列各项中，与被审计单位财务报表层次重大错报风险评估最相关的是（　　）。

A. 被审计单位应收账款周转率呈明显下降趋势

B. 被审计单位持有大量高价值且易被盗窃的资产

C. 被审计单位的生产成本计算过程相当复杂

D. 被审计单位控制环境薄弱

38. 以下说法不正确的是（　　）。

A. 确定实施进一步审计程序的性质、时间和范围的依据是注册会计师识别的风险是否重大

B. 财务报表层次的重大错报风险可能源于薄弱的控制环境

C. 如果多项控制活动能够实现同一目标，注册会计师不必了解与该项目相关的每项控制活动

D. 被审计单位通常有一些与审计无关的工作，注册会计师无须对其加以考虑

39. 注册会计师设计和实施的进一步审计程序的性质、时间和范围，应当与评估的（　　）的重大错报风险具备明确的对应关系。

A. 财务报表层次　B. 认定层次　C. 账户余额　D. 交易或事项

40. 下列关于实质性程序的结果对控制测试结果的影响表述不正确的是（　　）。

A. 如果通过实施实质性程序未发现某项认定存在错报，这本身并不能说明与该认定有关的控制是有效运行的

B. 如果通过实施实质性程序发现某项认定存在错报，注册会计师可以得出控制运行有效的结论

C. 如果通过实施实质性程序发现被审计单位存在没有识别的重大错报，这通常表明内部控制存在重大缺陷，注册会计师应当就这些缺陷与管理层和治理层进行沟通

D. 如果通过实施实质性程序发现某项认定存在错报，注册会计师应当在评价相关控制的运行有效性时予以考虑

二、多项选择题

1. 下列说法中，正确的有（　　）。

A. 在财务报表审计中，注册会计师的责任是按照中国注册会计师审计准则的规定对

财务报表发表审计意见，并通过签署审计报告确认其责任

B. 治理层通常设计、实施和维护与财务报表编制相关的内部控制，以保证财务报表不存在由于舞弊或错误而导致的重大错报，并通过签署财务报表确认这一责任

C. 如果财务报表存在重大错报，而注册会计师通过审计没有能够发现，管理层和治理层对财务报表的责任会因为财务报表已经过注册会计师审计这一事实而减轻

D. 财务报表审计的目标对注册会计师的审计工作发挥着导向作用，它界定了注册会计师的责任范围，直接影响注册会计师计划和实施审计程序的性质、时间和范围，决定了注册会计师如何发表审计意见

2. 下列审计程序中，能够为注册会计师确认应收账款的计价和分摊认定的有(　　)。

A. 复核销售发票上记录的数据

B. 检查被审计单位的坏账准备计提是否充分

C. 检查应收账款的总账和明细账的金额是否一致

D. 检查是否存在没有发生的应收账款却已经记录

3. 注册会计师对财务报表实施审计的目标是对（　　）发表审计意见。

A. 被审计单位是否存在违反法律法规的行为

B. 财务报表是否按照适用的会计准则和相关会计制度的规定编制

C. 财务报表是否在所有重大方面公允反映被审计单位的财务状况、经营成果和现金流量

D. 财务报表是否真实反映了管理层的判断和决策

4. 具体审计目标是注册会计师根据被审计单位管理层对财务报表的认定推论得出的，它一般包括（　　）。

A. 总体合理性与其他审计目标　　B. 与各类交易和事项相关的审计目标

C. 与期末账户余额相关的审计目标　　D. 与列报相关的审计目标

5. 下列具体审计目标中仅仅与各类交易和事项相关的有（　　）。

A. 发生　　B. 计价和分摊　　C. 准确性　　D. 截止

6. 管理层在资产负债表中列报应收账款为 150 000 元，意味着管理层做出以下(　　)明确的认定。

A. 记录的应收账款是存在的

B. 应收账款以恰当的金额包括在财务报表中，与之相关的计价或分摊调整已恰当记录

C. 所有应当记录的应收账款均已记录

D. 记录的存货都由被审计单位拥有

7. 被审计单位将固定资产已做抵押，但未在财务报表附注中披露，则其涉及的认定包括（　　）。

A. 计价和分摊　　B. 完整性　　C. 权利和义务　　D. 分类和可理解性

8. 为实现对上市公司账户余额“完整性”认定的审计目标，注册会计师一般考虑与下列（　　）项目的低估有关。

A. 应付账款　　B. 应收账款　　C. 预收款项　　D. 预付款项

9. 注册会计师 A 通过盘点得知被审计单位存货实有 500 万元，但是财务报表上的记录是 600 万元，注册会计师应认为管理层对存货项目的（　　）认定存在问题。

A. 发生　　B. 准确性　　C. 计价和分摊　　D. 存在

10. 下列实质性程序中，能够证明长期投资的“计价和分摊”认定的审计程序的有（　　）。

A. 获取或编制长期投资明细表，复核加计，并与总账数和明细账合计数核对

B. 对于长期投资分类发生变化的，检查其核算是否正确

C. 结合银行借款等的检查，了解长期投资是否存在质押、担保情况

D. 结合长期投资减值准备科目，将其与报表数核对是否相符

11. 在对短期借款实施相关审计程序后，需对所取得的审计证据进行评价。以下有关短期借款审计证据可靠性的论述中，正确的有（　　）。

A. 从第三方获取的有关短期借款的证据比直接从被审计单位获得的相关证据更可靠

B. 短期借款的控制风险为低水平时产生的会计数据比控制风险为高水平时产生的会计数据更为可靠

C. 短期借款的控制风险为高水平时产生的会计数据比控制风险为低水平时产生的会计数据更为可靠

D. 被审计单位提供的短期借款合同尽管有借贷双方的签章，但如果没有其他证据佐证，也不可靠

12. 分析程序按注册会计师实施的目的可分为（　　）。

A. 用做风险评估程序，以了解被审计单位及其环境

B. 用做风险评估程序，以了解被审计单位内部控制

C. 当使用分析程序比细节测试能更有效地将认定层次的检查风险降至可接受的水平时，分析程序可以用做实质性程序

D. 在审计结束或临近结束时对财务报表进行总体复核

13. 注册会计师应当及时编制审计工作底稿，以实现下列哪些目的（　　）。

A. 提供证据，作为注册会计师得出实现总体目标结论的基础

B. 提供证据，证明注册会计师按照审计准则和相关法律法规的规定制订了审计计划和执行了审计工作

C. 便于会计师事务所按照质量控制准则的规定，实施质量控制复核与检查

D. 便于监管机构和注册会计师协会根据相关法律法规或其他相关要求，对会计师事务所实施执业质量检查

14. 下列有关审计工作底稿格式、要素和范围的表述中，恰当的有（　　）。

A. 由于注册会计师实施的审计程序的性质不同，其工作底稿的格式、要素和范围可能也会不同

B. 在审计过程中，审计使用的工具不同会导致审计工作底稿在格式、要素和范围上有所不同

C. 对于询问程序，注册会计师可能会以询问的时间作为识别特征

D. 对于观察程序，注册会计师可能会以观察的对象作为识别特征

15. 下列各项审计证据中，属于被审计单位内部证据的有（　　）。

A. 被审计单位已对外报送的财务报表

B. 被审计单位提供的银行对账单

C. 被审计单位律师关于未决诉讼的声明书

D. 被审计单位管理层声明书

16. 下列表述中，不正确的有（　　）。

A. 注册会计师获取审计证据时，不论是重要的审计项目，还是一般的审计项目，均应考虑成本效益原则

B. 审计证据的适当性是指审计证据的相关性和可靠性，相关性是指证据应与审计范围相关

C. 从外部独立来源获取的审计证据一定比从其他来源获取的审计证据更可靠

D. 注册会计师在考虑审计证据的相关性时，应当考虑的一个内容就是直接获取的审计证据比间接获取或推论得出的审计证据更可靠

17. 注册会计师在指导助理人员确定审计证据的相关性时提出了以下观点，其中正确的有（　　）。

A. 检查期后应收账款收回的记录和文件可以提供有关存在和计价的审计证据，但是不一定与期末截止是否适当相关

B. 有关存货实物存在的审计证据并不能够替代与存货计价相关的审计证据

C. 注册会计师可以分析应收账款的账龄和应收账款的期后收款情况，以获取与坏账准备计价有关的审计证据

D. 有关存货实物存在的审计证据能够替代与存货计价相关的审计证据

18. 下列有关说法不正确的有（　　）。

A. 如果从不同来源获取的审计证据或获取的不同性质的审计证据不一致，则可能表明某项审计证据不可靠，注册会计师应当追加必要的审计程序

B. 在运用分析程序进行总体复核时，如果识别出以前未识别的重大错报风险，注册会计师应当根据未识别的重大错报风险的影响程度直接发表保留意见或否定意见的审计报告

C. 如果注册会计师对被审计单位重大错报风险的评估结果为低，则注册会计师不用再针对其重大的各类交易、账户余额、列报实施实质性程序

D. 审计证据的适当性是对审计证据质量的衡量，即审计证据的相关性和可靠性

19. 下列（　　）阶段实施分析程序是强制要求的。

A. 实施控制测试　　B. 实施实质性程序

C. 实施风险评估程序　　D. 总体复核

20. 下列有关审计证据的可靠性的说法，不正确的有（　　）。

A. 从外部单位获取的审计证据比从内部来源获取的审计证据更可靠

B. 内部控制有效时内部生成的审计证据比内部控制薄弱时内部生成的审计证据更可靠

C. 推论得出的审计证据都不可靠

D. 复印的审计证据比传真获取的审计证据更可靠

21. 在制定总体审计策略时，注册会计师应当考虑的事项有（ ）。

A. 审计范围

B. 报告目标、时间安排及所需沟通的性质

C. 资源的性质、时间安排和范围

D. 审计方向

22. 可能导致被审计单位要求变更业务的原因有（ ）。

A. 情况变化对审计服务的需求产生影响

B. 对原来要求的审计业务的性质存在误解

C. 审计范围存在限制

D. 被审计单位为了避免注册会计师出具保留意见或无法表示意见的审计报告

23. 具体审计计划包括以下内容（ ）。

A. 风险评估程序　　B. 控制测试

C. 计划实施的进一步审计程序　　D. 计划的其他审计程序

24. 在确定审计程序后，如果注册会计师决定接受更低的重要水平，审计风险将增加，则注册会计师应当选用的将审计风险降至可接受的低水平的方法包括（ ）。

A. 扩大控制测试范围

B. 实施追加的控制测试

C. 通过修改计划实施的实质性程序的性质、时间和范围，降低检查风险

D. 实施追加的实质性程序

25. 在了解控制环境时，注册会计师应当关注的内容有（ ）。

A. 公司治理层相对于管理层的独立性

B. 公司管理层的理念和经营风格

C. 公司员工整体的道德价值观

D. 公司对控制的监督

26. 内部控制存在固有局限性，无论如何设计和执行，都只能对财务报告的可靠性提供合理的保证，内部控制的固有局限性主要有（ ）。

A. 在决策时人为判断可能出现错误和由于人为失误而导致内部控制失效

B. 可能由于两个或更多的人员进行串通或管理层凌驾于内部控制之上而被规避

C. 如果被审计单位内部行使控制职能的人员素质不适应岗位要求，也会影响内部控制

D. 小型被审计单位拥有的员工通常较少，限制了其职责分离的程度，也会影响内部控制

27. 注册会计师计划对业务流程层面的有关控制进行进一步的了解和评价时，他应当确定（ ）。

A. 被审计单位是否建立了有效的控制，以防止或发现并纠正这些错报

B. 被审计单位是否遗漏了必要的控制

C. 控制是否一贯运行

D. 是否识别了可以最有效测试的控制

28. 在对控制进行初步评价及风险评估后，注册会计师需要回答的问题有（　　）。

A. 控制本身的设计是否合理

B. 控制是否得到执行

C. 是否更多地信赖控制并拟实施控制测试

D. 内部控制能否防止、发现并纠正财务报表的重大错报

29. 如果控制环境存在缺陷，注册会计师在对拟实施的审计程序的性质、时间和范围做出总体修改时应当考虑（　　）。

A. 在期末而非期中实施更多的审计程序

B. 主要依赖实质性程序获取审计证据

C. 修改审计程序的性质获取更具说服力的审计证据

D. 扩大审计程序的范围

30. 在对资产存在性认定获取审计证据时，不正确的测试方向是（　　）。

A. 从财务报表到尚未记录的项目

B. 从尚未记录的项目到财务报表

C. 从会计记录到支持性证据

D. 从支持性证据到会计记录

三、判断题

1. 在财务报表审计中，被审计单位管理层在治理层的监督下对编制财务报表承担责任，并通过签署财务报表确认其责任。（　　）

2. 如果将现销记录为赊销，将出售经营性固定资产所得的收入记录为营业收入，则导致交易分类的错误，违反了“发生”的认定。（　　）

3. 注册会计师在审计时发现被审计单位已入账的销售交易是对正确发出商品的记录，但金额计算错误，则其违反了准确性目标，同时也违反了发生目标。（　　）

4. 如果财务报表存在重大错报，而注册会计师通过审计没有发现，则也不能因为财务报表已经注册会计师审计而减轻管理层和治理层对财务报表的责任。（　　）

5. 管理层对财务报表所做出的认定都是明确表达的。（　　）

6. 与期末账户余额相关的认定主要与利润表相关。（　　）

7. 注册会计师根据具体审计目标来识别管理层的认定，并以此作为评估重大错报风险以及设计和实施进一步审计程序的基础。（　　）

8. 将他人寄售商品列入被审计单位的存货中，违反了权利目标。（　　）

9. 检查关联方和关联交易，以验证其在财务报表中是否得到充分披露，即是对列报的完整性认定的运用。（　　）

10. 注册会计师检查存货的主要类别是否已披露，即是对列报的分类和可理解性认定的运用。（　　）

11. 审计证据的适当性是对审计证据数量的衡量，即是对注册会计师形成审计意见所应当获取的审计证据的最低数量要求。（　　）

12. 注册会计师所需获取的审计证据的数量受错报风险的影响。错报风险越大，需要的审计证据越多。（　　）

13. 询问是指注册会计师以书面或口头方式，向被审计单位内部或外部的知情人员获取财务信息和非财务信息，并对答复进行评价的过程。(　　)

14. 实物证据能够完全证实实物资产是否存在和被审计单位是否对其拥有所有权。(　　)

15. 为了证实审计结论，审计人员取得相关的审计证据越多越好。(　　)

16. 以文件记录形式（无论是纸质、电子或其他介质）存在的审计证据比口头形式的审计证据更可靠。

17. 在总体复核阶段实施的分析程序的目的是确定财务报表整体是否与其对被审单位的了解一致。(　　)

18. 环境证据是指对审计对象产生影响的各种环境事实，它一般属于主要的审计证据。(　　)

19. 检查有形资产可为其存在性提供可靠的审计证据，也能够为权利和义务或计价和分摊认定提供可靠的证据。(　　)

20. 有关存货实物存在的审计证据并不能够替代与存货计价相关的审计证据。(　　)

21. 审计业务约定书的签约主体只有会计师事务所和被审计单位。(　　)

22. 审计业务是一种保证程度高的鉴证业务，可接受的审计风险应当足够低，以使注册会计师能够合理保证所审计的财务报表不含有重大错报。(　　)

23. 在既定的审计风险水平下，可接受的检查风险水平与认定层次重大错报风险的评估结果成反向关系。评估的重大错报风险低，可接受的检查风险越高。(　　)

24. 对内部控制了解的深度，是指在了解被审计单位及其环境时对内部控制了解的程度，包括评价控制的设计，并确定其是否得到执行。(　　)

25. 在了解控制活动时，注册会计师应当重点考虑一项控制活动单独或连同其他控制活动，是否能够以及如何防止或发现并纠正各类交易、账户余额、列报存在的重大错报。(　　)

26. 注册会计师应当针对评估的财务报表层次重大错报风险确定总体应对措施，并针对评估的认定层次重大错报风险设计和实施进一步审计程序，以将审计风险降至可接受的低水平。(　　)

27. 在财务报表重大错报风险的评估过程中，注册会计师应当确定识别的重大错报风险是与特定的某类交易、账户余额、列报的认定相关，还是与财务报表整体广泛相关，进而影响多项认定。(　　)

28. 注册会计师对内部控制的了解可以代替对控制运行有效性的测试。(　　)

29. 注册会计师可以在期中或期末实施控制测试或实质性程序，当重大错报风险较高时，注册会计师应当考虑在期末或接近期末实施实质性程序，或采用不通知的方式，或在管理层不能预见的时间实施审计程序。(　　)

30. 如果在期中实施了实质性程序，注册会计师应当将期中测试得出的结论合理延伸至期末。(　　)

学习情境二

业务循环的审计

财务报表审计的组织方式主要有账户法和循环法两种，账户法是对财务报表的每个账户余额单独进行审计；循环法是把紧密联系的交易种类和账户余额归入同一循环中，按业务循环组织实施审计。循环法更符合企业的业务流程和内部控制设计的实际情况，不仅可加深审计人员对被审计单位经济业务的理解，而且便于审计人员的合理分工，提高审计工作的效率与效果。在本学习情境中，我们将被审计单位的业务活动划分为销售与收款循环、采购与付款循环、生产与存货循环、投资与筹资循环，分项目阐述各业务循环的审计。

项目一 销售与收款循环的审计

任务描述：

了解销售与收款循环业务活动的主要特点及相关会计资料，熟悉企业销售与收款业务循环的内部控制制度，理解销售与收款业务循环的控制测试和实质性程序的操作原理，并能在明确营业收入、应收账款、坏账准备等业务及其他与销售、收款业务相关账户的审计目标的前提下，识别和评估销售与收款循环的内部控制风险。在此基础上，根据销售与收款循环业务的特点，运用各种审计程序实施控制测试和实质性程序，同时，准确地将对销售与收款循环的审计工作记录于审计工作底稿。

技能目标：

1. 能简单设计企业的销售与收款循环的内部控制制度。
2. 能根据销售与收款循环的特点实施控制测试。
3. 能根据销售与收款循环的特点实施实质性程序。
4. 能准确地将对销售与收款循环的审计工作记录于审计工作底稿。

知识目标：

1. 了解销售与收款循环内部控制的内容。
2. 明确营业收入、应收账款、坏账准备等业务及其他与销售、收款业务相关账户的审计目标。
3. 熟悉销售与收款循环的控制测试程序。
4. 熟悉营业收入、应收账款、坏账准备等业务及其他与销售、收款业务相关账户的实质性程序。

5. 掌握销售与收款循环审计工作底稿的编制方法。

情境导入：

某会计师事务所注册会计师李某正对HT股份有限公司财务报表年报进行审计。李某在审查该公司年底的利润表时，发现12月份"主营业务收入"、"应收账款"账户较以往各期发生额有较大幅度增加，怀疑有虚列收入、虚增利润的问题。于是该注册会计师根据账簿记录调阅了有关记账凭证，发现12月18日第109号凭证的会计分录为：

借：应收账款　687 355.19

　贷：主营业务收入　587 483.07

　　　应交税金——应交增值税（销项税额）　99 872.12

12月21日第213号凭证的会计分录为：

借：应收账款　99 872.12

　贷：应交税金——应交增值税（销项税额）　99 872.12

经审查，上述两张记账凭证均无任何原始凭证，两笔业务在"库存商品"明细账和"应收账款"明细账中均未作登记，准备于下年初将上述分录作销售退回处理。

注册会计师李某所关注业务的会计处理是否正确？若不正确可能存在什么问题？李某如何对销售业务实施控制测试和实质性程序？

任务一　销售与收款循环的控制测试

（一）销售与收款循环业务的特点

对销售与收款循环循环的考察主要从两个方面来进行：一是本循环所涉及的主要凭证和会计记录；二是本循环中的主要业务活动。

1. 销售与收款业务循环涉及的主要凭证和会计记录

对于内部控制制度比较健全的企业来说，处理销售与收款业务需要使用的主要凭证有以下几种：

（1）顾客订货单，是顾客提出的书面购货要求。企业主要可以通过销售人员或采用电话、信函和向现有及潜在的顾客发送订货单等方式接受订货，取得订货单。

（2）销售单，是列示顾客所订商品的名称、规格、数量以及其他与顾客订货单有关的资料的凭证，并作为销售方内部处理顾客订货单的依据。

（3）发运凭证，是在发运货物时编制的，用以反映发出商品的规格、数量和其他有关内容的凭证，它可用做向顾客开票收款的依据。

（4）销售发票，是用来表明已销售商品的规格、数量、销售金额、运费和保险费的价格、开票日期、付款条件等内容的凭证，也是在会计账簿中登记销售业务的基本凭证。

（5）商品价目表，是列示已经授权批准的、可供销售的各种商品的价格清单。

（6）贷项通知单，用来表示由于销货退回或经批准的折让而引起的应收销货款减少的凭证。其格式通常与销售发票的格式相同，用来说明应收账款的减少。

（7）汇款通知书，是一种与销售发票一起寄给顾客，由顾客在付款时再寄回销货单位的凭证。采用汇款通知书能使现金立即存入银行，并能改善资产保管的控制。

（8）顾客月末对账单，是一种定期寄送给长期顾客的用于购销双方定期核对账目的凭证。

会计记录主要有营业收入明细账、应收账款明细账、折扣与折让明细账、现金日记账和银行存款日记账。此外，还有转账凭证和收款凭证等。

2. 销售与收款循环中的主要业务活动

（1）接受顾客订单。顾客提出订货要求是整个销售与收款循环的起点。很多企业在批准了顾客订单之后，下一步就应编制一式多联的销售单。销售单是证明管理层有关销售交易的“发生”认定的凭据之一，也是此笔销售的交易轨迹的起点。

（2）批准赊销信用。其目的是降低坏账风险，因此，这些控制与应收账款账面余额的“计价和分摊”认定有关。

（3）按销售单供货。已批准销售单的第一联通常应送达仓库，作为仓库按销售单供货和发货给装运部门的授权依据。

（4）按销售单装运货物。装运部门职员在装运之前，还必须进行独立验证，以确定从仓库提取的商品都附有经批准的销售单，并且，所提取商品的内容与销售单一致。装运凭证是指一式多联、连续编号的提货单，它是证实销售交易“发生”认定的另一种形式的凭据。

（5）向顾客开具销售发票。会计部门在编制每张销售发票之前需要进行以下工作：独立检查是否存在装运凭证和相应的经批准的销售单；依据已授权批准的商品价目表编制销售发票；独立检查销售发票计价和计算的正确性；将装运凭证上的商品总数与相对应的销售发票上的商品总数进行比较。

（6）记录销售。财务人员在记录销售业务时要做好以下工作：只依据附有有效装运凭证、发货单和销售单的销售发票记录销售；控制所有事先连续编号的销售发票；独立检查已处理销售发票上的销售金额同会计记录金额的一致性；记录销售的职责应与处理销售交易的其他功能相分离；对记录过程中所涉及的有关记录进行检查以减少未经授权批准的记录发生；定期独立检查应收账款的明细账与总账的一致性；定期向顾客寄送对账单。以上这些控制与“发生”、“完整性”、“准确性”以及“计价和分摊”认定有关。主要内容如下：

①办理和记录资金的收入。处理货款时最重要的是要保证全部收入都必须如数、及时地记入现金或银行存款日记账和应收账款等有关明细账。

②办理和记录销售退回、销售折扣与折让。通常由销售部门主管根据退货验收单和入库单批准退货。对销售折让同样由具有审批权的销售人员批准后执行，并据此编制贷项通知单。财会部门根据销售退回与折让凭证及时、准确地记录。

③定期与客户、开户行对账。财会部门应定期编制并向客户寄送应收账款对账单，与客户核对账面记录。还要编制应收账款账龄分析表，对已超过正常信用期限的客户以各种方式催收货款，并通知信用管理人员。定期与开户行对账。

④提取坏账准备。按照稳健性会计原则，企业应提取坏账准备，以抵补以后发生的坏账损失。

⑤注销坏账。确认应收款账无法收回时，经管理当局批准后将其注销。由财会人员冲减相应应收账款。财会部门应设置已注销应收账款备查簿，防止以后收回已注销的应收账款出现错弊。

（二）销售与收款业务循环内部控制制度的主要内容

1. 职责分工控制

在销售与收款循环中，单位应当建立销售与收款业务的岗位责任制，严格遵循不相容职务相分离的原则。分别设立办理销售、发货、收款三项业务的部门（或岗位），并实行以下分离：营业收入账与应收账款明细账登记人员相分离；谈判人员和订立合同的人员相分离；编制销售发票通知单的人员和开具销售发票的人员相分离；坏账应由销售、记账之外的人员确认；赊销批准与销货职责相分离；发货、开票、收款、记账职责相分离。

2. 授权审批控制

单位应当对销售与收款业务建立严格的授权批准制度，明确审批人员对销售与收款业务的授权批准方式、权限、程序、责任和相关控制措施。在销货发生之前，赊销必须经有关人员审批；发出货物必须经有关人员审批；销售价格、销售条件、运费、折扣等必须经有关人员审批；审批人应当根据销售与收款授权批准制度的规定，在授权范围内进行审批，不得超越审批权限。

3. 凭证和记录控制

在销售与收款各环节应建立和健全有关销售单、销售发票等的凭证制度；凭证预先应顺序编号，以防止销货以后忘记向顾客开具账单或登记入账以及重复开具账单或重复记账；应建立和健全各种账簿制度，并及时登记账簿。

4. 核查控制

单位可通过由不负责现金出纳和销货及应收账款记账的人员按月向顾客寄发对账单，进行应收账款的核查，定期核对应收账款等账户的总账和明细账，对不符合的情况，应及时处理。此外，根据财政部发布的《内部会计控制规范——销售与收款》的规定，销售与收款内部控制监督检查的内容主要包括：

（1）销售与收款业务相关岗位及人员的设置情况。重点检查是否存在销售与收款业务不相容职务混岗的现象。

（2）销售与收款业务授权批准制度的执行情况。重点检查授权批准手续是否健全，是否存在越权审批行为。

（3）销售的管理情况。重点检查信用政策、销售政策的执行是否符合规定。

（4）收款的管理情况。重点检查单位销售收入是否及时入账，应收账款的催收是否有效，坏账核销和应收票据的管理是否符合规定。

（5）销售退回的管理情况。重点检查销售退回手续是否齐全、退回货物是否及时入库。

（三）销售与收款业务循环的内部控制测试程序

1. 销售与收款循环常见的重大错报风险

主要包括：（1）销售发票开票过程中的非法行为。（2）人为改变销售的入账时间。（3）有意或无意漏记销售收入。（4）入账金额不正确。（5）混淆各种业务收入的分类。

(6) 虚列应收账款，并由此虚列销售收入。(7) 应收账款长期挂账。(8) 通过调节坏账准备而达到调节利润的目的。(9) 人为改变应收账款账龄。

2. 内部控制制度的了解和初步评价

审计人员应通过检查、询问或现场观察等方法，先了解销售与收款循环内部控制的基本情况，并采用内部控制调查表、流程图和文字描述等方法对内部控制制度进行初步评价，以此来确定是否有必要进行销售与收款循环的进一步控制测试。

3. 销售与收款业务循环的控制测试

在审计人员对内部控制进行了了解和初步评价，并确定销售与收款循环的内部控制值得做进一步的测试的情况下，审计人员可能执行的重要控制测试包括：

(1) 获取并审阅与销售业务相关的内部管理制度、销售报告和记录。

(2) 向销售主管、相关业务人员和会计询问有关销售和收款业务内部控制的设置和执行情况。

(3) 实地观察不相容职务是否分离，如：批准赊销、发货、开票与记账职责；收款与记账职责；编制银行存款余额调节表与收款、记账职责等。

(4) 抽取原始单据，检查销售发票、销售合同、销售订单所载明的品名、规格、数量、价格是否一致；销售合同、赊销是否经核准；核对相应的送货单副本，检查销售发票日期与送货日期是否一致；检查销售发票中所列商品的单价并与商品价目表核对；复核销售发票中列示的数量、单价和金额；从销售发票追查至销售记账凭证或销售记账凭证汇总表；从销售记账凭证或销售记账凭证汇总表追查至总分类账及明细分类账；从发运单追查至销售发票，检查已发货的业务是否已及时开票并在账簿中反映等。

(5) 检查销售退回、折让、折扣的核准。

(6) 观察企业是否定期向客户发对账单并检查客户回函档案。

(7) 检查坏账损失的估计和坏账准备的计提以及坏账注销是否经过批准。

审计人员可以根据被审计单位的具体情况，确定执行上述测试程序的重点，并将查验过程记录于销售与收款循环符合性测试工作底稿。

4. 评价销售与收款循环的内部控制

注册会计师在完成上述程序之后，即可对销售与收款的内部控制进行评价。评价时，注册会计师应首先确定内部控制可信赖的程度以及存在的薄弱环节和缺点，然后据以确定在进行实质性程序的过程中哪些环节可以适当减少审计程序，哪些环节应增加审计程序并作重点检查，以减少审计风险。

【例 2-1】 某会计师事务所继续接受 HT 股份有限公司的委托，对该公司 2013 年度财务报表进行审计，并安排经验丰富的李某负责审计实施。HT 股份有限公司最初是一家家具制造公司，经过多年经营，公司已形成集家具设计、开发和产销于一体的经营格局。该公司定期进行存货的盘点、应收账款的核对与催收，有一套相对严密的内部管理制度。上期期末应收账款为 2 620 348. 00 元，本期期末应收账款报表数为 3 352 402. 53 元。

注册会计师李某根据多年的审计经验以及制造业的特点，将销售与收款循环作为重点项目实施审计。

2014 年 1 月 26 日，李某安排注册会计师张某对该公司销售与收款业务进行控制测试，实施的审计程序主要有：

（1）内部控制调查。注册会计师张某根据 HT 股份有限公司的经营特点，设计销售与收款循环内部控制调查问卷（见表 2-1）进行调查，并就相关情况询问了合同科、销售科、财务科、供应科等相关科室的工作人员。

表 2-1　　　　　　　　**销售与收款循环内部控制调查问卷**

被审计单位：HT 股份有限公司　　　　索引号：XSC

项目：销售与收款循环内部控制调查问卷　　　　财务报表截止日/期间：

编制：张某　　　　日　期：2014 年 1 月 26 日

复核：李某　　　　日　期：2014 年 1 月 28 日

调查问题	结果			备注
	是	否	不适用	
1. 所有的销货行为是否都有合同并经主管核准			✓	零星销售无合同
2. 签订合同前是否核准客户信用	✓			
3. 产品的单价及销售折扣的制定、调整是否经授权核准	✓			
4. 销售发票是否以审核后的销售合同为依据			✓	零星销售无合同
5. 发票是否按顺序号填列签发	✓			
6. 是否所有的销售发票都开出提货单并交给客户	✓			
7. 提货单是否经客户签字确认	✓			
8. 发货前是否核对客户有否付款			✓	
9. 产品发货时是否核对发票的装货箱	✓			
10. 销售日记账是否根据提货单及发票的入账联登记	✓			
11. 销货退回是否经审核批准	✓			
12. 销货退回是否开出红字发票及产品入库单	✓			
13. 退货是否经检验入库后退款	✓			
14. 应收账款是否有核对、催收制度	✓			
15. 坏账损失的处理是否经授权批准	✓			

结论：1. 经内部控制调查问卷进行调查和简易测试后，认为销售与收款循环的内部控制可信赖度为：
高（　）中（✓）低（　）

2. 该循环是否需进一步作控制测试：是（✓）　　　否（　）

（2）根据调查问卷和简易测试的结果，注册会计师李某决定对 HT 股份有限公司的销售与收款循环执行常规测试程序，注册会计师张某编制了销售与收款循环内部控制测试程序表，见表 2-2。

表 2-2　　**销售与收款循环内部控制测试程序表**

被审计单位：HT股份有限公司　　索引号：XSL

项目：销售与收款循环内部控制测试程序表　　财务报表截止日/期间：

编制：张某　　日　期：2014年1月26日

复核：李某　　日　期：2014年1月28日

测试重点	常规测试程序	索引号
按常规测试程序测试 李某 2011年1月25日	1. 抽取销售发票，作如下检查 （1）核对销售发票、销售合同、销售订单所载明的品名、规格、数量、价格是否一致 （2）检查销售合同、赊销是否经过核准 （3）核对对应的送货单副本，检查销售发票日期与送货日期是否一致 （4）检查销售发票中所列商品的单价并与商品价目表核对 （5）复核销售发票中列示的数量、单价和金额 （6）从销售发票追查至销售记账凭证或销售记账凭证汇总表 （7）从销售记账凭证或销售记账凭证汇总表追查至总分类账及明细分类账	
	2. 抽取一定时期内的销售发票，检查其是否连续编号，是否缺号，作废发票的处理是否正确	
	3. 抽取送货单，并与相关的销售发票核对，检查已发出的商品是否均已向顾客开出发票	
	4. 检查销售退回、折让、折扣的批准 （1）检查销售退回是否具有对方税务局开具的有关证明 （2）检查销售退回和折让是否附有按顺序编号并经主管人员核准的贷项通知单 （3）检查退回的商品是否具有仓库签发的退货验收报告 （4）退货商品冲销会计记录是否正确 （5）检查销售退回和折让的批准与贷项通知单的签发职责是否分离 （6）现金折扣是否经过适当授权，授权人与收款人的职责是否分离	
	5. 抽取收款凭证，做如下检查 （1）是否将记录收款与保管现金的职责分开 （2）收到货款是否开具收款收据 （3）是否定期核对记账、过账和送存银行的金额 （4）是否定期编制银行存款余额表，其编制人是否与出纳保持职责分离 （5）是否定期与顾客对账	

表 2-3

销售发票内部控制测试记录表

被审计单位：HT 股份有限公司　　　　索引号：XSL-2

项目：销售发票内部控制测试记录表　　　　财务报表截止日/期间：2013 年 12 月 31 日

编制：张某　　　　日　期：2014 年 1 月 26 日

复核：李某　　　　日　期：2014 年 1 月 28 日

序号	发票号	购货单位名称	发票内容						销售合同				送货单			会计凭证					商品价目表	备注
			日期	品名	规格	数量	单价	金额(元)	日期	编号	核对		日期	编号	核对	日期	编号	核对			核对	
											1	2			3			4	5	6	7	
1	11056	JL 贸易公司	2013 年 1 月 16 日	A 产品	3203867	203	3 048	618 744.00	2013 年 1 月 9 日	0038	√	√	2013 年 1 月 16 日	10012	√	2013 年 1 月 19 日	207	√	√	√	√	
2	11062	SJ 股份公司	2013 年 1 月 27 日	B 产品	33014987	15	12 598	188 970.00	2013 年 1 月 15 日	0098	√	√	2013 年 1 月 27 日	10128	√	2013 年 1 月 29 日	318	√	√	√	√	
…																						
50	10678	××公司	2013 年 12 月 8 日	C 产品	302696	100	2 986	298 600.00	2013 年 12 月 1 日	1009	√	√	2013 年 12 月 8 日	20098	√	2013 年 12 月 14 日	209	√	√	√	√	
		合计						11 397 869.00														

核对说明：

1. 与销售合同或订单所载品名、数量、金额一致；
2. 销售合同及赊销经主管批准；
3. 销售发票与送货单上所列的品名、数量、日期一致；
4. 发票内容、金额与记账凭证一致；
5. 发票金额已正确记入销售明细账、应收账款明细账(银行存款日记账、现金日记账)；
6. 应缴税金计算正确；
7. 发票中商品单价与商品价目表持平。

有关测试说明及结论：

随机抽取 2013 年 1—12 月的销售业务 50 笔，共计销售金额 11 397 869.00 元，约占 2013 年已实现销售收入的 8.03%，测试相符率为 100%。

（3）注册会计师张某根据销售与收款循环内部控制测试程序表进行了如下测试：

①随机抽取 2013 年 1—12 月开出的销售发票 50 份，作如下检查：核对销售发票、销售合同、销售订单所载明的品名、规格、数量、价格是否一致；检查销售合同、赊销是否经过核准；核对对应的送货单副本，检查销售发票日期与送货日期是否一致；检查销售发票中所列商品的单价并与商品价目表核对；复核销售发票中列示的数量、单价和金额；从销售发票追查至销售记账凭证或销售记账凭证汇总表；从销售记账凭证或销售记账凭证汇总表追查至总分类账及明细分类账。经过检查，测试相符率为 100%。随后，抽取 8 月份开出的所有发票，发现编号连续，无缺号，只有 5 张作废发票均盖有“作废”印章。注册会计师在审计过程中形成的审计工作底稿见表 2-3。

②将送货单与销售发票核对，除零星收入外，未发现发出的商品不开发票的现象。审计结果见表 2-4。

表 2-4　**送货单与发票的核对记录表**

被审计单位：HT 股份有限公司　　　　索引号：XSL-3

项目：送货单与发票的核对记录表　　　　财务报表截止日/期间：2013 年 12 月 31 日

编制：张某　　　　日　期：2014 年 1 月 26 日

复核：李某　　　　日　期：2014 年 1 月 28 日

送货单编号	送货单内容					发票							备注
	日期	品名	规格	数量	金额（元）	日期	编号	1	2	3	4		
11089	2013 年 3 月 8 日	A 产品	3103129	25	60 378.00	2013 年 3 月 11 日	12078	√	√	√	√		
11681	2013 年 10 月 9 日	A 产品	3103129	19	45 888.00	2013 年 10 月 15 日	11046	√	√	√	√		
11732	2013 年 11 月 2 日	B 产品	33024531	1	11 168.00	无							
…													

核对说明：

1. 品名与送货单所列一致；
2. 规格与送货单所列一致；
3. 数量与送货单所列一致；
4. 所列发票业务经核准。

有关测试说明及结论：

送货单与销售发票为不同的四联单据。随机抽取 10 笔业务，其中只有一笔有送货单而无发票，其余 9 笔日期、规格、数量均一致，有零星销售商品不开发票的现象。

③经查，1—12 月被审计单位发生 16 笔折让、折扣和 3 笔退回的销售行为，均附有按顺序编号并经主管人员核准的贷项通知单；有对方税务局开具的有关证明；有仓库签发的退货验收报告；会计记录正确。

④收款凭证的检查在货币资金符合性测试时进行。

⑤经过以上测试，得出测试结论：该循环测试相符率为中，可实施常规的实质性测试审计程序。

（4）现场观察仓库的发货过程。注册会计师张某亲临仓库发货现场，查看有关人员执行业务的情形，借以了解业务处理程序是否符合制度规定、是否按照 HT 公司内部控制制度的要求执行。

审计人员在对该公司销售与收款循环用调查问卷、销售发票内部控制测试等符合性测试和实地考察法等方法进行控制测试的基础上，认为被审计单位销售和收款的控制政策和程序设计比较合理、适当，并得到一贯遵守。

任务二　应收账款的实质性程序

（一）应收账款的审计目标

应收账款是由于企业销售商品、产品或提供劳务等原因，应向购货客户或接受劳务的客户收取的款项或代垫的运杂费，是企业在信誉活动中所形成的各种债权性资产。应收账款审计是企业财务审计中一项非常重要的内容。加强企业的应收账款审计，是做好审计工作的主要内容之一，这对于加速企业资金周转、减少资金占用、提高资金利用率，促进资产保值增值都具有重要意义。

应收账款的审计目标一般应包括：（1）确定应收账款是否存在。（2）确定应收账款是否归被审计单位所有。（3）确定应收账款增减变动的记录是否完整。（4）确定应收账款是否可收回，坏账准备的计提方法和比例是否恰当，计提是否充分。（5）确定应收账款的期末余额是否正确。（6）确定应收账款在会计报表上的披露是否恰当。

（二）应收账款的实质性程序

1. 取得或编制应收账款明细表

（1）复核加计是否正确，并与报表数、总账数和明细账数核对是否相符；结合坏账准备科目与报表数核对是否相符。

（2）标注重要欠款单位，计算其欠款合计数占应收账款余额的比例。

（3）请被审计单位协助，在应收账款明细表中标出至审计时已收回的应收账款金额。

2. 检查应收账款账龄分析是否正确

取得或编制应收账款账龄分析表，分析应收账款的账龄，以了解应收账款的回收情况、坏账准备计提的充分性。

3. 实施实质性分析程序

（1）比较本年度与以前年度应收账款的余额，并查明异常情况。

（2）比较本年度与以前年度应收账款的账龄，查明异常情况。

（3）分析应收账款与主营业务收入的比率，结合目前经济环境及信用政策判断合理性。

（4）比较本年度与以前年度应收账款回收期，结合目前经济环境及信用政策判断合理性。

（5）比较本年度与以前年度坏账准备与主营业务收入的比率、坏账准备与应收账款的比率，并查明异常情况。

4. 向债务人函证应收账款

（1）函证目的。证实应收账款账户余额的存在、正确性。

（2）函证范围和对象。应对应收账款实施函证，除非有充分证据表明应收账款对财务报表不重要，或函证很可能无效。如：基于以前年度的审计经验，认为被询证者很可能不回函或回函也不可信。

函证对象：大额或账龄较长的项目、与债务人发生纠纷的项目、关联方项目、主要客户（包括关系密切的客户）、可能产生重大错误或舞弊的非正常的项目。

（3）函证方式。注册会计师可采用积极或消极的函证方式实施函证，也可将两种方式结合使用。

如果采用积极的函证方式，注册会计师应当要求被询证者在所有情况下必须回函，确认询证函所列示信息是否正确或填列询证函要求的信息。

如果采用消极的函证方式，注册会计师只要求被询证者仅在不同意询证函所列示的信息的情况下才予以回函。

询证函的格式见表2-5。

表2-5　　　　**询　证　函**

致：××××公司　　　　编号：××××

本公司聘请的××会计师事务所①正在对本公司××年度财务报表进行审计，按照中国注册会计师审计准则的要求，应当询证本公司与贵公司的往来账项等事项。下列信息出自本公司账簿记录，如与贵公司记录相符，请在本函下端“信息证明无误”处签章证明；如有不符，请在“信息不符”处列明不符项目。如存在与本公司有关的未列入本函的其他项目，也请在“信息不符”处列出这些项目的金额及详细资料。回函请直接寄至××会计师事务所××项目组××（姓名）

回函地址：××市××大街××号　　　　邮编：××××××

电话：×××××××××　　　　传真：×××××××××　　　　联系人：×××

1. 本公司与贵公司的往来账项列示如下

单位：元

截止日期	贵公司欠	欠贵公司	备　　注
××年×月××日			

2. 其他事项

本函仅为复核账目之用，并非催款结算。若款项在上述日期之后已经付清，仍请及时函复为盼

（被审计单位盖章）

结论：

1. 信息证明无误	2. 信息不符，请列明不符项目及具体内容
××××公司（××××公司盖章） ××年×月×日 经办人：×××	（××××公司盖章） 年　月　日 经办人：

① 如为分所承做的审计业务项目，请自行在询证函中将事务所名称改为“××会计师事务所有限公司××分所”，并相应修改回函地址。

（4）函证的时间。如果重大错报风险评估为低水平，也可选择资产负债表日前适当日期为截止日实施函证并对所函证项目自该截止日至资产负债表日发生的变动实施进一步程序。

（5）函证的实施与控制。注册会计师应当采取以下措施对函证实施过程进行控制：

①被询证者的名称、地址、询证函中列示的账户余额或其他信息与被审计单位有关资料核对；

②询证函经被审计单位盖章后，由注册会计师直接发出；

③在询证函中指明直接向接受审计业务委托的会计师事务所回函；

④将发函和回函的情况记录于工作底稿，并汇总统计函证结果。

函证者以传真、电子邮件等方式回函，注册会计师应当直接接收，并要求被询证者寄回询证函原件。注册会计师未能收到回函时，应当考虑对重要的账户余额或其他信息再次函证，或实施替代审计程序以获取充分、适当的审计证据。

（6）对不符事项的处理。如果发现不符事项，注册会计师应当分析原因，作进一步核实。存在不符事项的原因可有以下几种情况：

①询证函发出时，债务人已经付款，而被审计单位尚未收到货款。

②询证函发出时，被审计单位的货物已经发出并已作销售记录，但货物仍在途中，债务人尚未收到货物。

③债务人由于某种原因将货物退回，而被审计单位尚未收到。

④债务人对收到的货物的数量、质量及价格等方面有异议而全部或部分拒付货款等。

⑤可能是由于一方或双方记账错误。

⑥可能是被审计单位的舞弊行为。

如果不符事项构成错报，注册会计师应重新考虑实质性程序的性质、时间和范围。

（7）对函证结果的评价。注册会计师收回询证函后，应编制应收账款函证结果汇总表，对函证结果进行分析与评价。应收账款函证结果汇总表的格式见表2-6。

表2-6　**应收账款函证结果汇总表**

询证函编号	债务人名称	债务人地址及联系方式	账面金额	函证方式	函证日期		回函日期	替代程序	确认金额	差异金额及说明	备注
					第一次	第二次					

注册会计师对函证结果可做如下评价：

①如果函证结果没有差异，则可以据此合理推论，全部应收账款总体是正确的。

②如果函证结果存在差异，则应估算应收账款总额中可能的累计差错，且应进一步扩

大函证范围。

5. 检查未经函证的应收账款

抽查与销售有关的记录与文件，如销售合同、顾客订单、销售发票副本及装运单等，以验证这些应收账款的真实性。

6. 审查坏账的确认和处理

对于发生的坏账损失，应检查其原因是否合理，有无授权批准手续，是否采用备抵法核算；作坏账处理后又重新收回的应收款项，相应的会计处理是否正确。

此外，应检查有无不属于结算业务的债权；检查应收账款是否已用于融资，并根据融资合同判定其属质押还是出售，其会计处理是否正确；检查外币应收账款的折算；检查有无长期挂账的应收账款，并分析其形成的原因，是双方发生了经济纠纷、记串户了、入账时是假账、已付款但未销账，还是确实无法收回；确定应收账款在资产负债表中是否已恰当披露。

【例 2-2】沿用例 2-1，注册会计师张某在对 HT 股份有限公司的销售与收款循环的内部控制进行控制测试时，发现该公司销售与收款循环的内部控制执行较好，评估该公司的内部控制可信赖度为中，因此，对 HT 股份有限公司的销售与收款循环进行了常规的实质性测试。该公司 2013 年度的资产负债表中“应收账款”项目为 3 352 402.53 元，各产品适用 17% 的增值税税率。

（1）注册会计师张某首先制定了 HT 股份有限公司的应收账款常规测试程序表，见表 2-7。

表 2-7　**应收账款常规测试程序表**

被审计单位：HT 股份有限公司　　索引号：ZD

项目：应收账款常规测试程序表　　财务报表截止日/期间：2013 年 12 月 31 日

编制：张某　　日　期：2014 年 1 月 26 日

复核：李某　　日　期：2014 年 1 月 28 日

测试重点	常规测试程序	索引号
按常规测试程序测试 李某 2014 年 1 月 25 日	1. 取得或编制应收账款明细表 （1）复核加计是否正确，并与报表数、总账数和明细账数核对是否相符；结合坏账准备科目与报表数核对是否相符。如果不符，应予以调整，并作出相应记录 （2）标注重要欠款单位，计算其欠款合计数占应收账款余额的比例 （3）请被审计单位协助，在应收账款明细表中标出至审计时已收回的应收账款金额	
	2. 检查应收账款账龄分析是否正确 取得或编制应收账款账龄分析表，分析应收账款的账龄，以了解应收账款的回收情况、坏账准备计提的充分性	

续表

测试重点	常规测试程序	索引号
	3. 向债务人函证应收账款	
	4. 审查坏账的确认和处理 对于发生的坏账损失，应检查其原因是否合理，有无授权批准手续，是否采用备抵法核算；作坏账处理后又重新收回的应收款项，相应的会计处理是否正确	
	5. 实施实质性分析程序 （1）比较本年度与以前年度应收账款的余额，并查明异常情况 （2）比较本年度与以前年度应收账款的账龄，并查明异常情况 （3）分析应收账款与主营业务收入的比率，结合目前经济环境及信用政策判断合理性 （4）比较本年度与以前年度应收账款回收期，结合目前经济环境及信用政策判断合理性 （5）比较本年度与以前年度坏账准备与主营业务收入的比率、坏账准备与应收账款的比率，并查明异常情况	
	6. 检查应收账款在财务报表中的列报是否恰当	

（2）注册会计师张某从HT股份有限公司财务部门取得截至12月31日的应收账款明细表，应收账款明细表已按购货单位列明尚未支付的款项、账龄等情况。首先复核加计是否正确，并与报表数、总账数和明细账数核对是否相符。如有疑问，查阅相关会计记录、原始单据、库存情况等。注册会计师执行审计程序，编制的审计工作底稿，如表2-8、表2-9所示。

在与报表的核对审计中，注册会计师张某发现“应收账款”账户12月较以往各期发生额有较大幅度增加，怀疑有虚列收入、虚增利润的问题。于是注册会计师根据账簿记录调阅了有关记账凭证。经审查，发现12月18日第109号凭证的会计分录为：

借：应收账款　　687 355. 19

　贷：主营业务收入　　587 483. 07

　　应交税金——应交增值税（销项税额）　　99 872. 12

该记录增加应收账款687 355. 19元的记账凭证后无任何原始凭证，继续查看应收账款A商贸股份公司的会计记录，又发现12月21日第213号凭证的会计分录为：

借：应收账款　　[99 872. 12]

　贷：应交税金——应交增值税（销项税额）　　[99 872. 12]

这个情况引起了注册会计师的注意，查看记账凭证，其后也无任何原始单据。这说明12月18日因第109号凭证增加的应收账款而相应增加的应交税金99 872. 12元在12月21日通过第213号凭证用红字冲销了，于是注册会计师张某继续查看这两笔业务的相关记录，发现该公司年末的商品库存中没有这么多的产成品，且在“库存商品”明细账中未作

表 2-8

应收账款明细表(一)

被审计单位：HT 股份有限公司　　　　索引号：ZD 2

项目：应收账款明细表(一)　　　　财务报表截止日/期间：2013 年 12 月 31 日

编制：张某　　　　日　期：2014 年 1 月 26 日

复核：李某　　　　日　期：2014 年 1 月 28 日

单位:元

科目编码	项目名称	审定期初数	未审借方发生额	未审贷方发生额	审定借方发生额	审定贷方发生额	账面期末数	期末账表调整数
1131010108	H 供电公司	79 158.65	—	25 939.40	—	25 939.40	53 219.25	—
1131010109	T 职业技术学院	3 224.00	—	3 224.00	—	3 224.00	—	—
1131010111	S 煤气热力总公司	8 149.00	—	8 149.00	—	8 149.00	—	—
1131010114	中国人民银行 Y 中心支行	24 360.00	—	—	—	—	24 360.00	—
1131010118	D 焦化有限公司	41 058.00	27 768.00	14 059.00	27 768.00	14 059.00	54 767.00	—
1131010202	B 供电公司	15 770.00	—	15 770.00	—	15 770.00	—	—
1131010122	E 贸易有限公司	43 200.00	—	43 200.00	—	43 200.00	—	—
1131010127	F 制衣有限责任公司	—	19 482.00	19 482.00	19 482.00	19 482.00	—	—
1131010144	J 能源集团有限责任公司	17 908.00	—	17 908.00	—	17 908.00	—	—
1131010147	M 政府集中支付中心	50 000.00	—	50 000.00	—	50 000.00	—	—
1131010173	N 装饰工程有限公司	—	259 326.00	—	259 326.00	—	259 326.00	—
1131010193	Z 能源股份公司	50 690.00	—	50 690.00	—	50 690.00	—	—
1131010198	P 贸易有限公司	2 482.00	—	2 482.00	—	2 482.00	—	—
1131010222	L 健身活动中心	57 354.00	—	57 354.00	—	57 354.00	—	—
…								
1131010325	A 商贸股份公司		687 355.19	99 872.12	0	0	587 482.07	-587 482.07
合计		2 620 348.00	2 721 444.75	1 989 390.35	2 721 444.75	1 989 390.35	3 352 402.53	—

表 2-9

应收账款明细表(二)

被审计单位：HT 股份有限公司　　　　索引号：ZD 2

项目：应收账款明细表(二)　　　　财务报表截止日/期间：2013 年 12 月 31 日

编制：张某　　　　日　期：2014 年 1 月 26 日

复核：李某　　　　日　期：2014 年 1 月 28 日

单位：元

项目名称	未审期末数					审定期末数					期后回款情况
	合计	未审账龄1年以内	未审账龄1～2年	……	未审账龄5年以上	合计	审定账龄1年以内	审定账龄1～2年	……	审定账龄5年以上	
H 供电公司	53 219.25	—	✓		—	53 219.25	—	✓		—	
T 职业技术学院	—	—	✓		—	—	—	✓		—	
S 煤气热力总公司	—	—	✓		—	—	—	✓		—	
中国人民银行 Y 中心支行	24 360.00	—	✓		—	24 360.00	—	✓		—	
D 焦化有限公司	54 767.00	—	✓		—	54 767.00	—	✓		—	质量有纠纷，正在协商
B 供电公司	—	—			—	—	—			—	
E 贸易有限公司	—	—	✓		—	—	—	✓		—	
F 制衣有限责任公司	—	✓	—		—	—	✓	—		—	
J 能源集团有限责任公司	—	—	✓		—	—	—	✓		—	
M 政府集中支付中心	—	—	✓		—	—	—	✓		—	
N 装饰工程有限公司	259 326.00	✓	—		—	259 326.00	✓	—		—	
Z 能源股份公司	—	—	✓		—	—	—	✓		—	
P 贸易有限公司	—	—	✓		—	—	—	✓		—	
L 健身活动中心	—	—	✓		—	—	—	✓		—	
……											
A 商贸股份公司	587 483.07	✓				0					经查，记账凭证后无原始单据
合　计	3 352 402.53	1 203 333.95	2 149 068.58			2 764 919.46	615 850.88	2 149 068.58			

审计说明："应收账款"账户 12 月较以往各期发生额有较大幅度增加，怀疑有虚列收入、虚增利润的问题。于是注册会计师根据账簿记录调阅了有关记账凭证。经审查，有关 A 商贸股份公司增加的应收账款业务的两张记账凭证均无任何原始凭证，两笔业务在"库存商品"明细账和"应收账款"明细账中均未作登记，准备于下年初将上述分录作销售退回处理。

登记，经询问该单位财务人员得知准备于下年初将上述分录作销售退回处理。这在性质上属于高估销售收入和应收账款的行为。注册会计师张某明确向被审计单位提出了处理建议，要求被审计单位进行调整。审计调整分录如下：

借：应收账款　　587 483. 07

　贷：营业收入　　587 483. 07

经过上述审计过程，被审计单位应收账款期末余额 3 352 402. 53 元经调整后可以确认的金额为 2 764 919. 46 元。最终形成的应收账款审定表，如表 2-10 所示。

表 2-10　　**应收账款审定表**

被审计单位：HT 股份有限公司　　索引号：ZD 1

项目：应收账款审定表　　财务报表截止日/期间：2013 年 12 月 31 日

编制：张某　　日　期：2014 年 2 月 7 日

复核：李某　　日　期：2014 年 2 月 9 日

单位：元

上期末审定数	未审数核对			索引号	调整分录金额（+、-）	重分类分录金额（+、-）	审定数
	索引号	项　目	金　额				
2 620 348. 00		报表数	3 352 402. 53		-587 483. 07		2 764 919. 46

调整分录：

借：应收账款　　587 483. 07

　贷：营业收入　　587 483. 07

审计结论：应收账款期末余额经调整后可以确认的金额为 2 764 919. 46 元。

（3）注册会计师张某继续对应收账款进行账龄分析，从财务部门取得或编制应收账款账龄分析表，执行以下步骤：

①测试计算的准确性；

②将加总数与应收账款总分类账余额相比较，并调查重大调节项目；

③检查原始凭证，如销售发票、运输记录等，测试账龄核算的准确性；

④请被审计单位协助，了解应收账款的回收情况、坏账准备计提的充分性。

在审计过程中，通过 HT 股份有限公司的销售人员得知，D 焦化有限公司年末应收账款 54 767 元双方存在纠纷。该公司为 HT 股份有限公司的长期客户，部分产品存在质量问题，D 焦化公司拒绝支付货款。双方正在进行诉讼。针对这些情况，注册会计师张某决定继续查明情况。经多方咨询，得知收回货款的可能性极低，诉讼可能失败。张某决定向 HT 股份有限公司提出，该笔应收账款应全额提取坏账准备，要求被审计单位进行调整。具体审计情况见表 2-11。

表 2-11　　**应收账款账龄分析及坏账准备检查情况表**

被审计单位：HT股份有限公司　　索引号：ZD 7

项目：应收账款账龄分析及坏账准备检查情况表　　财务报表截止日/期间：2013年12月31日

编制：张某　　日　期：2014年1月26日

复核：李某　　日　期：2014年1月28日

单位：元

计算过程					索引号
一、坏账准备本期期末应有余额　①=②+③		190 274.62			ZD-002
1. 期末单项金额重大且有客观证据表明发生了减值的应收账款对应坏账准备的应有余额					
单位名称		余额		账龄	个别计提坏账准备金额
甲：D焦化有限公司		54 767.00		2	54 767.00
乙：					
……					
合计　②		54 767.00			54 767.00
2. 期末单项金额非重大以及经单独测试后未减值的单项金额重大的应收账款对应坏账准备的应有余额					
项目	账龄	应收账款余额	坏账准备计提比例	坏账准备应有余额	
应收账款	1年以内	615 850.88	5.00%	30 792.54	
	1~2年	2 094 301.58	5.00%	104 715.08	
	2~3年			—	
	3~4年				
	4~5年				
	5年以上				
合计③		2 710 152.46		135 507.62	
二、坏账准备上期审定数　④		13 117.40（262 348×5%）			
三、坏账准备本期转出（核销）金额					
单位名称		余额	坏账准备金额		
丙					
丁					
……					
合计　⑤		—	—		
四、计算坏账准备本期全部应计提金额					
⑥=①-④+⑤		177 157.22			

审计说明：被审计单位年末坏账准备科目余额为3 352 402.53×5%=167 620.13（元），已补提坏账准备154 502.73元，按照审定结果，应补提177 157.22-167 620.13=9 537.09（元）

其会计分录为：

借：资产减值损失　　9 537.09

　贷：坏账准备　　9 537.09

（4）根据应收账款的具体情况，选择客户向债务人进行函证。根据客户中数额较大或账龄较长的项目，与债务人发生纠纷的项目，关联方项目，主要客户项目，交易频繁但期末余额较小甚至为零的项目，非正常的项目等，注册会计师张某抽取企业应收账款样本数7户，抽取样本的总金额为1 780 487元，收到回函的样本金额为1 401 478元，回函可以确认的样本金额为1 401 478元。

注册会计师张某将收到的回函形成审计工作记录，并汇总统计函证结果。收到回函5份，未回函的有2户。未收到回函的客户为R商务局、G直销店，注册会计师张某决定使用替代程序，检查相关文件与记录，如销售合同、记账凭证、会计账簿等。检查内容有：①原始凭证是否齐全；②记账凭证与原始凭证是否相符；③账务处理是否正确；④是否记录于恰当的会计期间。使用替代程序可以确认的金额为379 009元。

具体审计情况见表2-12。

表2-12　**应收账款替代测试表**

被审计单位：HT股份有限公司　　索引号：ZD 6

项目：应收账款替代测试表　　财务报表截止日/期间：2013年12月31日

编制：张某　　日　期：2014年2月6日

复核：李某　　日　期：2014年2月8日

选择需要测试的客户：										
一、期初余额										
二、借方发生额										
入账金额（元）							检查内容			
序号	日期	凭证种类	凭证号	业务内容	对方科目	金额	①	②	③	④
1	2013年5月6日	转	15	销售	销售收入	99 154	✓	✓	✓	✓
2	2013年2月10日	转	30	销售	销售收入	279 855	✓	✓	✓	✓
小计						379 009				
全年借方发生额合计										
测试金额占全年借方发生额的比例										
三、贷方发生额										
入账金额（元）							检查内容			
序号	日期	凭证种类	凭证号	业务内容	对方科目	金额	①	②	③	④
小计										
全年贷方发生额合计										

续表

测试金额占全年贷方发生额的比例										
四、期末余额							379 009			
五、期后收款检查										
序号	日期	凭证种类	凭证号	业务内容	对方科目	金额	①	②	③	④

检查内容说明：①原始凭证是否齐全；②记账凭证与原始凭证是否相符；③账务处理是否正确；④是否记录于恰当的会计期间……

审计说明：经过检查记账凭证、销售合同等相关原始资料，所测试客户的应收账款属于结算业务的债权，可以确认。

注册会计师张某汇总审计情况，编制了应收账款函证结果汇总表，并对函证结果进行了分析与评价。应收账款函证结果汇总表见表2-13。

任务三　销售收入的实质性程序

（一）销售收入的审计目标

销售收入是指销售商品产品、自制半成品或提供劳务等而收到的货款、劳务价款或取得索取价款凭证确认的收入。销售收入也称做主营业务收入。营业收入按比重和业务的主次及经常性情况，一般可分为主营业务收入和其他业务收入。前者的销售收入包括产成品、代制品、代修品、自制半成品和工业性劳务销售收入等。后者的销售收入包括除商品产品销售收入以外的其他销售和其他业务收入，如材料销售收入、包装物出租收入以及运输等非工业性劳务收入。企业专项工程、福利事业单位使用本企业的商品产品，视同对外销售。销售收入的发生以商品产品所有权的转移和已提供的劳务为依据，其主要标志是收到货款或取得收取款项的权利。在采用分期付款销售的情况下，通常以每期收到的货款作为该期实现的销售收入。对于生产周期较长的商品产品，通常按生产完工程度，分期确认销售收入。例如，建筑安装企业按项目施工工程进度计算销售收入。

销售收入的审计目标一般应包括：

（1）确定被审计单位本期已入账的主营业务收入是否确实发生，且与被审计单位有关。

（2）确定被审计单位本期已实现的销售收入是否均已记录完毕，有无遗漏。

（3）确定记录的销售收入是否记录于恰当的会计期间。

（4）确定销售收入的会计处理是否恰当。

（5）确定对销售退回、销售折扣与折让的处理是否恰当。

（6）确定销售收入是否按照企业会计准则的规定在损益表及其附注内进行了恰当的披露。

表 2-13

应收账款函证结果汇总表

被审计单位：HT 股份有限公司　　　　索引号：ZD 4

项目：应收账款函证结果汇总表　　　　财务报表截止日/期间：2013 年 12 月 31 日

编制：张某　　　　日　期：2014 年 2 月 6 日

复核：李某　　　　日　期：2014 年 2 月 8 日

询证函编号	单位名称	是否收到回函	函证日期	账面金额（元）	回函可以确认金额				通过替代程序审计可确认金额（元）	替代测试索引号	截止审计日已收回金额	审计意见	备注
					回函直接确认	调节后可以确认	调节表索引号	争议未决金额					
QYHZFZ0001	N 装饰工程有限公司	✓	2014 年 1 月 26 日	259 326	259 326							确认	
QYHZFZ0002	C 通信管理局	✓	2014 年 1 月 26 日	568 830	568 830							确认	
QYHZFZ0003	I 发电有限责任公司	✓	2014 年 1 月 26 日	51 322	51 322							确认	
QYHZFZ0004	R 商务局	×	2014 年 1 月 26 日	99 154					99 154.00			确认	
QYHZFZ0005	G 直销店	×	2014 年 1 月 26 日	279 855					279 855.00			确认	
QYHZFZ0006	K 煤业有限公司	✓	2014 年 1 月 26 日	472 000	472 000							确认	
QYHZFZ0007	Q 贸易有限公司	✓	2014 年 1 月 26 日	50 000	50 000							确认	
共 7 行			合计	1 780 487	1 401 478				379 009.00				

抽取企业应收账款样本数 7 户，抽取样本的总金额为 1 780 487 元，收到回函的样本金额为 1 401 478 元，回函可以确认的样本金额为 1 401 478 元。通过替代程序可以确认的金额为 379 009 元。

企业期末应收账款总金额为 3 352 402.53 元，抽取样本占总金额的 53%，可以确认金额占总样本的 100%。

（二）销售收入的实质性程序

销售收入的实质性程序一般包括以下内容：

（1）取得或编制销售收入明细表：

①复核加计是否正确，并与总账数和明细账合计数核对是否相符；结合其他业务收入科目与报表数核对是否相符。

②检查以非记账本位币结算的销售收入的折算汇率及折算是否正确。

（2）查明销售收入的确认条件、方法，注意是否符合企业会计准则，前后期是否一致；关注周期性、偶然性的收入是否符合既定的收入确认原则、方法。按照《企业会计准则第 14 号——收入》的要求，企业销售商品收入，应在下列条件均满足时予以确认：①企业已将商品所有权上的主要风险和报酬转移给购货方；②企业既没有保留通常与所有权相联系的继续管理权，也没有对已售出的商品实施有效控制；③收入的金额能够可靠地计量；④相关的经济利益很可能流入企业；⑤相关的已发生或将发生的成本能够可靠地计量。因此对销售收入的实质性程序，主要测试企业是否依据上述五个条件确认产品销售收入。具体来说，被审计单位采取的销售方式不同，确认销售的时点也是不同的：

①采用交款提货销售方式，应于货款已收到或取得收取货款的权利，同时已将发票账单和提货单交给购货单位时确认收入的实现。对此，注册会计师应重点检查被审计单位是否收到货款，或取得收取货款的权利，发票账单和提货单是否已交付购货单位。应注意有无扣压结算凭证，将当期收入转入下期入账，或者虚记收入、开假发票、虚列购货单位，将当期未实现的收入虚转为收入记账，在下期予以冲销的现象。

②采用预收账款销售方式，应于商品已经发出时确认收入的实现。对此，注册会计师应重点检查被审计单位是否收到了货款，商品是否已经发出。应注意是否存在对已收货款并已将商品发出的交易不入账、转为下期收入，或开具虚假出库凭证、虚增收入等现象。

③采用托收承付结算方式，应予商品已经发出，劳务已经提供，并已将发票账单提交银行、办妥收款手续时确认收入的实现。对此，注册会计师应重点检查被审计单位是否发货，托收手续是否办妥，货物发运凭证是否真实，托收承付结算回单是否正确。

④委托其他单位代销商品的，如果代销单位采用视同买断方式，应于代销商品已经销售并收到代销单位代销清单时，按企业与代销单位确定的协议价确认收入的实现。对此，应注意查明有无商品未销售、编制虚假代销清单、虚增本期收入的现象；如果代销单位采用收取手续费方式，应在代销单位将商品销售、企业已收到代销单位代销清单时确认收入的实现。

⑤销售合同或协议明确销售价款的收取采用递延方式，实质上具有融资性质的，应当按照应收的合同或协议价款的公允价值确定销售商品的收入金额。应收的合同或协议价款与其公允价值之间的差额，应当在合同或协议期间内采用实际利率法进行摊销，计入当期损益。

⑥长期工程合同收入，如果合同的结果能够可靠估计，应当根据完工百分比法确认合同收入。注册会计师应重点检查收入的计算、确认方法是否合乎规定，并核对应计收入与

实际收入是否一致，注意查明有无随意确认收入、虚增或虚减本期收入的情况。

⑦委托外贸企业代理出口、实行代理制方式的，应在收到外贸企业代办的发运凭证和银行交款凭证时确认收入。对此，注册会计师应重点检查代办发运凭证和银行交款单是否真实，注意有无内外勾结，出具虚假发运凭证或虚假银行交款凭证的情况。

⑧对外转让土地使用权和销售商品房的，通常应在土地使用权和商品房已经移交并将发票结算账单提交对方时确认收入。对此，注册会计师应重点检查已办理的移交手续是否符合规定要求，发票账单是否已交对方。注意查明被审计单位有无编造虚假移交手续，采用“分层套写”、开具虚假发票的行为。防止其高价出售、低价入账，从中贪污货款。如果企业事先与买方签订了不可撤销合同，按合同要求开发房地产，则应按建造合同的处理原则处理。

（3）必要时，实施以下实质性分析程序。

①针对已识别需要运用分析程序的有关项目，并基于对被审计单位及其环境的了解，通过进行以下比较，同时考虑有关数据间关系的影响，以建立有关数据的期望值：

第一，将本期的销售收入与上期的销售收入进行比较，分析产品销售的结构和价格变动是否异常，并分析异常变动的原因。

第二，计算本期重要产品的毛利率，与上期比较，检查是否存在异常，各期之间是否存在重大波动，并查明原因。

第三，比较本期各月各类销售收入的波动情况，分析其变动趋势是否正常，是否符合被审计单位季节性、周期性的经营规律，查明异常现象和重大波动的原因。

第四，将本期重要产品的毛利率与同行业企业进行对比分析，检查是否存在异常。

第五，根据增值税发票申报表或普通发票，估算全年收入，并与实际收入比较。

②确定可接受的差异额。

③将实际的情况与期望值进行比较，识别需要进一步调查的差异。

④如果其差额超过可接受的差异额，调查并获取充分的解释和恰当的佐证审计证据（如检查相关的凭证等）。

⑤评估分析程序的测试结果。

（4）获取产品价格目录，抽查售价是否符合定价政策，并注意销售给关联方或关系密切的重要客户的产品价格是否合理，有无低价或高价结算以转移收入和利润的现象。

（5）抽取本期一定数量的销售发票，检查开票、记账、发货日期是否相符，品名、数量、单价、金额等是否与发运凭证、销售合同或协议、记账凭证等一致。

（6）抽取本期一定数量的记账凭证，检查入账日期、品名、数量、单价、金额等是否与销售发票、发运凭证、销售合同或协议等一致。

（7）结合对应收账款的审计，选择主要客户函证本期销售额。

（8）对于出口销售，应当将销售记录与出口报关单、货运提单、销售发票等出口销售单据进行核对，必要时向海关函证。

（9）销售收入的截止测试。截止测试在收入、费用、货币资金、往来款项、存货、投资等项目的审计中被广泛采用，尤其在营业收入审计中更为重要。收入的截止测试，其目的主要在于确定被审计单位销售收入的会计记录归属期是否正确：应记入本期或下期的销售收入有否被推延至下期或提前至本期，有无跨年度现象。

注册会计师应通过以下程序进行审计：

①检查资产负债表日前后 1 周或 10 天的发货单据、应收账款和收入明细账记录、装运单进行核对，以确定销售是否存在跨期现象；同时，注册会计师应当查阅销售合同，确定发货条款，了解货运条件、交货地点等，以确定转移商品所有权以及确认收入的合适时间。

②取得资产负债表日后所有的销售退回记录，检查是否存在提前确认收入的情况。

③结合对资产负债表日应收账款的函证程序，检查有无未取得对方认可的大额销售。

④调整重大跨期销售。

我国《企业会计准则——基本准则》规定，企业对于已经发生的交易或者事项，应当及时进行会计确认、计量和报告，不得提前或者延后，收入只有在经济利益很可能流入从而导致企业资产增加或者负债减少、且经济利益的流入能够可靠计量时才能予以确认。据此，注册会计师在审计中应该注意把握三个与销售收入确认有着密切关系的日期：一是发票开具日期；二是记账日期；三是发货日期（服务业则是提供劳务的日期）。这里的发票开具日期是指开具增值税专用发票或普通发票的日期；记账日期是指被审计单位确认销售收入实现并将该笔经济业务记入销售收入账户的日期；发货日期是指仓库开具出库单并发出库存商品的日期。检查三者是否归属于同一适当会计期间是销售收入截止测试的关键所在。

围绕上述三个重要日期，在审计实务中注册会计师可以考虑选择三条审计路线实施销售收入的截止测试。

一是以账簿记录为起点。从资产负债表日前后若干天的账簿记录查至记账凭证，检查发票存根与发运凭证，目的是证实已入账收入是否在同一期间开具发票并发货，有无多记收入。这种方法的优点是比较直观，容易追查至相关凭证记录，以确定其是否应在本期确认收入，特别是在连续审计两个以上会计期间时，检查跨期收入十分便捷，可以提高审计效率。缺点是缺乏全面性和连贯性，只能查多记，无法查漏记，尤其是当本期漏记收入延至下期，而审计时被审计单位尚未及时登账时，不易发现应记入而未记入报告期收入的情况。因此，使用这种方法主要是为了防止多记收入。

二是以销售发票为起点。从资产负债表日前后若干天的发票存根查至发运凭证与账簿记录，确定已开具发票的货物是否已发货并于同一会计期间确认收入。具体做法是抽取若干张在资产负债表日前后开具的销售发票的存根，追查至发运凭证和账簿记录，查明有无漏记收入的现象。这种方法也有其优缺点，优点是较全面、连贯，容易发现漏记的收入；缺点是较费时费力，有时难以查找相应的发货及账簿记录，而且不易发现多记的收入。使用该方法时应注意两点：①相应的发运凭证是否齐全，特别应注意有无报告期内已作收入而下期初用红字冲回，并且无发货、收货记录，以此来调节前后期利润的情况；

②被审计单位的发票存根是否已全部提供，有无隐瞒。为此，应查看被审计单位的发票领购簿，尤其应关注普通发票的领购和使用情况。因此，使用这种方法主要是为了防止少记收入。

三是以发运凭证为起点。从资产负债表日前后若干天的发运凭证查至发票存根与账簿记录，确定销售收入是否已记入恰当的会计期间。该方法的优缺点与方法二类似，具体操作中还应考虑被审计单位的会计政策才能做出恰如其分的处理。因此，使用这种方法主要也是为了防止少记收入。

上述三条审计路线在实务中均被广泛采用，它们并不是孤立的，注册会计师可以考虑在同一被审计单位财务报表审计中并用这三条路线，甚至可以在同一销售收入科目审计中并用。实际上，由于被审计单位的具体情况各异，管理层意图各不相同，有的为了完成利润目标、承包指标，更多地享受税收等优惠政策，便于筹资等，可能会多记收入；有的则为了以丰补歉、留有余地、推迟缴税时间等而少记收入。因此，为提高审计效率，注册会计师应当凭借专业经验和所掌握的信息、资料做出正确判断，选择其中的一条或两条审计路线实施更有效的收入截止测试。

（10）存在销货退回的，检查手续是否符合规定，结合原始销售凭证检查其会计处理是否正确。结合存货项目审计关注其真实性。

（11）检查销售折扣与折让。企业在销售交易中，往往会由于产品品种、质量不符合要求以及结算方面的原因发生销售折扣、销售退回与折让。尽管引起销售折扣、退回与折让的原因不尽相同，其表现形式也不尽一致，但都是对收入的抵减，直接影响收入的确认和计量。因此，注册会计师应重视折扣与折让的审计。销售折扣与折让的实质性程序主要包括：

①获取或编制折扣与折让明细表，复核加计是否正确，并与明细账合计数核对是否相符；

②取得被审计单位有关折扣与折让的具体规定和其他文件资料，并抽查较大的折扣与折让发生额的授权批准情况，与实际执行情况进行核对，检查其是否经授权批准，是否合法、真实；

③销售折让与折扣是否及时足额提交对方，有无虚设中介、转移收入、私设账外“小金库”等情况；

④检查折扣与折让的会计处理是否正确。

（12）检查销售收入的列报是否恰当。

【例 2-3】 沿用例 2-2，注册会计师张某在对 HT 股份有限公司的销售与收款业务循环的内部控制进行测试时，发现该公司销售与收款循环的内部控制执行较好，评估该公司内部控制的信赖度为中，因此，注册会计师决定对 HT 股份有限公司的销售收入进行常规的实质性测试。该公司 2013 年度的利润表中“营业收入”项目为 142 087 154. 12 元，各产品适用 17% 的增值税税率。

（1）注册会计师张某首先制定了 HT 股份有限公司的营业收入实质性程序表，见表 2-14。

表 2-14　**营业收入实质性程序表**

被审计单位：HT 股份有限公司　　索引号：SA

项目：营业收入实质性程序表　　财务报表截止日/期间：2013 年 12 月 31 日

编制：张某　　日　期：2014 年 1 月 6 日

复核：李某　　日　期：2014 年 1 月 12 日

编号	计划实施的实质性程序	索引号
1	获取或编制主营业务收入明细表 复核加计是否正确，并与总账数和明细账合计数核对是否相符，结合其他业务收入科目与报表数核对是否相符	
2	实质性分析程序（必要时） （1）针对已识别需要运用分析程序的有关项目，并基于对被审计单位及其环境的了解，通过进行以下比较，同时考虑有关数据间关系的影响，以建立有关数据的期望值 ①将本期的主营业务收入与上期的主营业务收入进行比较，分析产品销售的结构和价格变动是否异常，并分析异常变动的原因 ②计算本期重要产品的毛利率，与上期比较，检查是否异常，各期之间是否存在重大波动，并查明原因 ③比较本期各月各类主营业务收入的波动情况，分析其变动趋势是否正常，是否符合被审计单位季节性、周期性的经营规律，并查明异常现象和重大波动的原因 ④将本期重要产品的毛利率与同行业企业进行对比分析，检查是否存在异常 （2）确定可接受的差异额 （3）将实际情况与期望值相比较，识别需要进一步调查的差异 （4）如果其差额超过可接受的差异额，调查并获取充分的解释和恰当的佐证审计证据（如检查相关的凭证等） （5）评估分析程序的测试结果	
3	检查主营业务收入的确认条件、方法是否符合企业会计准则，前后期是否一致；关注周期性、偶然性的收入是否符合既定的收入确认原则、方法	
4	销售的截止测试 （1）通过测试资产负债表日前后 25 天且金额大于 300 000.00 元的发货单据，将应收账款和收入明细账进行核对；同时，从应收账款和收入明细账选取在资产负债表日前后 25 天且金额大于 300 000.00 元的凭证，与发货单据核对，以确定销售是否存在跨期现象 （2）复核资产负债表日前后的销售和发货水平，确定业务活动水平是否异常（如与正常水平相比），并考虑是否有必要追加截止程序 （3）取得资产负债表日后所有的销售退回记录，检查是否存在提前确认收入的情况 （4）结合对资产负债表日应收账款的函证程序，检查有无未取得对方认可的大额销售 （5）调整重大跨期销售	

续表

编号	计划实施的实质性程序	索引号
5	检查原始凭证等相关资料，分析交易的实质，确定其是否符合收入确认的条件，并检查其会计处理是否正确	
6	检查主营业务收入在财务报表中的列报是否恰当	

（2）注册会计师张某首先从HT股份有限公司财务部门取得截至12月31日的销售收入明细表，执行实质性程序表中的1～3步骤。

①获取或编制主营业务收入明细表，复核加计是否正确，并与总账数和明细账合计数核对是否相符，结合其他业务收入科目与报表数核对是否相符。

②比较本期各月各类主营业务收入的波动情况，分析其变动趋势是否正常，是否符合被审计单位季节性、周期性的经营规律，并查明异常现象和重大波动的原因。

具体审计情况见表2-15。

③计算本期重要产品的毛利率，与上期比较，检查是否异常，各期之间是否存在重大波动，并查明原因。

经过计算分析，发现被审计单位1月、3月、8月的毛利率分别为：35.85%、32.40%、31.70%，超过全年的毛利率28.39%；1月、10月的毛利变动率分别为：40.10%、42.38%，超过全年的毛利变动率7.27%；2月、8月、12月的毛利率变动分别为：-15.79%、8.52%、7.92%，超过全年的毛利率变动2.10%，综合分析以上情况，注册会计师决定将1月、8月、12月作为审计重点。详见表2-16、表2-17。

④注册会计师决定从1月、8月、12月记账凭证中抽取6笔业务进行检查。发现12月18日第109号凭证的会计分录为：

借：应收账款　　687 355.19

　贷：主营业务收入　　587 483.07

　　　应交税金——应交增值税（销项税额）　　99 872.12

发现12月21日第213号凭证的会计分录为：

借：应收账款　　99 872.12

　贷：应交税金——应交增值税（销项税额）　　99 872.12

结合应收账款审计程序，注册会计师认定：这在性质上属于高估销售收入和应收账款的行为。注册会计师张某明确向被审计单位提出了处理建议，要求被审计单位进行调整，详见主营业务收入检查表2-18。

表 2-15

营业收入明细表

被审计单位：HT 股份有限责任公司　　　　索引号：SA1

项目：营业收入明细表　　　　财务报表截止日/期间：2013 年 12 月 31 日

编制：张某　　　　日　期：2014 年 2 月 3 日

复核：李某　　　　日　期：2014 年 2 月 5 日

单位：元

上级科目名称	项目	借贷方向	1 月	2 月	3 月	4 月	5 月	6 月	7 月
主营业务收入	A 产品	贷	113 267.52	158 491.42	104 726.50	305 394.87	567 070.09	133 982.91	445 999.56
主营业务收入	B 产品	贷	9 169 481.10	6 952 609.40	4 279 579.49	5 404 641.88	6 681 008.56	7 943 727.32	10 742 125.74
主营业务收入	C 产品	贷	608 110.26	762 505.98	270 736.75	795 647.88	234 724.79	699 276.07	635 756.75
主营业务收入	D 产品	贷	—	—	—	—	—	16 389.75	—
主营业务收入	E 产品	贷	1 437 888.03	—	1 450 717.09	1 571 929.92	1 381 742.75	1 430 138.44	208 751.28
主营业务收入	床垫	贷	1 380 617.96	—	819 094.01	1 817 913.67	2 758 798.29	1 335 823.07	505 021.36
主营业务收入合计			12 709 364.87	7 873 606.80	6 924 853.84	9 895 528.22	11 623 344.48	11 559 337.56	12 537 654.69
各月比率			8.95%	5.55%	4.88%	6.97%	8.19%	8.14%	8.83%
其他业务收入	材料	贷	87.61	782.47	1 766.66	1 327.35	1 462.56	2 394.06	1 455.13
其他业务收入	加工费	贷	376.15	367.57	10 599.14	6 052.13	21 310.83	17 103.42	5 013.69
其他业务收入	家具部件	贷	—	—	—	—	—	—	2 810.25
其他业务收入	床垫折旧费	贷	—	—	—	2 017.09	925.64	470.09	—
其他业务收入合计			463.76	1 150.04	12 365.80	9 396.57	23 699.03	19 967.57	9 279.07
各月比率			0.35%	0.88%	9.45%	7.18%	18.11%	15.26%	7.09%
营业收入合计			12 709 828.63	7 874 756.84	6 937 219.64	9 904 924.79	11 647 043.51	11 579 305.13	12 546 933.76
各月比率			8.95%	5.54%	4.88%	6.97%	8.20%	8.15%	8.83%

续表

上级科目名称	项目	借贷方向	8月	9月	10月	11月	12月	本期数			
								未审数	结构比	调整数	审定数
主营业务收入	A产品	贷	336 407.70	453 380.34	386 953.03	359 270.57	407 698.32	3 772 642.83	2.66%		3 772 642.83
主营业务收入	B产品	贷	8 436 196.61	7 669 350.43	11 481 053.85	9 256 023.65	10 234 087.36	98 249 885.39	69.21%	-587 482.07	97 662 403.32
主营业务收入	C产品	贷	1 062 548.72	635 605.12	1 430 646.15	987 421.17	889 561.27	9 012 540.91	6.35%		9 012 540.91
主营业务收入	D产品	贷	467.52	—	—	—	—	16 857.27	0.01%		16 857.27
主营业务收入	E产品	贷	1 273 702.56	1 489 453.88	1 828 347.87	1 065 238.79	2 192 469.38	15 330 379.99	10.80%		15 330 379.99
主营业务收入	床垫	贷	1 894 269.21	1 081 360.67	1 765 802.56	975 423.21	1 239 851.39	15 573 975.40	10.97%		15 573 975.40
主营业务收入合计			13 003 592.32	11 329 150.44	16 892 803.46	12 643 377.39	14 963 667.72	141 956 281.79	1.00	-587 482.07	141 368 799.72
各月比率			9.16%	7.98%	11.90%	8.91%	10.54%	∧	100.00%		∧
其他业务收入	材料	贷	4 317.09	6 957.28	2 163.58	3 612.23	4 958.26	31 284.28	23.90%		31 284.28
其他业务收入	加工费	贷	5 610.25	1 538.43	5 972.62	6 789.15	7 928.13	88 661.51	67.75%		88 661.51
其他业务收入	家具部件	贷	—	—	—	—	—	2 810.25	2.15%		2 810.25
其他业务收入	床垫折旧费	贷	452.99	410.26	1 991.45	987.32	861.45	8 116.29	6.20%		8 116.29
其他业务收入合计			10 380.33	8 905.97	10 127.65	11 388.70	13 747.84	130 872.33	100.00%		130 872.33
各月比率			7.93%	6.81%	7.74%	8.70%	100.00%	∧	100.00%		∧
营业收入合计			13 013 972.65	11 338 056.41	16 902 931.11	12 654 766.09	14 977 415.56	142 087 154.12		-587 482.07	141 499 672.05
各月比率			9.16%	7.98%	11.90%	8.91%	10.54%	∧	100.00%		∧

审计说明：经检查，结合应收账款审计程序，12月份与A商贸股份公司的交易587 482.07元，实际不存在，为虚列收入，建议进行调整。

表 2-16

主营业务月度毛利率分析表

被审计单位：HT 股份有限公司
项目：主营业务月度毛利率分析表
编制：张某
复核：李某

索引号：SA 4
财务报表截止日/期间：2013 年 12 月 31 日
日 期：2014 年 2 月 3 日
日 期：2014 年 2 月 5 日

单位：元

月份	本期数				上期数				变动幅度		
	主营业务收入	主营业务成本	毛利	毛利率	主营业务收入	主营业务成本	毛利	毛利率	毛利变动金额	毛利变动率	毛利率变动
1	12 709 364. 87	8 152 970. 63	4 556 394. 24	35. 85%	8 769 100. 51	5 516 947. 32	3 252 153. 19	37. 09%	1 304 241. 05	40. 10%	-1. 24%
2	7 873 606. 80	6 050 715. 67	1 822 891. 13	23. 15%	4 836 737. 11	2 953 255. 06	1 883 482. 05	38. 94%	-60 590. 92	-3. 22%	-15. 79%
3	6 924 853. 84	4 681 041. 20	2 243 812. 64	32. 40%	6 961 941. 88	4 262 200. 13	2 699 741. 75	38. 78%	-455 929. 11	-16. 89%	-6. 38%
4	9 895 528. 22	7 370 013. 46	2 525 514. 76	25. 52%	10 901 463. 24	8 346 608. 71	2 554 854. 53	23. 44%	-29 339. 77	-1. 15%	2. 09%
5	11 623 344. 48	8 529 918. 15	3 093 426. 33	26. 61%	9 868 768. 37	6 847 202. 48	3 021 565. 89	30. 62%	71 860. 44	2. 38%	-4. 00%
6	11 559 337. 56	8 486 816. 43	3 072 521. 13	26. 58%	12 944 491. 67	9 161 940. 97	3 782 550. 70	29. 22%	-710 029. 57	-18. 77%	-2. 64%
7	12 537 654. 69	9 241 419. 74	3 296 234. 95	26. 29%	11 835 598. 10	9 250 288. 28	2 585 309. 82	21. 84%	710 925. 13	27. 50%	4. 45%
8	13 003 592. 32	8 880 972. 70	4 122 619. 62	31. 70%	15 870 293. 65	12 191 014. 43	3 679 279. 22	23. 18%	443 340. 40	12. 05%	8. 52%
9	11 329 150. 44	8 002 518. 23	3 326 632. 21	29. 36%	15 484 495. 77	11 875 045. 45	3 609 450. 32	23. 31%	-282 818. 11	-7. 84%	6. 05%
10	16 892 803. 46	12 364 238. 51	4 528 564. 95	26. 81%	10 173 526. 50	6 992 957. 41	3 180 569. 09	31. 26%	1 347 995. 86	42. 38%	-4. 46%
11	12 643 377. 39	8 934 168. 32	3 709 209. 07	29. 34%	13 285 399. 12	10 106 093. 60	3 179 305. 52	23. 93%	529 903. 55	16. 67%	5. 41%
12	14 963 667. 72	10 954 242. 38	4 009 425. 34	26. 79%	21 980 851. 49	17 833 055. 52	4 147 795. 97	18. 87%	-138 370. 63	-3. 34%	7. 92%
合计	141 956 281. 79	101 649 035. 42	40 307 246. 37	28. 39%	142 912 667. 41	105 336 609. 36	37 576 058. 05	26. 29%	2 731 188. 32	7. 27%	2. 10%

审计说明：经过计算分析，1 月、3 月、8 月的毛利率超过全年的毛利率，1 月、10 月的毛利变动率超过全年的毛利变动率，2 月、8 月、12 月的毛利率变动超过全年的毛利率变动，综合分析以上情况，注册会计师决定将 1 月、8 月、12 月作为审计重点。

表 2-17

产品销售收入、产品销售成本表

被审计单位：HT 股份有限公司　　　　索引号：SA 5

项目：产品销售收入、产品销售成本表　　　　财务报表截止日/期间：2013 年 12 月 31 日

编制：张某　　　　日　期：2014 年 2 月 3 日

复核：李某　　　　日　期：2014 年 2 月 5 日

类别 / 月份	全部产品			主要产品					
	销售收入（元）	销售成本（元）	销售成本率	销售收入（元）	销售成本（元）	销售成本率	销售收入（元）	销售成本（元）	销售成本率
选择科目	主营业务收入	主营业务成本		B 产品	B 产品		床垫	床垫	
1 月	12 709 364. 87	8 152 970. 63	64. 15%	9 169 481. 10	5 509 959. 39	60. 09%	1 380 617. 96	833 778. 73	60. 39%
2 月	7 873 606. 80	6 050 715. 67	76. 85%	6 952 609. 40	5 080 585. 51	73. 07%	—	—	
3 月	6 924 853. 84	4 681 041. 20	67. 60%	4 279 579. 49	2 684 246. 18	62. 72%	819 094. 01	625 453. 46	76. 36%
4 月	9 895 528. 22	7 370 013. 46	74. 48%	5 404 641. 88	4 390 702. 65	81. 24%	1 817 913. 67	895 516. 10	49. 26%
5 月	11 623 344. 48	8 529 918. 15	73. 39%	6 681 008. 56	5 076 320. 32	75. 98%	2 758 798. 29	1 662 048. 50	60. 25%
6 月	11 559 337. 56	8 486 816. 43	73. 42%	7 943 727. 32	5 921 773. 60	74. 55%	1 335 823. 07	801 756. 77	60. 02%
7 月	12 537 654. 69	9 241 419. 74	73. 71%	10 742 125. 74	7 424 126. 80	69. 11%	505 021. 36	380 884. 85	75. 42%
8 月	13 003 592. 32	8 880 972. 70	68. 30%	8 436 196. 61	5 822 233. 43	69. 01%	1 894 269. 21	1 205 268. 06	63. 63%
9 月	11 329 150. 44	8 002 518. 23	70. 64%	7 669 350. 43	5 169 228. 46	67. 40%	1 081 360. 67	654 564. 19	60. 53%
10 月	16 892 803. 46	12 364 238. 51	73. 19%	11 481 053. 85	8 903 425. 59	77. 55%	1 765 802. 56	1 065 719. 72	60. 35%
11 月	12 643 377. 39	8 934 168. 32		—	—		—	—	
12 月	14 963 667. 72	10 954 242. 38		—	—		—	—	
本年合计	141 956 281. 79	101 649 035. 42	71. 50%	78 759 774. 38	55 982 601. 93	71. 08%	13 358 700. 80	8 124 990. 38	60. 82%
调整后合计（审定数）	141 956 281. 79	101 649 035. 42		78 759 774. 38	55 982 601. 93		13 358 700. 80	8 124 990. 38	
去年合计	—	—		—	—		—	—	

表 2-18　　**主营业务收入检查情况表**

被审计单位：HT 股份有限公司　　索引号：SA 11

项目：主营业务收入检查情况表　　财务报表截止日/期间：2013 年 12 月 31 日

编制：张某　　日　期：2014 年 2 月 4 日

复核：李某　　日　期：2014 年 2 月 5 日

日期	凭证种类	凭证编号	业务内容	明细科目	对方科目	金额（元）		核对内容								备注
						借方	贷方	1	2	3	4	5	6	7	8	
2013 年 1 月 11 日	收	37	销售	B 产品	银行存款；财务费用；其他应付款；现金	—	301 039. 32	✓	✓	✓	✓					
2013 年 1 月 11 日	收	39	销售	B 产品	其他应付款；现金	—	1 081 473. 50	✓	✓	✓	✓					
2013 年 8 月 12 日	转	69	销售	B 产品	其他应付款	—	60 848. 72	✓	✓	✓	✓					
2013 年 8 月 19 日	收	78	销售	B 产品	其他应付款；现金；预收账款	—	341 834. 19	✓	✓	✓	✓					
2013 年 12 月 2 日	收	4	销售	B 产品	银行存款；财务费用；其他应付款；现金	—	334 254. 70	✓	✓	✓	✓					
2013 年 12 月 18 日	转	109	销售	B 产品	应收账款		687 355. 19	×	×	×	×					

核对内容说明：1. 原始凭证是否齐全；2. 记账凭证与原始凭证是否相符；3. 账务处理是否正确；4. 是否记录于恰当的会计期间……

抽样说明：发现 12 月 18 日第 109 号凭证增加 A 商贸股份公司应收账款 687 355. 19 元的业务的记账凭证后无任何原始凭证，继续查看该应收账款的会计记录，又发现 12 月 21 日第 213 号凭证用红字冲销了 99 872. 12 元，查看记账凭证，其后也无任何原始单据。于是注册会计师张某继续查看这两笔业务的相关记录，发现该公司年末的商品库中没有这么多的产成品，且在库存商品明细账未作登记，经询问该单位财务人员得知准备于下年初将上述分录作销售退回处理。这在性质上属于高估销售收入和应收账款的行为。注册会计师张某明确向被审计单位提出了处理建议，要求被审计单位进行调整。

（3）注册会计师张某继续对销售收入进行审计，并执行销售收入截止测试。

通过测试资产负债表日前后 25 天且金额大于 300 000. 00 元的发货单据，将应收账款和收入明细账进行核对；同时，从应收账款和收入明细账选取在资产负债表日前后 25 天且金额大于 300 000. 00 元的凭证，与发货单据核对，以确定销售是否存在跨期现象。主营业务收入截止测试见表 2-19。

表 2-19　　**主营业务收入截止测试**

被审计单位：HT 股份有限公司　　索引号：SA 13

项目：主营业务收入截止测试　　财务报表截止日/期间：2013 年 12 月 31 日

编制：张某　　日　期：2014 年 2 月 5 日

复核：李某　　日　期：2014 年 2 月 7 日

编号	明细账							发货单		是否跨期 ✓（×）
	日期	凭证种类	凭证号	内容	对应科目	金额（元）	税金	日期	号码	
1	2013 年 12 月 11 日	转	33	销售	应收账款；其他应付款	741 803. 43		2013 年 12 月 10 日	HT201012119	✓
2	2013 年 12 月 11 日	收	35	销售	银行存款；财务费用；预收账款；现金	357 032. 48		2013 年 12 月 10 日	HT201012124	✓
3	2013 年 12 月 11 日	收	36	销售	银行存款；财务费用；预收账款；现金	385 688. 89		2013 年 12 月 10 日	HT201012125	✓
4	2013 年 12 月 11 日	转	34	销售	其他应付款；应收账款	3 456 543. 59		2013 年 12 月 10 日	HT201012128	✓
5	2013 年 12 月 15 日	收	55	销售	银行存款；财务费用；其他应付款；预收账款；现金	314 776. 92		2013 年 12 月 14 日	HT201012137	✓
6	2013 年 12 月 15 日	收	56	销售	银行存款；财务费用；预收账款；其他应付款；现金	310 889. 74		2013 年 12 月 14 日	HT201012138	✓
7	2013 年 12 月 15 日	收	61	销售	银行存款；财务费用；预收账款；现金	334 800. 00		2013 年 12 月 14 日	HT201012148	✓

续表

编号	明细账							发货单		是否跨期 ✓（×）
	日期	凭证种类	凭证号	内容	对应科目	金额（元）	税金	日期	号码	
8	2013年12月16日	收	64	销售	银行存款；财务费用；其他应付款；预收账款；现金	638 194.02		2013年12月15日	HT201012150	✓
9	2013年12月16日	收	65	销售	预收账款；其他应付款；现金	398 156.41		2013年12月15日	HT201012151	✓
10	2013年12月17日	转	56	床垫	其他应付款	405 605.13		2013年12月15日	HT201012161	✓
11	2013年12月17日	收	77	销售	其他应付款；现金	1 081 473.50		2013年12月16日	HT201012165	✓
12	2013年12月17日	收	78	销售	银行存款；财务费用；其他应付款；现金	301 039.32		2013年12月16日	HT201012175	✓
13	2013年12月17日	收	89	销售	预收账款；其他应付款；现金	434 334.19		2013年12月16日	HT201012190	✓
14	2013年12月18日	转	109	销售	应收账款	687 335.19				无发货单
15	2013年12月20日	转	112	销售	预收账款、应收账款	328 156.41		2014年1月1日	HT201012211	×
16	2013年12月28日	转	117	销售	预收账款、应收账款	401 605.13		2014年1月1日	HT201012220	×
17	2014年1月1日	收	1	销售	银行存款；财务费用；预收账款；现金	311 091.45		2014年1月1日	HT201101009	✓
18	2014年1月1日	转	4	销售	银行存款；财务费用；其他应付款；现金	334 254.70		2014年1月1日	HT201101019	✓
19	2014年1月2日	收	21	销售	银行存款；现金；预收账款	364 837.61		2014年1月2日	HT201101035	✓

续表

编号	明细账							发货单		是否跨期 ✓（×）
	日期	凭证种类	凭证号	内容	对应科目	金额（元）	税金	日期	号码	
20	2014 年 1 月 3 日	收	20	销售	银行存款；财务费用；现金	337 439.32		2014 年 1 月 3 日	HT201101036	✓
21	2014 年 1 月 4 日	收	31	销售	银行存款；财务费用；现金	520 654.71		2014 年 1 月 4 日	HT201101047	✓

审计说明：

1. 截止日前天数：20 天；截止日前测试开始日期：2013 年 12 月 11 日；截止日前测试金额绝对值大于或等于300 000.00元；截止日后天数：5 天；截止日后测试结束日期：2014 年 1 月 5 日；截止日后测试金额绝对值大于或等于300 000.00元。

2. 发现 12 月 18 日第 109 号凭证增加 A 商贸股份公司应收账款 687 355.19 元的业务的记账凭证后无任何原始凭证，继续查看该应收账款的会计记录，又发现 12 月 21 日第 213 号凭证用红字冲销了 99 872.12 元，查看记账凭证，其后也无任何原始单据。于是注册会计师张某继续查看这两笔业务的相关记录，发现该公司年末的商品库中没有这么多的产成品，且在库存商品明细账未作登记，经询问该单位财务人员得知准备于下年初将上述分录作销售退回处理。这在性质上属于高估销售收入和应收账款的行为。注册会计师张某明确向被审计单位提出了处理建议，要求被审计单位进行调整。

3. 记账凭证转字 112 号、117 号及以后的发货单上的时间为 2014 年 1 月。注册会计师检查销售合同发现，销售合同明确规定销售价款分期收取。HT 股份有限公司应在发货时确认收入，因此存在跨期确认收入现象，且对应成本未结转，建议被审计单位调整。

经检查，发现记账凭证转字 112 号、117 号及以后的发货单上的时间为 2014 年 1 月。注册会计师检查销售合同发现，销售合同明确规定销售价款分期收取。HT 股份有限公司应在发货时确认收入，因此存在跨期确认收入现象，且对应成本未结转，建议被审计单位调整。

审计调整会计分录如下：

借：营业收入（主营业务收入）　　729 761.54

　贷：预收账款——TD 公司　　150 000

　　　预收账款——SJ 门店　　200 000

　　　应收账款——TD 公司　　178 156.41

　　　应收账款——SJ 门店　　201 605.13

项目二　采购与付款循环的审计

任务描述：

了解采购与付款循环业务的特点，熟悉采购与付款循环的内部控制制度，了解采购与付款循环控制测试和实质性程序的操作原理，并能在明确采购与付款审计目标的前提下，识别和评估采购与付款循环内部控制风险。在此基础上，根据采购与付款循环业务的特点，运用各种审计程序实施控制测试和实质性程序，同时，准确地将采购与付款循环审计工作记录于审计工作底稿。

技能目标：

1. 能简单设计企业采购与付款循环内部控制制度。
2. 能根据采购与付款循环的特点实施控制测试。
3. 能根据应付账款和固定资产的特点实施实质性程序。
4. 能准确地将对采购与付款循环的审计工作记录于审计工作底稿。

知识目标：

1. 了解采购与付款循环内部控制的内容。
2. 明确采购与付款循环审计目标。
3. 熟悉采购与付款循环的控制测试程序。
4. 熟悉应付账款、固定资产和累计折旧的实质性程序。
5. 掌握采购与付款循环审计工作底稿的编制方法。

情境导入：

某会计师事务所审计人员张某正对AT股份有限公司财务报表年报进行审计。张某在检查固定资产明细账并抽查记账凭证时，发现2013年6月27日33号记账凭证记录的内容为：债务人某商厦向该公司出租房屋，并以3年的房屋租金抵135万元债务（与该商厦签订的抵债协议），同时已计提累计折旧213 750.00元。账务处理为：

借：固定资产——房屋建筑物	1 350 000.00	
贷：应收账款——某商厦		1 350 000.00
借：其他业务支出——房屋租赁支出	213 750.00	
贷：累计折旧		213 750.00

审计人员张某所关注业务的会计处理是否正确？若不正确可能存在什么问题？张某应如何对固定资产实施控制测试和实质性程序？

任务一 采购与付款循环的控制测试

采购与付款循环是企业从外部购进商品和劳务并支付款项的业务活动，是企业日常发生的比较重要的经济业务，它是会计报表审计中十分重要的内容。该业务循环通常涉及的资产负债表项目主要包括预付账款、固定资产、在建工程、工程物资、固定资产清理、无形资产、应付票据、应付账款等。

（一）采购与付款循环概述

1. 采购与付款循环中的主要业务活动

企业的生产经营活动是投入与产出协调、统一的活动。企业首先要耗费一定的资源，如原料、燃料、购置机器设备等生产资料、投入人工等，从而才能提供符合特定市场需要的产品或劳务。因此，要使企业的生产经营业务活动能够有效运行，首先应从企业外部的供应商购入所需的各种生产资源，这一过程包括购货业务和付款业务两个部分。具体包括以下主要内容：

（1）请购商品或劳务。企业实务中，需求部门一般根据生产经营需要向采购部门提出物资需求计划，采购部门根据该需求计划归类汇总平衡现有库存物资后，统筹安排采购计划，并按规定的权限和程序审批后执行。企业生产经营部门根据采购计划和实际需要，提出采购申请。

（2）编制订购单。采购部门在收到请购单后，只能对经过批准的请购单发出订购单。首先，对每张订购单，采购部门应确定最佳的供应来源；其次，签订合同或订单，合同或订单中列明订购物品的品种、数量、价格、技术性能要求与支付条件以及违约责任的追究办法等，正式合同或订单应报经主管人员签字批准；最后，再将合同或订单交供应商，这一环节的关键控制程序是订购单预先连续编号并送至有关部门独立检查。

（3）验收与储存商品。验收是指企业对采购物资和劳务的检验接收，以确保其符合合同相关规定或产品质量要求。验收机构或人员应当根据采购合同及质量检验部门出具的质量检验证明，重点关注采购合同、发票等原始单据与采购物资的数量、质量、规格型号等是否一致。对验收合格的物资，填制入库凭证，加盖物资“收讫章”，登记实物账，及时将入库凭证传递给财会部门。物资入库前，采购部门需检查质量保证书、商检证书或合格证等证明文件。验收时涉及技术性强的、大宗的和新/特物资，还应进行专业测试，必要时可委托具有检验资质的机构或聘请外部专家协助验收。对无采购合同或大额超采购合同的物资、超采购预算采购的物资、毁损的物资等，验收机构或人员应当立即向企业有权管理的相关机构报告，相关机构应当查明原因并及时处理。对于不合格物资，采购部门应依据检验结果办理让步接收、退货、索赔等事宜。对延迟交货造成生产损失的，采购部门要按照合同约定索赔。

将已验收商品的保管与采购的其他职责相分离，减少未经授权的采购和盗用商品的风险。存放商品的仓储区应相对独立，限制无关人员接近。这一环节的关键控制程序是验收与采购、保管、运输职责分离。该环节所涉及的相关认定是采购交易及相关资产和负债的存在和完整性。

（4）编制付款凭单，确认与记录负债。应付账款部门职员收到供应商寄来的发票后，应先与请购单、订购单和验收单等凭证核对一致后，正确确认已验收货物和已接受劳务的债务，准确、迅速地记录应付账款明细账或应付凭单登记簿。同时，应定期汇总购货交易的各项资料，过入存货和应付账款等总账账户。这一环节的关键控制程序是付款凭单预先编号并经过适当批准，每张凭单应与订购单、验收单和供应商发票相配合。该环节所涉及的相关认定是采购交易及相关负债的存在或发生、估价或分摊完整性。

（5）支付货款。支付货款是指企业在对采购预算、合同、相关单据凭证、审批程序等内容审核无误后，按照采购合同规定及时向供应商办理支付款项的过程。应付账款部门职员确定到期应支付项目并且经授权批准后支付货款，出纳员签发支票。这一环节的关键控制程序是支票预先编号，并且经授权批准后支付货款。该环节所涉及的相关认定是与采购相关的负债偿还交易的存在或发生、完整性、估价或分摊。

（6）记录库存现金、银行存款支出。会计部门根据已签发的支票存根（或汇总表）

编制付款记账凭证，并据以登记银行存款日记账及其他相关账簿；期末登记总账的职员更新与库存现金支付相关的总账记录。这一环节的关键控制程序是独立编制银行存款调节表。该环节所涉及的相关认定是与采购相关的付款业务的存在或发生、估价或分摊、完整性。

显然，“购货业务”是指前四项活动，“付款业务”则指后两项活动。

2. 采购与付款循环涉及的主要凭证和会计记录

采购与付款循环通常要经过请购—订货—验收—付款这样的程序，与销售与收款循环一样，在内部控制比较健全的企业，处理采购与付款业务通常需要使用很多凭证和会计记录。典型的采购与付款循环所涉及的主要凭证和会计记录有以下几种：

（1）请购单，是由商品制造、资产使用等部门的有关人员填写，送交采购部门，申请购买商品、劳务或其他资产的书面凭证。

（2）订购单，是由采购部门填写，向另一企业购买订购单上所指定的商品、劳务或其他资产的书面凭证。

（3）验收单，是收到商品、资产时所编制的凭证，列示从供应商处收到的商品、资产的种类和数量等内容。

（4）卖方发票，是供应商开具的，交给买方以载明发运的货物或提供的劳务、应付款金额和付款条件等事项的凭证。

（5）付款凭单，是采购方企业的应付凭单部门编制的，载明已收到商品、资产或接受劳务的厂商、应付款金额和付款日期的凭证。付款凭单是企业内部记录和付款的授权证明文件。

（6）记账凭证（转账凭证和付款凭证），是根据采购和付款业务所涉及的原始凭证编制的，包括记录转账业务的记账凭证和记录现金和银行存款支出业务的记账凭证。

（7）供应商对账单，对账单是由供货方按月编制的，标明期初余额、本期购买、本期支付给卖方的款项和期末余额的凭证。卖方对账单是供货方对有关业务的陈述，如果不考虑买卖双方在收发货物上可能存在的时间差等因素，其期末余额通常应与采购方相应的应付账款期末余额一致。

（8）库存现金日记账和银行存款日记账，是用来记录应付账款的偿还情况或现购以及其他各种现金和银行存款收入和支出的日记账。

（9）应付账款明细表，是记录企业因采购商品或接受劳务等而应付给供应方的账款明细账。

3. 采购与付款循环的审计目标

（1）所记录的采购都已收到物品或已接受劳务，并符合购货方的最大利益（存在）。

（2）已发生的采购与付款业务均已记录（完整性）。

（3）所记录的采购与付款业务估价正确（准确性、计价和分摊）。

（4）采购与付款业务的分类正确（分类）。

（5）采购与付款业务按正确的日期记录（截止）。

（6）采购与付款业务被正确记入银行存款、应付账款和存货等明细账中，并被准确汇总（准确性、计价和分摊）。

4. 采购与付款循环常见的风险

(1) 采购计划安排不合理，市场变化趋势预测不准确，造成库存短缺或积压，可能导致企业生产停滞或资源浪费。

(2) 供应商选择不当，采购方式不合理，招投标或定价机制不科学，授权审批不规范，可能导致采购物资质次价高，从而出现舞弊或遭受欺诈。

(3) 采购验收不规范，付款审核不严，可能导致采购物资、资金损失或信用受损。

(二) 采购与付款循环的内部控制及其测试

1. 采购交易的内部控制

(1) 适当的职责分离。《内部会计控制规范——采购与付款》中规定，企业应当建立采购与付款业务的岗位责任制，明确相关部门和岗位的职责、权限，确保办理采购与付款业务的不相容岗位相互分离、制约和监督。

企业采购与付款业务的不相容岗位至少包括：请购与审批；询价与确定供应商；采购合同的订立与审核；采购、验收与相关会计记录；付款的申请、审批与执行。

(2) 内部核查程序。企业应当建立对采购与付款交易内部控制的监督检查制度。采购与付款内部控制监督检查的主要内容通常包括：

①采购与付款业务相关岗位及人员的设置情况。重点检查是否存在采购与付款业务不相容职务混岗的现象。

②采购与付款业务授权批准制度的执行情况。重点检查大宗采购与付款业务的授权批准手续是否健全，是否存在越权审批的行为。

③应付账款和预付账款的管理。重点审查应付账款和预付账款支付的正确性、时效性和合法性。

④有关单据、凭证和文件的使用和保管情况。重点检查凭证的登记、领用、传递、保管、注销手续是否健全，使用和保管制度是否存在漏洞。

2. 付款交易的内部控制

采购与付款循环包括采购和付款两个方面。在内部控制健全的企业，与采购相关的付款交易同样有其内部控制制度。由于采购和付款交易同属一个交易循环，联系紧密，因此，对付款交易的部分测试可与采购交易测试一并实施。当然，有一些付款交易测试仍需单独实施。在实际工作中可能存在：付款审核不严格、付款方式不恰当、付款金额控制不严，导致企业资金损失或信用受损。因此，企业应当加强采购付款的管理，完善付款流程，明确付款审核人的责任和权力，严格审核采购预算、合同、相关单据凭证、审批程序等相关内容，审核无误后按照合同规定，合理选择付款方式，及时办理付款。要着力关注以下方面：

(1) 严格审查采购发票等票据的真实性、合法性和有效性，判断采购款项是否确实应予支付。如审查发票填制的内容是否与发票种类相符合、发票加盖的印章是否与票据的种类相符合等。企业应当重视采购付款的过程控制和跟踪管理，如果发现异常情况，应当拒绝向供应商付款，避免出现资金损失和信用受损。

(2) 根据国家有关支付结算的相关规定和企业生产经营的实际，合理选择付款方式，并严格遵循合同规定，防范付款方式不当带来的法律风险，保证资金安全。除了不足转账起点金额的采购可以支付现金外，采购价款应通过银行办理转账。

（3）加强预付账款和定金的管理，涉及大额或长期的预付款项，应当定期进行追踪核查，综合分析预付账款的期限、占用款项的合理性、不可收回的风险等情况，发现有疑问的预付款项，应当及时采取措施，尽快收回款项。

3. 固定资产的内部控制

固定资产属于企业的非流动资产，是企业开展正常的生产经营活动所必需的物资条件，其价值随着企业生产经营活动逐渐转移到产品成本中。固定资产的安全、完整直接影响到企业生产经营的可持续发展能力。所以，为了确保固定资产的真实、完整、安全和有效利用，被审计单位应当建立和健全固定资产的内部控制制度。

固定资产与一般的商品在内部控制和控制测试问题上固然有许多共性的地方，但固定资产也存在不少特殊性，有必要对其单独加以说明。

（1）固定资产的预算制度。预算制度是固定资产内部控制中最重要的部分。通常，大中型企业应编制旨在预测与控制固定资产增减和合理运用资金的年度预算；小规模企业即使没有正规的预算，对固定资产的购建也要事先加以计划。

（2）授权批准制度。完善的授权批准制度包括：企业的资本性支出预算只有经过董事会等高层管理机构批准方可生效；所有固定资产的取得和处置均需经企业管理当局的书面认可。

（3）账簿记录制度。除固定资产总账外，被审计单位还需设置固定资产明细分类账和固定资产登记卡，按固定资产类别、使用部门和每项固定资产进行明细分类核算。固定资产增减变化均有原始凭证。

（4）职责分工制度。对固定资产的取得、记录、保管、使用、维修等，均应明确划分责任。

（5）资本性支出和收益性支出的区分制度。企业应制定区分资本性支出和收益性支出的书面标准。通常需明确资本性支出的范围和最低金额，凡不属于资本性支出的范围、金额低于下限的任何支出，均应列作费用并抵减当期收益。

（6）固定资产的处置制度。包括投资转出、报废、出售等，均要有一定的申请报批程序。

（7）固定资产的定期盘点制度。对固定资产的定期盘点，是验证账面各项固定资产是否真实存在、了解固定资产放置地点和使用状况以及发现是否存在未入账固定资产的必要手段。

（8）固定资产的维护保养制度。固定资产应有严密的维护保养制度，以防止其由于各种自然和人为的因素而遭受损失，并应建立日常维护和定期检修制度，以延长其使用寿命。严格地讲，固定资产的保养不属于企业固定资产的内部控制范围，但它对企业非常重要。

4. 评估采购与付款交易和余额的重大错报风险

在实施控制测试和实质性程序之前，审计人员需要了解被审计单位采购与付款交易和相关余额的内部控制制度的设计、执行情况，评估认定层次和财务报表重大错报风险，并对被审计单位特殊的交易活动和可能影响财务报表真实反映的事项保持职业怀疑态度。

影响采购与付款交易和余额的重大错报风险可能包括：

（1）管理层错报费用支出。被审计单位管理层可能为了完成预算，满足业绩考核要求，保证从银行获得额外的资金，吸引潜在投资者，影响股东和公司股价，或通过把私人费用计入公司进行个人盈利而错报支出。常见的方法可能有：

①把通常应当及时计入损益的费用资本化，然后通过资产的逐步摊销予以消化。这对增加当年的利润和留存收益都将产生影响。

②平滑利润。通过多计准备或少计负债和准备，把损益控制在被审计单位管理层希望的程度。

③利用特别目的实体把负债从资产负债表中剥离，或利用关联方间的费用定价优势制造虚假的收益增长趋势。

④通过复杂的税务安排拖延或隐瞒所得税和增值税。

⑤被审计单位管理层把私人费用计入企业费用，把企业资金当做私人资金运作。

（2）费用支出的复杂性。例如，被审计单位开始在国外开展销售交易，管理层对于可能遭遇的问题解决经验有限，甚至不具备进行正确交易的能力。这可能导致费用支出分配的错误、外币换算错误或准备计提的错误。

（3）管理层凌驾于控制之上和员工舞弊的风险。例如，通过与第三方串通，把私人费用计入企业费用支出，或有意无意地重复付款。

（4）采用不正确的费用支出截止期。将本期采购并收到的商品计入下一会计期间；或者将下一会计期间采购的商品提前计入本期。例如，被审计单位采用离岸价结算方式进口的商品期末尚在途中，由于商品的所有权已经转移，就可能存在低估在途商品的风险。

（5）低估。在承受反映较高盈利水平和营运资本的压力下，被审计单位管理层可能试图低估应付账款和准备，包括对存货和应收账款减值以及对已售商品提供的担保应计提的准备。

（6）不正确地记录外币交易。当被审计单位进口用于出售的商品时，可能由于采用不恰当的外币汇率而导致该项采购的记录出现差错。在存在诸如远期外汇担保或套期保值交易的情形下，外汇交易记录的复杂性也会导致在记录汇兑损益和套期保值损益时出错，从而使进口存货成本的核算产生错误。此外，还存在未能将诸如运费、保险费和关税等与存货相关的进口费用进行正确分摊的风险。

（7）舞弊和盗窃的固有风险。如果被审计单位经营大型零售业务，由于所采购商品和固定资产的数量及支付的款项庞大，交易复杂，容易造成商品发运错误，员工和客户发生舞弊和盗窃的风险较高。如果那些负责付款的会计人员有权接触应付账款主文档，并能够通过在应付账款主文档中擅自添加新的账户来虚构采购交易，风险也会增加。

（8）延迟向供应商付款。这可能导致不能申请原本可以享受的购货折扣，或者即使提出申请也不被接受，增加了不必要的开支。

（9）存货的采购成本没有按照适当的计量属性确认。结果可能导致存货成本和销售成本的核算不正确。

（10）存在未记录的权利和义务。这可能导致资产负债表分类错误以及财务报表附注不正确或披露不充分。

总之，当被审计单位管理层具有高估利润的动机时，审计人员应当主要关注费用支出和应付账款的低计。重大错报风险集中体现在遗漏交易，采用不正确的费用支出截止期以及错误划分资本性支出和费用性支出。这些将对完整性、截止、发生、存在、准确性和分类认定产生影响。

5. 采购与付款循环的控制测试

审计人员对内部控制了解和评估之后，就需要确认被审计单位是否真正采用了相应的内部控制，也就是说，需要确定内部控制是否生效。

（1）关于所记录的采购都已收到物品或已接受劳务，并符合购货方的最大利益的测试。审计人员应注意查验付款凭单后是否附有单据，请购单、订货单、验收单和卖方发票是否一应俱全，并附在付款凭单后；检查批准采购标记，确定购货是按正确的级别批准；检查注销凭证的标记，确定注销凭证没有重复使用；检查内部核查的标志，对卖方发票、验收单、订货单和请购单作内部核查。

（2）关于已发生的采购业务均已记录（完整性）的测试。审计人员应注意检查订购单连续编号，确定订购单均经事先连续编号并已登记入账；检查验收单连续编号，确定验收单均经事先连续编号并已登记入账；检查卖方发票连续编号，取得应付凭单均经事先连续编号并已登记入账。

（3）关于所记录的采购业务估价正确（准确性、计价和分摊）的测试。审计人员应注意检查内部核查的标记，以对计算准确性进行内部核查；检查批准采购价格和折扣的标记，以确定采购价格和折扣的批准符合规定。

（4）关于采购业务的分类正确（分类）的测试。审计人员应注意检查工作手册和会计科目表以及有关凭证上内部核查的标记。

（5）关于采购业务按正确的日期记录（截止）的测试。审计人员应注意检查工作手册并观察有无未记录的卖方发票存在，以查证收到商品或接受劳务后及时记录采购交易，并检查内部核查标志。

（6）关于采购业务被正确记入应付账款和存货等明细账中，并被准确汇总（准确性、计价和分摊）的测试。审计人员应检查应付账款明细账的内容、内部查核的标志。

【例 2-4】某会计师事务所继续接受 AT 股份有限公司的委托，对该公司 2013 年度财务报表进行审计，并安排经验丰富的李某负责审计的实施。AT 股份有限公司是一家上市较早的商业类公司，公司主营业务为零售业务，同时有一部分批发、酒店、仓储业务。公司对零售业务部分采用售价金额核算法，毛利率的计算结转采用分类毛利率法，定期对库存商品进行盘点，有一套相对严密的内部管理制度。公司自上市后业绩一直较为平稳，股价波动不大。

审计人员李某根据多年的审计经验以及零售企业商品采购的特点，将商品采购作为重点项目实施审计，重要性水平确定为 50 000 元。

2014 年 1 月 21 日，李某对该公司采购与付款循环进行控制测试，实施的审计程序主要有：

（1）采购与付款循环内部控制调查。根据 AT 股份有限公司的经营特点，设计采购与付款循环内部控制调查问卷（见表 2-20）进行调查，并就相关情况询问了同采购与付款相关的人员。

表 2-20　　　　**采购与付款循环内部控制调查问卷**

被审计单位：AT 股份有限公司　　　　索引号：CGC 1

项目：采购与付款循环内部控制调查问卷　　　　财务报表截止日/期间：2013 年 12 月 31 日

编制：李某　　　　日　期：2014 年 1 月 21 日

复核：董某　　　　日　期：2014 年 1 月 22 日

调 查 内 容	是	否	不适用	备注
总体情况				
1. 请购、采购、验收职责是否与发票传递、应付账款明细账登记、总账登记职责相分离	√			
2. 请购、采购、验收职责是否相分离	√			
3. 发票传递、应付账款明细账登记与总账登记职责是否相分离	√			
4. 支付准备、批准支付职责与记录现金支付、登记总账职责是否相分离	√			
5. 支付批准职责是否与支付职责相分离	√			
6. 记录现金支付的职责是否与登记总账职责相分离	√			
请购				
1. 项目执行单位是否根据批准的可行性研究报告和年度采购计划，进行采购安排或向项目办提交货物采购清单	√			
2. 上报的采购清单是否经授权人员对采购内容、方案和金额等进行审核和批准	√			
3. 项目执行单位和项目办是否对本部门编制的采购清单预先编号并对编号加以控制	√			
4. 请购单位是否在采购清单后附有采购预算	√			
采购				
1. 采购是否经过批准	√			
2. 对采购订单和合同的签署是否设有控制程序	√			
3. 是否由采购部门之外的责任人定期复核采购价格	√			
4. 签发的采购订单和合同是否用编号或其他合适的方式加以控制	√			
5. 如果是用世界银行贷款资金进行采购，是否按照世界银行有关货物采购的规定进行	√			
6. 在非竞争性招标情况下，下订单之前是否取得足够的报价单	√			
7. 是否存在为避开上级部门审批程序而分割订单的做法	√			
8. 采购部门是否保留了价目表和其他相应的报价单	√			
9. 是否对不符合采购部门所制定的质量或业绩标准的供货商予以记录	√			
10. 是否对公开采购和有关协议保留了足够的记录	√			
11. 采购中是否禁止为采购人员提供便利或对该类采购实施适当的控制	√			
12. 合同或采购订单的变更是否遵循了与原协议相同的控制和批准程序	√			
验收				
1. 对所有直接采购或经上级采购部门转来的货物是否均编制验收报告	√			

续表

调 查 内 容	是	否	不适用	备注
2. 是否有程序确保就货物短缺或损坏向承运人或供货商索赔，或向上级采购部门报告	✓			
3. 是否对收到的货物进行清点和检查	✓			
4. 是否将收到的货物与采购合同或上报的采购清单加以对比	✓			
5. 验收报告是否连续编号		✓		
6. 对特定用途的货物或设备采购，是否委派技术专家来监督评价合同的执行情况并批准验收	✓			
7. 如果没有专门的机构来组织验收，是否有足够的措施来保证由批准付款以外的人员负责验收已付款的货物，并确保其质量标准	✓			
发票传递、支付和会计处理				
1. 对所收到的货物发票，是否通过以下方式进行了检查				
（1）与收货记录（验收报告）相比较	✓			
（2）将发票上的数量、价格等与采购订单相比较	✓			
（3）审查发票的小计、计算和总计是否正确	✓			
2. 是否只有在发票和相关文件被审核后才可确定应付款项或予以支付	✓			
3. 付款是否经授权签字人审核	✓			
4. 会计部门是否保存了当前有权批准支出的人员名单	✓			
5. 是否对收到的货物进行了恰当的会计处理	✓			
6. 对于打捆采购的货物，项目办或项目执行单位记账时是否通过以下方式处理				
（1）仅根据有关收货记录和上级项目办转来的债务分割单登记账簿	✓			
（2）将收货记录及债务分割单与上报的采购清单加以比较	✓			

调查结论（只能由审计人员填写）

1. 经调查和简易测试后，认为该循环内部控制可信赖程度为：高（✓）　中（　）　低（　）

2. 该循环是否需要进一步作控制测试：是（✓）否（　）

（2）抽查会计凭证。审计人员随机抽取20笔业务中同采购与付款有关的凭证进行测试，检查其账务处理是否正确，原始凭证是否齐全，授权批准是否符合规定等，并编制了采购与付款循环内部控制关键控制点测试表（见表2-21）。

表2-21　**采购与付款循环内部控制关键控制点测试表**

被审计单位：AT股份有限公司　　索引号：CGC 2

项目：采购与付款循环内部控制关键控制点测试表　　财务报表截止日/期间：2013年12月31日

编制：李某　　日　期：2014年1月22日

复核：董某　　日　期：2014年1月23日

单位：元

样本序号	检查对象	凭证编号	样本日期	金额	核对					
					1	2	3	4	5	6
1	应付账款	102	2013年1月13日	41 000.00	✓	✓	✓	✓	✓	✓

续表

样本序号	检查对象	凭证编号	样本日期	金额	核对					
					1	2	3	4	5	6
2	原材料	401	2013 年 6 月 30 日	70 000.00	√	√	√	√	√	√
3	应付账款	296	2013 年 7 月 26 日	90 000.00	√	√	√	√	√	√
4	原材料	147	2013 年 9 月 12 日	219 000.00	×	×	√	√	√	√
5	运输费用	153	2013 年 12 月 15 日	7 500.00	√	√	√	√	√	√
6	原材料	298	2013 年 12 月 28 日	8 770.00	√	√	√	√	√	√
…										

核对说明：

1. 请购与审批、询价与确定供应商、采购合同的订立与审核、采购与验收、采购、验收与相关会计记录相分离；

2. 请购单前后连续编号、符合预算；

3. 请购部门与人员按照权限提出请购、请购经过恰当审批；

4. 验收单前后连续编号；所验收货物的品种、规格、数量、质量与订单、合同一致并经独立的验收部门验收；

5. 资金支付审批单与验收单一致，符合权限要求；

6. 记账凭证与付款记录一致；记账凭证经过复核、稽核，并由复核人签章；

审计说明及结论：

随机抽取 20 笔业务中同采购与付款有关的凭证进行检查，发现存在以下问题：2013 年 9 月 12 日转字第 15 号凭证后附验收单编号不连续，不符合该公司内部管理规范。

未发现其他异常。

（3）现场观察采购与付款过程。审计人员在对该公司采购与付款循环的内部控制采用调查表法、抽查凭证法和实地考察法等方法进行控制测试的基础上，发现该公司采购与付款循环的内部控制存在一定的漏洞，主要表现在未及时编制转账凭证、登记应付账款明细账。穿行测试表见表 2-22。

表 2-22　**穿行测试表**

被审计单位：AT 股份有限公司　　索引号：CGC3-1

项目：穿行测试表　　财务报表截止日/期间：2013 年 12 月 31 日

编制：李某　　日　期：2014 年 1 月 22 日

复核：董某　　日　期：2014 年 2 月 23 日

主要业务活动	测试内容	测试结果
采购	采购申请单编号（日期）及内容	84 号，2013 年 8 月 4 日采购甲材料
	采购订单编号	86 号
	采购订单是否与采购申请单一致并得到适当审批（是/否）	是
	采购合同编号（日期）	88 号，2013 年 8 月 6 日

续表

主要业务活动	测试内容	测试结果
记录应付账款	验收入库单编号(日期)	90 号,2013 年 8 月 11 日
	验收入库单是否经适当人员签字(是/否)	是
	采购发票与采购订单、采购合同、验收入库单是否相符(是/否)	是
	转账凭证编号(日期)	121 号,2013 年 8 月 15 日
	是否记入应付账款贷方(是/否)	是
付款	付款凭证编号(日期)	129 号,2013 年 8 月 21 日
	付款申请单是否得到适当的审批(是/否)	是
	相关单证上是否加盖“付讫”印戳(是/否)	是

任务二　应付账款的实质性程序

(一) 应付账款的审计目标

应付账款是企业在正常经营过程中，因购买材料、商品和接受劳务等经营活动而应付给供应单位的款项。可见，应付账款是随着企业赊购交易的发生而发生的，审计人员应结合赊购交易进行应付账款的审计。应付账款的审计目标一般包括：

(1) 确定资产负债表中记录的应付账款是否存在。

(2) 确定所有应当记录的应付账款是否均已记录。

(3) 确定资产负债表中记录的应付账款是否为被审计单位应当履行的现实义务。

(4) 确定应付账款期末余额是否正确，应付账款是否以恰当的金额包括在财务报表中，与之相关的计价调整是否已恰当记录。

(5) 确定应付账款是否已按照企业会计准则的规定在财务报表中作出恰当的列报。

(二) 应付账款的实质性程序

(1) 获取或编制应付账款明细表。主要包括：

①复核加计是否正确，并与报表数、总账数和明细账合计数核对是否相符；

②检查非记账本位币应付账款的折算汇率及折算是否正确；

③分析出现借方余额的项目，查明原因，必要时，作重分类调整；

④结合预付账款等往来项目的明细余额，调查有无同挂的项目、异常余额或与购货无关的其他款项（如关联方账户或雇员账户），如有，应做出记录，必要时作调整。

(2) 执行分析性复核。主要包括：

①将期末应付账款余额与期初余额进行比较，分析波动原因。

②分析长期挂账的应付账款，要求被审计单位做出解释，判断被审计单位是否缺乏偿债能力或利用应付账款隐瞒利润；并注意其是否可能无需支付，对确实无需支付的应付款的会计处理是否正确，依据是否充分；关注账龄超过 3 年的大额应付账款在资产负债表日

后是否偿还，检查偿还记录、单据及披露情况。

③计算应付账款与存货的比率，应付账款与流动负债的比率，并与以前年度相关比率对比分析，评价应付账款整体的合理性。

④分析存货和营业成本等项目的增减变动并判断应付账款增减变动的合理性。

（3）函证应付账款。一般情况下，并不需要函证应付账款，这是因为函证不能保证查出未记录的应付账款，况且审计人员能够取得采购发票等外部凭证来证实应付账款的余额。但如果控制风险较高，应付账款明细账户金额较大或被审计单位处于财务困难阶段，则应进行应付账款的函证。在进行函证时，审计人员应选择较大金额的债权人以及那些在资产负债表日金额不大，甚至为零，但为企业重要供货人的债权人，作为函证对象。函证最好采用积极函证方式，并具体说明应付金额。同应收账款的函证一样，审计人员必须对函证的过程进行控制，要求债权人直接回函，并根据回函情况编制与分析函证结果汇总表，对未回函的，应考虑是否再次函证。

如果存在未回函的重大项目，审计人员应采用替代审计程序。比如，可以检查决算日后应付账款明细账及库存现金和银行存款日记账，核实其是否已支付，同时检查该笔债务的相关凭证资料，如合同、发票、验收单，核实应付账款的真实性。

（4）查找未入账的应付账款。主要包括：

①检查债务形成的相关原始凭证，如供应商发票、验收报告或入库单等，查找有无未及时入账的应付账款，确定应付账款期末余额的完整性。

②检查资产负债表日后应付账款明细账贷方发生额的相应凭证，关注其购货发票的日期，确认其入账时间是否合理。

③获取被审计单位与其供应商之间的对账单（应从非财务部门，如采购部门获取），并将对账单和被审计单位财务记录之间的差异进行调节（如在途款项、在途货物、付款折扣、未记录的负债等），查找有无未入账的应付账款，确定应付账款金额的准确性。

④针对资产负债表日后付款项目，检查银行对账单及有关付款凭证（如银行划款通知、供应商收据等），询问被审计单位内部或外部的知情人员，查找有无未及时入账的应付账款。

⑤结合存货监盘程序，检查被审计单位在资产负债表日前后的存货入库资料（验收报告或入库单），检查是否有大额料到单未到的情况，确认相关负债是否记入了正确的会计期间。

如果审计人员通过这些程序发现了某些未入账的应付账款，应将有关情况详细记入工作底稿，然后根据其重要性确定是否需建议被审计单位进行相应的调整。

（5）检查应付账款偿付的真实性。针对已偿付的应付账款，追查至银行对账单、银行付款单据和其他原始凭证，检查其是否在资产负债表日前真实偿付。

（6）分析交易的真实性、合理性。针对异常或大额交易及重大调整事项（如大额的购货折扣或退回，会计处理异常的交易，未经授权的交易，或缺乏支持性凭证的交易等），检查相关原始凭证和会计记录，以分析交易的真实性、合理性。

（7）检查带有现金折扣的应付账款是否按发票上记载的全部应付金额入账，在实际获得现金折扣时再冲减财务费用。

（8）被审计单位与债权人进行债务重组的，检查不同债务重组方式下的会计处理是否正确。

（9）标明应付关联方［包括持5%以上（含5%）表决权股份的股东］的款项，执行关联方及其交易审计程序，并注明合并报表时应予抵消的金额。

（10）检查应付账款是否已按照企业会计准则的规定在财务报表中作出恰当列报。一般来说，“应付账款”项目应根据“应付账款”和“预付账款”科目所属明细科目的期末贷方余额的合计数填列。

如果被审计单位为上市公司，则通常在其财务报表附注中应说明有无欠持有5%以上（含5%）表决权股份的股东账款；说明账龄超过3年的大额应付账款未偿还的原因，并在期后事项中反映资产负债表日后是否偿还。

【例2-5】注册会计师李某对AT股份有限公司采购与付款的内部控制进行控制测试，发现该公司的内部控制存在一定的漏洞之后，评估该公司内部控制的信赖度为中，因此，适当地扩大了对AT股份有限公司采购与付款循环进行实质性测试的范围。

（1）决定对某些应付账款进行函证，根据表2-23所列客户拟选出两个重要的客户作为函证对象。

表2-23　**应付账款年末余额与本年进货金额**　单位：元

客户	年末应付账款余额	本年度进货余额	客户	年末应付账款余额	本年度进货余额
DZ公司	0	1 980 000.00	MV公司	11 000.00	98 000.00
RS公司	56 000.00	74 900.00	WG公司	32 000.00	445 000.00

根据应付账款年末余额与本年进货金额的大小，选择DZ公司和WG公司作为函证对象。

（2）审计人员审查公司“应付账款”明细账时，发现2013年11月11日56号凭证记录应付账款增加234 000元，而2013年11月12日58号凭证又记录偿还该笔应付账款234 000元，支付货款如此迅速，审查人员怀疑其中有问题，决定进一步对其进行审查。审计人员首先调阅了11月11日56号记账凭证，其会计分录如下：

借：材料采购　200 000
　　应交税费——应交增值税（进项税额）　34 000
　贷：应付账款——HS公司　234 000

该记账凭证所附单据为供货单位发票一张，合同一份。合同规定付款期为1个月，如果在10天内付款，给予2%的现金折扣。

审计人员又调阅了11月12日58号记账凭证，其会计分录为：

借：应付账款——HS公司　234 000
　贷：银行存款　229 320
　　　库存现金　4 680

该记账凭证所附的原始凭证为转账支票存根和库存现金收据两张。一笔货款为什么采用两种结算方式？而且根据合同规定，HS公司应享受4 680元的现金折扣，但在其账务处理中却没有关于享受现金折扣的记录，反而将折扣金额用库存现金支付。为了进一步查清问题，审计走访、调查了HS公司，发现其仅收入229 320元转账支票一张。审计人员又询问了AT股份有限公司的出纳员，了解到由会计杨某从保险柜中取出库存现金并签发支票用于货款结算。审计人员在审查有关凭据时，发现支票字迹与库存现金收据完全一样，而且库存现金收据并无公章，可见，库存现金收据纯属伪造。

结论：会计杨某有利用职务之便、贪污库存现金的嫌疑。应进一步取证、查实。

查实后，审计人员提请该公司责成杨某退回赃款，并作如下调账处理：

借：其他应收款——杨某　　4 680

　贷：账务费用　　4 680

【例2-6】 2014年2月15日注册会计师张某对JA有限公司2013年12月31日应付账款进行审计。账簿记录JA有限公司应付账款期初余额为13 245 654.99元，本期借方发生额合计67 834 210.91元，本期贷方发生额合计65 321 201.33元，期末余额为10 732 645.41元。

为了检查应付账款余额的真实性，张某实施了分析性复核、函证等必要的审计程序。

（1）获取或编制应付账款明细表，如表2-24所示。

表2-24　　**应付账款明细表**

2013年12月31日　　单位：元

单位	期初余额	借方发生额	贷方发生额	期末余额
Y轴承厂	521 093.00			213 100.00
H公司	984 211.00			243 900.00
D公司	955 127.89			871 902.00
M公司	2 450 000.00	1 650 000.00		800 000.00
N公司	480 000.00			480 000.00
E实业公司	231 870.00	8 367 851.00	8 135 981.00	0.00
W公司	0.00	0.00	872 300.00	872 300.00
R材料厂	81 000.00	7 129 718.00	6 672 310.00	−376 408.00
……				
合计	13 245 654.99	67 834 210.91	65 321 201.33	10 732 645.41

（2）函证应付账款。根据应付账款年末余额与本年进货金额的大小，选择M公司、N公司、E实业公司、W公司和R材料厂作为函证对象。

（3）执行分析性复核。

①将期末应付账款余额与期初余额进行比较，分析波动原因。查看应付账款明细账发现，M公司年初贷方余额为2 450 000.00元，本年借方发生额为1 650 000.00元，期末贷方余额为800 000.00元，审计人员分析认为本年只有减少，没有增加，可能存在一定的问题。审计人员首先调阅了2013年5月16日5-231号和11月11日6-172号记账凭证，其会计分录分别如下：

支付某国际旅行社会议费：

借：应付账款——M公司　　50 000.00

　贷：银行存款　　50 000.00

营业费用转账（无附件）：

借：应付账款——M公司　　750 000.00

　贷：销售费用　　750 000.00

经查验，该账户借方发生额基本是会议费、差旅费等费用支出，另有一笔75万元是从销售费用直接转入，本期发生额不正常。

审计人员实施函证程序，由于公司提供的地址是假造的，未收到回函。追加审计程序审查期初余额，要求JA有限公司提供以前年度会计资料。经查验，应付账款余额是公司在以前经营情况好的年份，通过虚列费用挂账的负债，“M公司”只是公司虚设的单位。由于JA有限公司本年度经营情况不好，故将该账户余额冲销费用，以增加本期利润。

审计人员根据实施的审计程序，提出审计意见：账户余额实质是以前年度通过虚列费用隐匿的利润，应作审计调整，转回本期费用，增加年初未分配利润。建议作以下审计调整。

调整本期费用：

借：管理费用　　900 000.00

　　销售费用　　750 000.00

　贷：应付账款——M公司　　1 650 000.00

将虚列的应付账款转出：

借：应付账款——M公司　　2 450 000.00

　贷：年初未分配利润　　1 837 500.00

　　　应交税费——应交所得税　　612 500.00

②分析长期挂账的应付账款。检查应付账款——N公司明细账时发现该公司年初和年末贷方余额均为480 000.00元，本年无发生额。要求被审计单位做出解释。

经查验，2011年JA有限公司向N公司采购一批新型GB材料，材料入库使用后发现GB材料有缺陷，JA有限公司要求退货，但N公司不同意，认为是JA有限公司使用不当造成的，双方发生纠纷，目前，GB材料还存放在JA有限公司的仓库。公司财务人员称，N公司已对GB材料进行改进，现已基本同意调换原货物，双方正在协商准备解决此事。

经查证原材料明细账有GB材料数量100kg，金额480 000.00元，仓库存放的GB材料包装完整，堆放整齐，无损坏迹象，情况属实。

张某实施函证程序，于审计日已收到回函，回函确认“数据及情况证明无误”。

（4）检查是否存在未入账的应付账款。审计人员通过抽查凭证审查本期发生的经济业务，未见异常。通用凭证检查表见表 2-25。

表 2-25 **通用凭证检查表**

被审计单位：JA 有限公司　　索引号：FD 6

项目：通用凭证检查表　　财务报表截止日/期间：2013 年 12 月 31 日

编制：张某　　日　期：2014 年 2 月 15 日

复核：成某　　日　期：2014 年 2 月 16 日

单位：元

序号	记账日期	凭证编号	业务内容	对应科目	金额	检查内容(用"✓"、"×"表示)					备注
						①	②	③	④	⑤	
1	2013 年 4 月 15 日	转字 17	购材料	原材料	45 000. 00	✓	✓	✓	✓	✓	✓
2	2013 年 6 月 12 日	银付 156	付运费	原材料	9 000. 00	✓	✓	✓	✓	✓	✓
3	2013 年 6 月 20 日	银付 25	付货款	银行存款	300 000. 00	✓	✓	✓	✓	✓	✓
…											
25	2013 年 12 月 29 日	转字 359	购货	原材料	350 000. 00	✓	✓	✓	✓	✓	✓

核对内容说明：

选取测试项目的方法（请在相应选择部分打"✓"）

1. 选取全部项目（　）；
2. 选取特定项目，具体描述为__________________（　）；
3. 审计抽样（✓）。

审计说明：随机抽取 25 笔业务的记账凭证进行检查，未发现其他异常。

审计人员进一步查验应付账款——E 实业公司明细账，并与负责存货的审计人员沟通，负责存货的审计人员反映在仓库盘点存货时发现原材料实物比账面多了 210 吨板材，其中有 200 吨板材是从 E 实业公司购进的，报表日货物已到，但有关单证未收到，尚未办理入账手续。根据审计日收到的询证回函，E 实业公司称：2013 年 12 月向 JA 有限公司销售 200 吨板材，金额为 700 000. 00 元，与实际情况相符。板材价格为 3 500 元/吨，总计金额700 000. 00元。审计人员建议对料到单未到的 200 吨板材作暂估入账。

借：原材料——原料及主要材料（板材）　　700 000. 00

　贷：应付账款——E 实业公司　　700 000. 00

（5）检查应付账款是否已按照企业会计准则的规定在财务报表中作出恰当列报。审计人员在准备对 W 公司的应收、应付往来款发函证时，发现函证单位中有 W 公司的预付设备款，金额为 872 300. 00 元，经核对，应付账款余额中也有 W 公司的应付账款，余额正好也是 872 300. 00 元。抽查凭证：2013 年 10 月 14 日 10—169 号记账凭证记录向 W 公司采购设备，会计处理为：

借：在建工程——A 工程　　872 300.00

　贷：应付账款——W 公司　　872 300.00

经查验，该笔货款是 JA 有限公司在 2013 年 7 月向 W 公司预付的购买设备款。10 月 14 日设备到货，财务人员收到单证后，记入了应付账款。

审计意见：会计处理错误，应与预付账款对冲，作以下审计调整。

借：应付账款——W 公司　　872 300.00

　贷：预付账款——W 公司　　872 300.00

（6）查验借方余额的真实性，并决定是否进行重分类调整。经检查应付账款——R 材料厂明细账，发现期末余额借方余额为-376 408.00 元，审计人员查验本期发生的经济业务的原始凭证及会计处理，未见异常；因采购市场紧缺钢材，JA 有限公司于 11 月预付 R 材料厂货款 376 408.00 元，支票存根编号 012126，购货合同编号 12342，有付款申请单和授权批准。收到 R 材料厂回函，确认“数额证明无误”。

审计意见：R 材料厂借方余额是预付货款，应作审计调整。

借：预付账款　　376 408.00

　贷：应付账款　　376 408.00

（7）查验各主要供应商采购业务是否符合有关规定、交易是否真实，检查资产负债表日后的付款情况及购货发票的入账时间是否正确。抽查 Y 轴承厂、H 公司、D 公司三家主要供应商的明细账，抽查凭证，检查采购业务及付款的相关资料。经查验，原始凭证齐全，会计处理正确，有授权批准；JA 有限公司从采购货物至支付货款周期一般为 60 天，与合同约定一致；检查资产负债表日后付款情况，符合有关规定；检查资产负债表日后贷方发生额的相应凭证，购货发票入账期正确。应付账款审定表见表 2-26。

表 2-26　**应付账款审定表**

被审计单位：JA 有限公司　　索引号：FD 1

项目：应付账款审定表　　财务报表截止日/期间：2013 年 12 月 31 日

编制：张某　　日　期：2014 年 2 月 15 日

复核：成某　　日　期：2014 年 2 月 16 日

项目名称	期末	账项调整		重分类调整		期末	上期末	索引号
	未审数	借方	贷方	借方	贷方	审定数	审定数	
一、关联方								
小计								
二、非关联方								
Y 轴承厂	213 100.00					213 100.00	521 093.00	

续表

项目名称	期末	账项调整		重分类调整		期末	上期末	索引号
	未审数	借方	贷方	借方	贷方	审定数	审定数	
H公司	243 900.00					243 900.00	984 211.00	
D公司	871 902.00					871 902.00	955 127.89	
M公司	800 000.00	2 450 000.00	1 650 000.00			0	2 450 000.00	
N公司	480 000.00					480 000.00	480 000.00	
E实业公司	0		700 000.00			700 000.00	231 870.00	
W公司	872 300.00	872 300.00				0	0	
R材料厂	-376 408.00				376 408.00	0	81 000.00	
……								
小计	10 732 645.41	3 322 300.00	2 350 000.00		376 408.00	10 136 753.41	13 245 654.99	
合计	10 732 645.41	3 322 300.00	2 350 000.00		376 408.00	10 136 753.41	13 245 654.99	

审计结论：期末余额审定数为10 136 753.41元，予以确认。

任务三　固定资产的实质性程序

（一）固定资产的审计目标

由于固定资产在企业资产总额中一般占有较大的比例，固定资产的安全、完整对企业的生产经营影响极大，审计人员应对固定资产的审计予以高度重视。

固定资产的审计目标一般包括：

（1）确定资产负债表中记录的固定资产是否存在。

（2）确定所有应记录的固定资产是否均已记录。

（3）确定记录的固定资产是否由被审计单位所有或控制。

（4）确定固定资产的计价方法是否恰当。

（5）确定固定资产的折旧政策是否恰当。

（6）确定折旧费用的分摊是否合理、一贯。

（7）确定固定资产减值准备的计提是否充分、完整，方法是否恰当。

（8）确定固定资产、累计折旧和期末余额是否正确。

（9）确定固定资产、累计折旧和固定资产减值准备是否已按照企业会计准则的规定在财务报表中作出恰当列报。

（二）固定资产审计的范围

固定资产审计的范围很广。固定资产科目余额反映企业所有固定资产的原价，累计折旧科目余额反映企业因固定资产的累计折旧数额，固定资产减值准备科目余额反映企业对固定资产计提的减值准备数额，固定资产项目余额由固定资产科目余额扣除累计折旧科目余额和固定资产减值准备科目余额构成，这三项无疑属于固定资产的审计范围。除此之外，由于固定资产的增加包括购置、自行建造、投资者投入、融资租入、更新改造、以非现金资产抵偿债务方式取得或以应收债权换入、以非货币性资产交换方式换入、经批准无偿调入、接受捐赠和盘盈等多种途径，相应涉及货币资金、应付账款、预付款项、在建工程、股本、资本公积、长期应付款、递延所得税负债等项目；企业的固定资产又由于出售、报废、投资转出、捐赠转出、抵债转出、以非货币性资产交换方式换出、无偿调出、毁损和盘亏等原因而减少，与固定资产清理、其他应收款、营业外收入和营业外支出等项目有关；另外，企业按月计提固定资产折旧又与制造费用、销售费用、管理费用等项目联系在一起。因此，在进行固定资产审计时，应当关注这些相关项目。广义的固定资产审计范围，自然也包括这些相关项目在内。

（三）固定资产——账面余额的实质性程序

（1）获取或编制固定资产和累计折旧分类汇总表。检查固定资产的分类是否正确并与总账数和明细账合计数核对是否相符，结合累计折旧、减值准备科目与报表数核对是否相符。固定资产和累计折旧分类汇总表又称一览表或综合分析表，是审计固定资产和累计折旧的重要工作底稿，其参考格式如表2-27所示。

表2-27　**固定资产和累计折旧分类汇总表**

被审计单位：________　　索引号：________

项目：________　　财务报表截止日/期间：________

编制：________　　复　核：________

日期：________　　日　期：________

单位：元

固定资产类别	固定资产				累计折旧					
	期初余额	本期增加	本期减少	期末余额	折旧方法	折旧率	期初余额	本期增加	本期减少	期末余额
合计										

（2）对固定资产实施实质性分析程序，主要包括：

①基于对被审计单位及其环境的了解，通过进行以下比较，并考虑有关数据间关系的影响，确定有关数据的期望值：分类计算本期计提折旧额与固定资产原值的比率，并与上期比较；计算固定资产修理及维护费用占固定资产原值的比例，并进行本期各月、本期与以前各期的比较。

②确定可接受的差异额。

③将实际情况与期望值相比较，识别需要进一步调查的差异。

④如果其差额超过可接受的差异额，调查并获取充分的解释和恰当的佐证审计证据（例如检查相关的凭证）。

⑤评估分析程序的测试结果。

（3）实地检查重要固定资产（如为首次接受审计，应适当扩大检查范围），确定其是否存在，关注是否存在已报废但仍未核销的固定资产。

（4）检查固定资产的所有权或控制权。对各类固定资产，审计人员应获取、搜集不同的证据以确定其是否确归被审计单位所有：对外购的机器设备等固定资产，通常经审核采购发票、采购合同等予以确定；对于房地产类固定资产，尚需查阅有关的合同、产权证明、财产税单、抵押借款的还款凭据、保险单等书面文件；对融资租入的固定资产，应验证有关融资租赁合同并证实其并非经营租赁；对汽车等运输设备，应验证有关运营证件等；对受留置权限制的固定资产，通常还应经审核被审计单位的有关负债项目等予以证实。

（5）检查本期固定资产的增加。被审计单位如果不正确核算固定资产的增加，将对资产负债表和利润表产生长期的影响。因此。审计固定资产的增加，是固定资产实质性程序中的重要内容。固定资产的增加有多种途径，审计中应注意：

①询问管理层当年固定资产的增加情况，并与获取或编制的固定资产明细表进行核对。

②检查本年度增加固定资产的计价是否正确，手续是否齐备，会计处理是否正确：

对于外购固定资产，通过核对采购合同、发票、保险单、发运凭证等资料，抽查测试其入账价值是否正确，授权批准手续是否齐备，会计处理是否正确；如果购买的是房屋建筑物，还应检查契税的会计处理是否正确；检查分期付款购买的固定资产入账价值及会计处理是否正确。

对于在建工程转入的固定资产，应检查固定资产确认时点是否符合会计准则的规定，入账价值与在建工程的相关记录是否相符，是否与竣工决算、验收和移交报告等一致；对已经达到预定可使用状态，但尚未办理竣工决算手续的固定资产，检查其是否已按估计价值入账，并按规定计提折旧。

对于投资者投入的固定资产，检查投资者投入的固定资产是否按投资各方确认的价值入账，并检查确认价值是否公允，交接手续是否齐全；涉及国有资产的，是否有评估报告并经国有资产管理部门评审备案或核准确认。

对于更新改造增加的固定资产，检查通过更新改造而增加的固定资产，增加的原值是否符合资本化条件，是否真实，会计处理是否正确；重新确定的剩余折旧年限是否恰当。

对于融资租赁增加的固定资产，获取融资租入固定资产的相关证明文件，检查融资租赁合同的主要内容，并结合长期应付款、未确认融资费用科目检查相关的会计处理是否正确。

对于企业合并、债务重组和非货币性资产交换增加的固定资产，检查产权过户手续是否齐备，检查固定资产入账价值及确认的损益和负债是否符合规定。

如果被审计单位为外商投资企业，检查其采购国产设备退还增值税的会计处理是否正确。

对于通过其他途径增加的固定资产，应检查增加固定资产的原始凭证，核对其计价及会计处理是否正确，法律手续是否齐全。

③检查固定资产是否存在弃置费用，如果存在弃置费用，检查弃置费用的估计方法和弃置费用现值的计算是否合理，会计处理是否正确。

（6）检查本期固定资产的减少。审计固定资产减少的主要目的就在于查明业已减少的固定资产是否已做适当的会计处理。其审计要点如下：

①结合固定资产清理科目，抽查固定资产账面转销额是否正确。

②检查出售、盘亏、转让、报废或毁损的固定资产是否经授权批准，会计理是否正确。

③检查因修理、更新改造而停止使用的固定资产的会计处理是否正确。

④检查投资转出固定资产的会计处理是否正确。

⑤检查债务重组或非货币性资产交换转出固定资产的会计处理是否正确。

⑥检查转出的投资性房地产账面价值及会计处理是否正确。

⑦检查其他固定资产减少的会计处理是否正确。

（7）检查固定资产的后续支出，确定固定资产有关的后续支出是否满足资产确认条件；若不满足，该支出是否在该后续支出发生时计入当期损益。

（8）检查固定资产的租赁。企业在生产经营过程中，有时可能有闲置的固定资产供其他单位租用；有时由于生产经营的需要，又需租用固定资产。租赁一般分为经营租赁和融资租赁两种。检查经营性租赁时，应查明：

①固定资产的租赁是否签订了合同、租约，手续是否完备，合同内容是否符合国家规定，是否经相关管理部门审批。

②租入的固定资产是否确属企业必需，或出租的固定资产是否确属企业多余、闲置不用的，双方是否认真履行合同，其中是否存在不正当交易。

③租金收取是否签有合同，有无多收、少收现象。

④租入的固定资产有无久占不用、浪费损坏的现象；租出的固定资产有无长期不收租金、无人过问、变相馈送、转让等情况。

⑤租入的固定资产是否已登入备查簿。

⑥必要时，向出租人函证租赁合同及执行情况。

⑦租入的固定资产改良支出的核算是否符合规定。

在融资租赁中，如果被审计单位的固定资产中融资租赁占有相当大的比例，应当复核租赁协议，确定租赁是否符合融资租赁的条件，结合长期应付款、未确认融资费用等科目检查相关的会计处理是否正确（资产的入账价值、折旧、相关负债）。在审计融资租赁固定资产时，除可参照经营租赁固定资产的检查要点以外，还应补充实施以下审计程序：①复核租赁的折现率是否合理；②检查租赁相关税费、保险费、维修费等费用的会计处理是否符合企业会计准则的规定；③检查融资租入固定资产的折旧方法是否合理；④检查租赁付款情况；⑤检查租入固定资产的成新程度；⑥检查融资租入固定资产发生的固定资产后续支出，其会计处理是否遵循自有固定资产发生的后续支出的处理原则予以处理。

（9）获取暂时闲置固定资产的相关证明文件，并观察其实际状况，检查是否已按规定计提折旧，相关的会计处理是否正确。

（10）获取已提足折旧仍继续使用固定资产的相关证明文件，并作相应记录。

（11）获取持有待售固定资产的相关证明文件，并作相应记录。检查对其预计净残值的调整是否正确、会计处理是否正确。

（12）检查固定资产保险情况，复核保险范围是否足够。

（13）检查有无与关联方的固定资产购售活动，是否经适当授权，交易价格是否公允，对于合并范围内的购售活动，记录应予合并抵消的金额。

（14）对应计入固定资产的借款费用，应根据企业会计准则的规定，结合长短期借款、应付债券或长期应付款的审计，检查借款费用（借款利息、折溢价摊销、汇兑差额、辅助费用）资本化的计算方法和资本化金额以及会计处理是否正确。

（15）检查购置固定资产时是否存在与资本性支出有关的财务承诺。

（16）检查固定资产的抵押、担保情况。结合对银行借款等的检查，了解固定资产是否存在重大的抵押、担保情况。如存在，应取证，并作相应的记录，同时提请被审计单位作恰当披露。

（17）检查固定资产是否已按照企业会计准则的规定在财务报表中作出恰当列报。

【例 2-7】注册会计师张某在 2014 年 2 月 16 日审查 2013 年度 JA 有限公司增加固定资产入账价值的正确性、授权批准手续的齐备性以及会计处理的正确性时，抽查了 2013 年 6 月 27 日 33 号记账凭证，发现该凭证记录债务人某商厦向公司出租房屋，并以 3 年的房屋租金抵偿 135 万元债务（与该商厦签订的抵债协议），同时已计提累计折旧 213 750.00 元。账务处理为：

借：固定资产——房屋建筑物	1 350 000.00	
贷：应收账款——某商厦		1 350 000.00
借：其他业务支出——房屋租赁支出	213 750.00	
贷：累计折旧		213 750.00

审计人员认为债务人以 3 年的房屋租金抵偿 135 万元债务，公司做增加固定资产处理存在疑点。审计人员查看董事会决议，发现有同意抵债协议的意见，但查验权证，发现公司对该房屋不具有所有权。该会计处理与准则规定不符。

审计意见：调整至“长期待摊费用”，并调整已计提的折旧费。

借：长期待摊费用	1 350 000.00	
贷：固定资产——房屋建筑物		1 350 000.00
借：其他业务支出——房屋租赁支出	11 250.00	
贷：累计折旧——房屋建筑物		−213 750.00
长期待摊费用		225 000.00

长期待摊费用调整额：1 350 000÷3÷12×6＝225 000（元）

固定资产增加检查表见表2-28。

表2-28　**固定资产增加检查表**

被审计单位：JA有限公司　　索引号：Z04

项目：固定资产增加　　财务报表截止日/期间：2013年12月31日

编制：张某　　日　期：2014年2月16日

复核：成某　　日　期：2014年2月17日

单位：元

固定资产名称	取得日期	取得方式	固定资产类别	增加情况		凭证号	核对内容（用"✓"、"×"表示）							
				数量	原价		①	②	③	④	⑤	⑥	⑦	⑧
冲压机	2013年3月11日	购入	机器设备	1	20 000.00	125	✓	✓	✓	✓	✓		✓	
电脑	2013年5月11日	购入	电子设备	1	5 000.00	118	✓	✓	✓	✓	✓		✓	
房屋	2013年6月27日	抵债	房屋建筑物	1	1 350 000.00	369	×	✓	✓	✓	✓		×	
剪板机	2013年11月2日	购入	机器设备	1	60 000.00	23	✓	✓	✓	✓	✓		✓	
……														
小汽车	2013年12月5日	购入	运输设备	1	250 000.00	45	✓	✓	✓	✓	✓		✓	

核对内容说明：①与发票是否一致；②与付款单据是否一致；③与购买/建造合同是否一致；④与验收报告或评估报告等是否一致；⑤审批手续是否齐全；⑥与在建工程转出数是否一致；⑦会计处理是否正确（入账日期和入账金额）……

审计说明：房屋不具有所有权，3年的房屋租赁权抵135万元债务，不能增加固定资产，应转作长期待摊费用。经抽查、调整后，本期新增固定资产的计价正确、手续完备，会计处理正确。

【例2-8】注册会计师张某在2014年2月16日审查2013年度JA有限公司固定资产减少时，发现：盘点表记录盘亏固定资产一台，账面原值记录固定资产——SAD设备是2006年购置的，原值196 342.00元，累计折旧95 752.77元，经现场勘察无实物。审查发现其他应付款——"其他"项目中有上述SAD设备的处置收入8万元。

经核实JA有限公司设备供应部认为"SAD设备已经不能生产合格产品，拟报废"，总经理于2013年12月25日批注"同意报废"，财务部于2013年12月28日收到上述设备处置款8万元，由于设备供应部的上述设备报废申请未及时交给财务部，财务部未进行正确的账务处理。其账务处理为：

借：固定资产清理　　100 589.23

　　累计折旧　　95 752.77

　贷：固定资产——SAD设备　　196 342.00

调整后的账务处理为：

借：其他应付款——暂收款　　80 000.00

　贷：固定资产清理　　78 461.54

　　　应交税费——未交增值税　　1 538.46

借：营业外支出——处置固定资产净损失　　22 127.69

　贷：固定资产清理　　22 127.69

固定资产减少检查表如表2-29所示。

表2-29　**固定资产减少检查表**

被审计单位：JA有限公司　　索引号：Z05

项目：固定资产减少检查表　　财务报表截止日/期间：2013年12月31日

编制：张某　　日　期：2014年2月16日

复核：成某　　日　期：2014年2月17日

单位：元

固定资产名称	取得日期	处置方式	固定资产原价	累计折旧	减值准备	账面价值	处置费用	处置收入	利得（损失）	索引号	核对内容（用√×表示）				
											①	②	③	④	⑤
依维柯	2005年8月	报废	245 444.30	218 920.6		26 523.7	1 269	24 000	-3 792.7		√	√	√	√	
空调	2012年1月	出售	12 500.00	4 861.11		7 638.89	875	6 000	-2 513.89		√	√	√	√	
……															
SAD设备	2006年1月	报废	196 342	95 752.77		100 589.23	1 538.46	80 000	22 127.69		√	√	√	×	

核对内容说明：①与收款单据是否一致；②与合同是否一致；③审批手续是否完整；④会计处理是否正确……

审计说明：SAD设备已批准出售，应减少固定资产。经抽查、调整后，本期减少固定资产手续完备，会计处理正确。

（四）固定资产——累计折旧的实质性程序

固定资产可以长期参加生产经营而仍保持其原有实物形态，但其价值将随着固定资产的使用而逐渐转移到生产的产品中，或构成经营成本或费用。在固定资产使用寿命内，按照确定的方法对应计折旧额进行的系统分摊就是固定资产的折旧。

累计折旧的实质性程序通常包括：

（1）获取或编制累计折旧分类汇总表，复核加计是否正确，并与总账数和明细账合计数核对是否相符。

（2）检查被审计单位制定的折旧政策和方法是否符合相关会计准则的规定。确定其所采用的折旧方法能否在固定资产预计使用寿命内合理分摊其成本。前后期是否一致，预计使用寿命和预计净残值是否合理。

（3）复核本期折旧费用的计提和分配：

①了解被审计单位的折旧政策是否符合规定，计提折旧范围是否正确，确定的使用寿命、预计净残值和折旧方法是否合理；如采用加速折旧法，是否取得批准文件。

②检查被审计单位折旧政策前后期是否一致。

③复核本期折旧费用的计提是否正确：

已计提部分减值准备的固定资产，计提的折旧是否正确。按照《企业会计准则第4号——固定资产》的规定，已计提减值准备的固定资产的应计折旧额应当扣除已计提的固定资产减值准备累计金额，按照该固定资产的账面价值以及尚可使用寿命重新计算确定折旧率和折旧额。

已全额计提减值准备的固定资产，是否已停止计提折旧。

因更新改造而停止使用的固定资产是否已停止计提折旧。因大修理而停止使用的固定资产是否照提折旧。

对按规定予以资本化的固定资产装修费用是否在两次装修期间与固定资产尚可使用年限两者中较短的期间内，采用合理的方法单独计提折旧，并在下次装修时将该项固定资产装修余额一次全部计入了当期营业外支出。

对融资租入固定资产发生的、按规定可予以资本化的固定资产装修费用，是否在两次装修期间、剩余租赁期与固定资产尚可使用年限三者中较短的期间内，采用合理的方法单独计提折旧。

对采用经营租赁方式租入的固定资产发生的改良支出，是否在剩余租赁期与租赁资产尚可使用年限两者中较短的期间内，采用合理的方法单独计提折旧。

未使用、不需用和闲置的固定资产是否按规定计提折旧。

持有待售的固定资产的折旧计提是否符合规定。

④检查折旧费用的分配是否合理，是否与上期一致；分配计入各项目的金额占本期全部折旧计提额的比例与上期比较是否有重大差异。

⑤注意固定资产增减变动时，有关折旧的会计处理是否符合规定，查明通过更新改造、接受捐赠或融资租入而增加的固定资产折旧费用计算是否正确。

（4）将“累计折旧”账户贷方的本期计提折旧额与相应的成本费用中的折旧费用明细账户的借方相比较，检查本期所计提折旧金额是否已全部摊入本期产品成本或费用。若存在差异，应追查原因，并考虑是否应建议作适当调整。

（5）检查累计折旧的减少是否合理，会计处理是否正确。

（6）检查累计折旧的披露是否恰当。

如果被审计单位是上市公司，通常应在其财务报表附注中按固定资产类别分项列示累计折旧期初余额、本期计提额、本期减少额及期末余额。

【例2-9】 审计人员在2014年2月21日审查2013年度JA有限公司折旧额时，发现如下记录：

（1）2012年该公司折旧额为132 600元，年综合折旧率为5%；

（2）11月购入原值为65 000元的剪板机设备，已安装完工并交付使用；

（3）11月将新增未使用的一台抛光机设备投入车间使用，其原值为35 000元。

（4）2012年12月将一台铣床交外单位大修理，其原值为48 000元，2013年12月收回。

（5）2012年12月开始扩建厂房，2013年11月扩建完工，已交付使用。该厂房原值为600 000元，扩建工程支出150 000元，变价收入60 000元。

（6）8月该车间设备折旧额为172 100元。

为了核实该车间设备8月折旧额172 100元的计提是否正确，审计人员按审定的各类别固定资产增减变动金额，计算复核本期折旧金额是否正确；审阅生产成本明细账，抽查有关会计凭证，将本期计提的折旧金额与在成本费用中列支的折旧金额进行核对，确认是否相符，并形成查验记录。经查验：

本月应提折旧额 = 132 600+[65 000+35 000+(600 000+150 000−60 000)]×5%/12
= 135 891. 66(元)

本月多提折旧额 = 172 100−135 891. 66 = 36 208. 34(元)

审计意见：本月多提的折旧应予以冲回，应做如下调整分录：

借：累计折旧　　36 208. 34

　贷：制造费用　　36 208. 34

固定资产折旧计算检查表见表 2-30。

表 2-30　　**固定资产折旧计算检查表**

被审计单位：JA 有限公司　　索引号：Z07

项目：固定资产折旧计算检查表　　财务报表截止日/期间：2013 年 12 月 31 日

编制：张某　　日　期：2014 年 2 月 16 日

复核：成某　　日　期：2014 年 2 月 17 日

单位：元

固定资产	取得时间	使用年限	残值率	折旧方法	累计折旧期初余额	减值期初余额	本期应提折旧	本期已提折旧	差异
下料机	2008 年 12 月	10		综合折旧	14 251. 25		3 562. 81	3 562. 81	
剪板机	2013 年 11 月	10		综合折旧			270. 83	541. 66	270. 83
冲压机	2011 年 3 月	10		综合折旧	28 213. 52		16 928. 11	16 928. 11	
热泵	2009 年 12 月	10		综合折旧	23 368. 89		7 789. 63	7 789. 63	
数控车	2011 年 1 月	10		综合折旧	29 821. 44		15 559. 01	15 559. 01	
抛光机	2013 年 11 月	10		综合折旧			145. 83	291. 66	145. 83
铣床	2008 年 1 月	10		综合折旧	16 124. 51			1 166. 68	1 166. 68
空调	2011 年 5 月	3		综合折旧	12 114. 51		8 076. 34	8 076. 34	
小汽车	2010 年 11 月	10		综合折旧	21 541. 21		10 339. 78	10 339. 78	
……									
厂房	2007 年 12 月	20			150 000. 00		2 875	37 500	34 625
合计					728 471. 52		135 891. 66	172 100. 00	36 208. 34

审计说明：

本月多提的折旧 36 208. 34 元应予以冲回，调整后予以确认的 2013 年累计计提的折旧为 135 891. 66 元。

（五）固定资产——固定资产减值准备的实质性程序

固定资产的可收回金额低于其账面价值称为固定资产减值。这里的可收回金额应当根据固定资产的公允价值减去处置费用后的净额与资产预计未来现金流量的现值两者之间的较高者确定。这里的处置费用包括与固定资产处置有关的法律费用、相关税费、搬运费以及为使固定资产达到可销售状态所发生的直接费用等。

固定资产减值准备的实质性程序一般包括：

（1）获取或编制固定资产减值准备明细表，复核加计是否正确，并与总账数和明细账合计数核对是否相符。

（2）检查被审计单位计提固定资产减值准备的依据是否充分，会计处理是否正确。

（3）检查资产组的认定是否恰当，计提固定资产减值准备的依据是否充分，会计处理是否正确。

（4）计算本期末固定资产减值准备占期末固定资产原值的比率，并与期初该比率比较，分析固定资产的质量状况。

（5）检查被审计单位处置固定资产时原计提的减值准备是否同时结转，会计处理是否正确。

（6）检查是否存在转回固定资产减值准备的情况，确定减值准备在以后会计期间没有转回。

（7）检查固定资产减值准备的披露是否恰当。如果企业计提了固定资产减值准备，根据《企业会计准则第 8 号——资产减值》的规定，企业应当在财务报表附注中披露：①当期确认的固定资产减值损失金额。②企业提取的固定资产减值准备累计金额。如果发生重大固定资产减值损失的，还应当说明导致重大固定资产减值损失的原因，固定资产可收回金额的确定方法以及当期确认的重大固定资产减值损失的金额。

【例 2-10】注册会计师在审计 JA 有限公司 2013 年度财务报表时，了解到有关该公司部分管理用固定资产的资料及会计处理情况如下：

（1）A 设备 2013 年末账面原值为 200 万元，累计折旧为 20 万元，减值准备为 30 万元。2013 年末可回收金额为 190 万元，JA 有限公司冲回减值准备 30 万元。

（2）B 设备采用年限平均法计提折旧，使用年限 12 年，无残值，2012 年末账面原值为 120 万元，累计折旧为 20 万元，2012 年末计提减值准备 50 万元。剩余使用年限为 10 年，JA 有限公司本年末计提折旧 10 万元。

（3）C 设备 2013 年末账面原值为 30 万元，累计折旧为 3 万元，已提取减值准备 2 万元，该设备未发现减值迹象。JA 有限公司从谨慎性原则出发，本年末计提了减值准备 2 万元。

审计人员为了检查固定资产减值准备的披露是否恰当，编制了固定资产减值准备明细表，复核加计是否正确，并与总账数和明细账合计数核对是否相符；同时检查被审计单位计提固定资产减值准备的依据是否充分，会计处理是否正确，经分析认为：

（1）对于 A 设备，2013 年末增值 40 万元，该公司冲回已计提减值准备 20 万元的会计处理，不符合企业会计准则的规定。

（2）对于 B 设备，2013 年计算折旧时，没有将已计提减值准备的 B 设备的折旧在未来期间作相应调整，而仍按10万元计提折旧，不符合企业会计准则的规定。

（3）对于C设备，如果企业的固定资产无任何减值的迹象，不能擅自计提减值准备。

审计意见：审计人员建议JA有限公司调整会计处理，冲回多计提的折旧并调整固定资产减值准备。调整分录如下：

（1）冲回多计提折旧：

借：固定资产——累计折旧	50 000	
贷：管理费用		50 000

（2）调整减值准备：

借：资产减值损失	280 000	
贷：固定资产减值准备		280 000

同时调整财务报表其他报表项目。

项目三　生产与存货循环的审计

任务描述：

了解生产与存货循环的特点，熟悉企业生产与存货循环的内部控制制度，理解生产与存货循环控制测试和实质性程序的操作原理，并能在明确生产与存货循环审计目标的前提下，识别和评估生产与存货循环相关的内部控制风险，在此基础上，根据生产与存货循环的特点，运用各种审计程序实施控制测试和实质性程序，同时，准确地将对生产与存货循环的审计工作记录于审计工作底稿。

技能目标：

1. 能简单设计企业生产与存货循环的内部控制制度。
2. 能根据生产与存货循环的特点实施控制测试。
3. 能根据生产与存货循环的特点实施实质性程序。
4. 能准确地将对生产与存货循环的审计工作记录于审计工作底稿。

知识目标：

1. 了解生产与存货循环内部控制的内容。
2. 明确生产与存货循环的审计目标。
3. 熟悉生产与存货循环的控制测试程序。
4. 熟悉生产与存货循环的实质性程序。
5. 掌握生产与存货循环审计工作底稿的编制方法。

情境导入：

在某会计师事务所实习的张某根据注册会计师刘某的安排对PL机械股份有限公司存货项目的相关内部控制进行评价研究后，发现该公司存在以下几种可能导致错误的情况：

（1）所有存货都未经认真盘点。

（2）接近资产负债表日前入库的产成品已计入存货项目，但可能未进行相关的会计记录。

（3）由PL机械股份有限公司代管的A材料可能并不存在。

（4）PL机械股份有限公司存放在WJ公司仓库的B材料可能已计入WJ公司的存货项目。

（5）存货方法已作变更。

针对上述情况，张某应如何实施相应的审计程序？

任务一　生产与存货循环的控制测试

（一）生产与存货循环的特点

1. 生产与存货循环涉及的主要凭证和会计记录

生产与存货循环涉及的凭证和会计记录主要有：（1）生产指令，即“生产任务通知单”。（2）领发料凭证，如材料发出汇总表、领料单、限额领料单、领料登记簿、退料单等。（3）产量和工时记录，主要有工作通知单、工序进程单、工作班产量报告、产量通知单、产量明细表、废品通知单等。（4）工薪汇总表及工薪费用分配表。（5）材料费用分配表。（6）制造费用分配汇总表。（7）成本计算单。（8）存货明细账。

2. 生产与存货循环涉及的主要业务活动

生产与存货循环涉及的业务活动主要有：

（1）计划和安排生产。由生产计划部门根据客户订单或者对销售预测和产品需求的分析决定生产授权。如决定授权生产，即签发预先顺序编号的生产通知单。

（2）发出原材料。生产部门根据需要填制领料单，并向仓储部门领料；领料单一式三联，第一联仓库留存，第二联领料部门留存，第三联送会计部门；仓储部门根据从生产部门收到的领料单发出原材料。

（3）生产产品。生产部门在收到生产通知单和领取原材料后，便将生产任务分解到每一个生产工人，并将所领取的原材料交给生产工人，据以执行生产任务。

（4）核算产品成本。一方面，由会计部门对汇集的生产过程中的各种记录、生产通知单、领料单、计工单、入库单等进行检查和核对，了解和控制生产过程中存货的实物流转；另一方面，会计部门要设置相应的会计账户，会同有关部门对生产过程中的成本进行核算和控制。

（5）储存产成品。产成品入库后，需由仓储部门先行点验和检查，然后签收。此外，企业应设立必要的账户，可采用永续盘存制或实地盘存制对存货收发存进行正确的记录。

（6）发出产成品。由独立的发运部门发出产成品。

（二）生产与存货循环内部控制制度的主要内容

生产与存货循环内部控制制度的主要内容包括：

1. 岗位分工及授权批准

（1）单位应当建立存货业务的岗位责任制，明确相关部门和岗位的职责权限，确保办理存货业务的不相容岗位相互分离、制约和监督：①存货的采购、验收与付款；②存货的保管与清查；③存货的销售与收款；④存货处置的申请与审批、审批与执行；⑤存货业务的审批、执行与相关会计记录。单位不得由同一部门或个人办理存货的全过程业务。

（2）单位应当对存货业务建立严格的授权批准制度，明确审批人对存货业务的授权批准方式、权限、程序、责任和相关控制措施，规定经办人办理存货业务的职责范围和工作要求。具体包括：生产通知单需经过授权批准；领料需经过授权批准；成本和费用分配方法的采用和变更需经授权批准；存货计价方法的采用和变更需经授权批准；存货的盘盈、盘亏、毁损等的处置需经批准。

审批人应当根据存货授权批准制度的规定，在授权范围内进行审批，不得超越审批权限。经办人应当在职责范围内，按照审批人的批准意见办理存货业务。对于审批人超越授权范围审批的存货业务，经办人员有权拒绝办理，并及时向审批人的上级授权部门报告。

2. 取得、验收与入库控制

（1）单位应当根据存货的不同取得方式，采取相应的控制方法实施有效控制，确保存货的取得真实、合理、透明。

①单位外购存货，应当符合企业内部控制规范的有关规定，采购批量和采购时点的确定应当符合市场状况、行业特征和单位经营管理的实际需要；

②单位接受投资者投入的存货，其实有价值和质量状况应当经过评估和检查，并与单位筹资合同或协议的约定相一致；

③单位取得的存货为对方单位抵顶债务的，该类存货的取得应经过单位有关部门和人员审核批准，其实有价值和质量状况应当符合双方的有关协议。

（2）单位应当组织有关部门和人员对所取得的存货的品种、规格、数量、质量和其他相关内容进行验收，并出具验收证明。对于验收合格的存货，应当及时办理入库手续。

对验收过程中发现的异常情况，负责验收的部门和人员应当立即向有关部门报告；有关部门应当及时查明原因，视存货的不同取得方式作出相应处理。

（3）单位财会部门应当按照国家统一的会计制度的规定，根据验收证明对验收合格的存货及时办理入账手续，正确登记入库存货的数量与金额。对会计期末货物已到、发票未到的收货，应暂估入账。

（4）单位存货管理部门应当设置实物明细账，详细登记经验收合格入库的存货的类别、编号、名称、规格、型号、计量单位、数量、单价等内容，并定期与财会部门核对。对代管、代销、暂存、受托加工的存货，应单独记录，避免与本单位存货相混淆。

3. 仓储与保管控制

（1）单位应当根据销售计划、生产计划、采购计划、资金筹措计划等制订仓储计划，合理确定库存存货的结构和数量；

（2）单位应当加强对存货的日常管理，严格限制未经授权的人员接触存货。

①单位生产部门应当加强对生产现场的材料、低值易耗品、半成品等物资的管理与控制，并根据生产特点、工艺流程等对转入、转出存货的品种、数量等进行登记。对在生产过程中废弃的存货，也应进行登记。

②单位仓储、保管部门应当建立岗位责任制，明确各岗位在值班轮班、入库检查、货物调运、出入库登记、仓场清理、安全保卫、情况记录等各方面的职责任务，并定期或不定期地进行检查。

（3）单位应当建立存货的分类管理制度，对贵重物品、生产用关键备件、精密仪器、危险品等重要存货，应当采取额外控制措施，确保重要存货的保管、调用、转移等经过严格授权批准，且在同一环节有两人或两人以上同时经办。

（4）单位应当按照国家有关法律法规要求，结合存货的具体特征，建立、健全存货的防火、防潮、防鼠、防盗和防变质等措施，并建立相应的责任追究机制。

（5）单位应当建立健全存货清查盘点制度，定期或不定期地对各类存货进行实地清查和盘点，及时发现并掌握存货的灭失、损坏、变质和长期积压等情况。存货发生盘盈、盘亏的，应查明原因，分清责任，并及时报告有关部门。

（6）单位应当创造条件，逐步实现存货的信息化管理，确保相关信息及时传递，提高存货运营效率。

（7）单位应当建立健全存货成本会计核算系统，正确计算和结转存货成本。

单位应当加强对存货跌价的会计核算，及时掌握存货的价值变动情况。确认、计量存货跌价的依据应当充分，方法应当正确。

4. 领用、发出与处置控制

（1）单位应当加强对存货领用与发出的控制。

①单位内部各业务部门因生产、管理、基本建设等需要领用原材料等存货的，应当履行审批手续，填制领料凭证；

②单位销售存货，应当符合企业内部控制规范的有关规定；

③单位对外捐赠存货，应当履行审批手续，签订捐赠协议。捐赠对象应当明确，捐赠方式应当合理，捐赠程序应当可监督检查；

④单位运用存货进行对外投资，应当履行审批手续，并与投资合同或协议等核对一致。

（2）单位应当建立存货处置环节的控制制度，明确存货处置的范围、标准、程序、审批权限和责任。单位处置残、次、冷、背存货，应由仓储、质检、生产和财会等部门共同提出处置方案，经单位负责人或其授权人员批准后实施。

（3）单位应当组织相关部门或人员对存货的处置方式、处置价格等进行审核，重点审核处置方式是否适当，处置价格是否合理，处置价款是否及时、足额收取并入账。

（4）单位应当建立健全存货取得、验收、入库、保管、领用、发出及处置等各环节凭证、资料的保管制度，并定期与财会部门核对，发现问题，及时处理。

5. 监督检查

（1）单位应当建立对存货业务内部控制的监督检查制度，明确监督检查机构或人员的职责权限，定期或不定期地进行检查。

（2）存货内部控制监督检查的内容主要包括：①存货业务相关岗位及人员的设置情况。重点检查是否存在不相容职务混岗的现象；②存货业务授权批准制度的执行情况。重点检查授权批准手续是否健全，是否存在越权审批行为；③存货收发、保管制度的执行情况。重点检查存货的取得是否真实、合理，存货验收手续是否健全，存货保管的岗位责任制是否得到了落实，存货清查、盘点是否及时、正确；④存货处置制度的执行情况。重点检查存货处置是否经过授权批准，处置价格是否合理，处置价款是否及时、足额收取并入账；⑤存货会计核算制度的执行情况。重点检查存货的成本核算、价值变动记录是否真实、完整、及时。

（3）对监督检查过程中发现的存货内部控制中的薄弱环节，负责监督检查的部门应当告知有关部门，有关部门应当及时查明原因，采取措施加以纠正和完善。

单位监督检查部门应当按照单位内部管理权限向上级有关部门报告存货内部控制监督检查情况和有关部门的整改情况。

（三）生产与存货循环内部控制测试

1. 生产与存货循环内部控制的特点

存货对于企业的重要性、存货问题的复杂性以及存货与其他项目密切的关联度，要求对存货项目应当予以特别的关注。加强存货管理对于保护企业资产安全完整、维护社会经济秩序具有重要的意义。

一般而言，一个良好的生产与存货循环内部控制应该做到以下几点：

（1）存货的采购、检验、保管及记录由不同的部门分工负责，各部门的职责、权限均有明确规定。

（2）存货的实物保管部门以恰当的方式记录存货的数量，存货的核算部门进行数量和金额的核算，并定期核对存货的总账、明细账、供应部门的调拨单和仓库的保管卡，出现差错及时更正。

（3）进行存货的定期盘点，根据盘点结果及时进行账务处理。

2. 生产与存货循环内部控制测试程序

（1）了解内部控制。通常通过生产与存货循环内部控制流程图或内部控制调查表来了解存货内部控制。绘制存货循环内部控制流程图或内部控制调查表是存货循环内部控制测试的重要步骤。注册会计师在绘制之前应通过询问、观察、调查等方法收集必要的资料，然后根据所了解的情况绘制流程图或调查表。对中小企业，也可采用编写存货内部控制说明的方法。若以前年度审计时已经绘制了流程图或调查表，注册会计师可根据调查结果加以修正，以供本年度审计之用。

（2）存货的控制测试。通过控制测试获取支持将控制风险评价为中或低的证据。如果能够获取这些证据，注册会计师就可以接受较高的检查风险，并在很大程度上可以通过实施实质性分析程序获取进一步的审计证据同时减少对生产与存货交易和营业成本、存货等相关项目的细节测试的依赖。

主要内容包括：①观察和询问职责分工情况。②抽查存货入库业务。③抽查存货的出库业务。④核对存货发出凭证与存货明细账。⑤定期核对存货收发登记簿与相应的会计记录，检查两者是否一致。⑥检查存货的管理是否良好；检查存货的巡视记录，确定此项控制是否得到执行。⑦检查是否定期盘点存货，对发生的盘盈、盘亏、毁损、报废等情况是否及时按规定处理。

（3）成本会计制度的测试。具体包括：

①抽查成本计算单。检查成本计算是否正确。费用的分配标准与计算方法是否合理和适当，是否与费用分配汇总表中该产品分摊的直接材料费用相符。

审查成本计算单是否附有必要的原始凭证。原始凭证包括：生产通知单、领料单、产量和工时记录、工资费用分配表、材料费用分配表和制造费用分配表等。

审查生产通知单、领料单是否经过审批。

审查成本计算单中的记录与工资费用分配表、材料费用分配表和制造费用分配表的记录是否一致。

②抽查成本计算的原始凭证。审查生产通知单、领料单、产量和工时记录、人工费用分配表、材料费用分配表和制造费用分配表等原始凭证是否连续编号。检查上述原始凭证是否经过批准。从原始凭证追查至成本计算单，检查各种费用归集、分配是否正确；成本计算是否正确；成本核算流程是否正确。

③核对成本计算单与生产成本明细账和总账。

④比较本期和前期的成本计算方法。

（4）工薪的控制测试。具体包括：

①抽查月份工薪汇总表：计算复核每一份工薪汇总表；检查每一份工薪汇总表是否已经授权批准；检查应付工薪总额与人工费用分配汇总表中的合计数是否相符；检查其代扣款项的账务处理是否正确；检查实发工薪总额与银行付款凭单及银行存款对账单是否相符以及是否正确过入相关账户。

②选取若干个样本（应包括各种不同类型人员）检查工资单：检查员工工薪卡或人事档案，确保工薪发放有依据；检查员工工资率及实发工薪额的计算；检查实际工时统计记录（或产量统计报告）与员工个人钟点卡（或产量记录）是否相符；检查员工加班加点记录与主管人员签证的月度加班费汇总表是否相符；检查员工扣款依据是否正确；检查员工的工薪签收证明；实地抽查部分员工，证明其确在本企业工作，如已离开本企业，需获得管理层证实。

（5）重新评估控制风险。注册会计师在完成上述程序之后，即可对生产与存货循环的内部控制进行评价。评价时，注册会计师应首先确定相关内部控制可信赖的程度以及存在的薄弱环节和缺点，然后据以确定在生产与存货循环实质性程序中对哪些环节可以适当减少审计程序，哪些环节应增加审计程序并作重点检查，以减少审计风险。

【例 2-11】某会计师事务所负责对 PL 机械股份有限公司 2013 年度会计报表实施审计，2013 年 11 月，注册会计师刘某对 PL 机械股份有限公司的存货项目的内部控制进行了初步了解和测试，并编制了工作底稿。

（1）了解内部控制情况。存货循环内部控制调查表见表 2-31。

表 2-31　　**存货循环内部控制调查表**

被审计单位：	PL 机械股份有限公司	索引号：	SCC
项目：	存货循环内部控制调查表	财务报表截止日/期间：	2013 年 12 月 31 日
编制：	刘某	日　期：	2014 年 1 月 10 日
复核：	赵某	日　期：	2014 年 1 月 10 日

问　　题	是	否	不适用	备注
1. 销售发出存货				
（1）仓库是否依据批准的发货单或提货单发货	✓			
（2）是否在审查核对发货数量、品种、规格后据实发货	✓			
（3）存货发出的计价方法是否与上年一致	✓			
2. 记录存货增减变化				
（1）各项存货收发单据是否经审核后及时记入相关账户	✓			
（2）存货总账与记录其数量和品种的明细账是否由不同的人管理		✓		
（3）存货是否采用永续盘存制，并及时核算其收入、发出和结存	✓			
（4）存货入库后是否及时如实登记入账		✓		
（5）存货发出后是否及时结转成本	✓			
（6）存货收发明细账是否定期与存货总账核对	✓			
（7）对存货增减变化的账务调整是否经管理者审核和批准后进行	✓			
（8）委托加工材料是否已恰当记录，并经常与对方核对	✓			
（9）受托加工材料是否单独设有账簿记录，并经常与对方核对	✓			
3. 存货的保管与盘点				
（1）所有的存货实物是否由仓库保管	✓			
（2）产品入库是否都有验收单或验收报告	✓			
（3）外购材料入库是否有送货部门和仓储部门均签名的入库单	✓			
（4）企业对交付发运的商品或储存在外地的商品是否有适当的监管和控制	✓			
（5）仓库中自有存货与他人寄存的存货是否均分开码放	✓			
（6）存货保管人员是否不经过存货出入库的审批手续而进行存货收发	✓			
（7）是否定期或不定期（每年至少一次）对存货进行实地盘点，并与存货明细账核对	✓			
（8）监督存货盘点和批准存货调整的人是否与存货保管、发运、购买、接收的人职责相分离	✓			
（9）盘点时存货收发是否经过适当截止	✓			
（10）存货的盘盈、盘亏是否经报批后如实入账	✓			

续表

问　题	是	否	不适用	备注
（11）所有重要存货是否有良好的仓储环境，如防火、防盗等设施	✓			
（12）对大宗存货是否定期检查其适销情况，对已无销路或陈旧、变质的商品是否及时采取措施	✓			
（13）企业是否在会计期末对存货进行全面清查，并根据存货的毁损、陈旧过时或销售价格低于成本等情况，按可变现净值低于成本的差异计提存货跌价准备	✓			

结论：

1. 存货循环控制风险为：高（　）　中（　）　低（✓）
2. 是否进行内部控制测试：是（✓）　否（　）

（2）进行内部控制测试。存货循环内部控制测试程序表见表2-32。

表2-32　**存货循环内部控制测试程序表**

被审计单位：PL机械股份有限公司　　索引号：SCC2

项目：存货循环内部控制测试程序表　　财务报表截止日/期间：2013年12月31日

编制：刘某　　日　期：2014年1月10日

复核：赵某　　日　期：2014年1月10日

测试方法	调查项目	是	否	不适用	备注
1. 询问	（1）取得与存货业务相关的内部管理规定、存货报告和记录	✓			
	（2）询问企业存货主管、相关业务人员和会计人员有关存货内部控制的执行情况，重点询问各项批准手续和内部复核、对账程序	✓			
2. 观察	（1）对存货业务不相容职务的职责分离情况进行实地观察，查看其实际执行情况				
	（2）对存货保管情况进行实地观察，查看其是否安全存放和保管	✓			
3. 审查书面文档	（1）抽查领料单，查看其是否经过批准	✓			
	（2）抽查存货发出的会计分录	✓			
	①检查所有发出的存货是否有审核批准程序	✓			
	②检查存货出库是否有相应的请购单或销货通知，对名称、型号、规格、质量和成果等逐项核对	✓			
	③检查存货计价方法是否符合财会制度的规定，计价方法发生变化时有无批准程序	✓			
	（3）抽查产成品、半成品入库单。检查入库是否严格履行验收制度，对名称、规格、型号、质量和成果等是否逐项核对，并及时入账	✓			
	（4）抽查存货盘点记录				
	①检查是否建立定期盘点制度，并如实反映盘点结果	✓			

续表

测试方法	调查项目	是	否	不适用	备注
3. 调查书面文档	②检查盘盈、盘亏、毁损、报废是否及时按规定审批处理	✓			
	③检查盘点是否有内部注册会计师或仓库保管员以外的人员监督进行，手续是否健全	✓			

结论：

1. 经内部控制测试和评价后，确认存货循环控制风险为：高（　）　中（　）　低（✓）

2. 企业内部控制保证系数是：0（　）　1（　）　2（✓）

任务二　生产与存货循环的实质性程序

（一）存货的实质性程序

1. 存货的审计目标

存货的审计目标一般应包括：（1）确定报告日存货是否存在；（2）确定报告日存货是否归被审计单位所有；（3）确定存货和存货跌价准备增减变动业务的记录是否完整；（4）确定存货计价方法的恰当性；（5）确定存货的披露是否恰当。

2. 存货的实质性程序

（1）存货监盘。注册会计师进行存货监盘是存货审计必不可少的一项审计程序。存货监盘有两层含义：一是应亲临现场观察被审计单位的盘点；二是在此基础上，应根据需要适当抽查已盘点存货。通过监盘存货可以获取有关存货数量和状况的审计证据，以确证记录的所有存货确实存在，且反映了被审计单位拥有的全部存货，并属于被审计单位的合法财产。为了达到比较好的效果，存货监盘应做好如下具体工作。

①制订计划前应考虑的问题。有效的存货监盘工作必须建立在事前周密计划的基础上。应参与被审计单位存货盘点的事前规划，或向委托人索取存货盘点计划。注册会计师应当了解被审计单位存货的内容、性质、各存货项目的重要程度及存放场所；了解与存货相关的内部控制；评价与存货相关的重大错报风险和重要性；查阅以前年度的存货监盘工作底稿；考虑实地察看存货的存放场所；利用专家的工作或其他注册会计师的工作；复核或与管理层讨论其存货盘点计划等审计程序，在评价被审计单位存货盘点计划的基础上，编制存货监盘计划，对存货监盘做出合理安排。如对于单位价值较高的存货项目，应实施100%的实质性程序，而对于其他存货则可视情况进行抽查。

②进行盘点准备工作。首先，确定存货监盘的目标、范围及时间安排。存货监盘的目标是获取被审计单位资产负债表日有关存货数量和状况的审计证据，检查存货的数量是否真实完整，是否归属被审计单位，存货有无毁损、陈旧、过时、残次和短缺等状况。存货监盘范围的大小取决于存货的内容、性质以及与存货相关的内部控制的完善程度和重大错报风险的评估结果。存货监盘的时间，包括实地察看盘点现场的时间、观察存货盘点的时间和对已盘点存货实施检查的时间等，应当与被审计单位实施存货盘点的时间相协调。

其次，存货监盘的要点及关注事项。存货监盘的要点主要包括注册会计师实施存货监盘程序的方法、步骤，各个环节应注意的问题以及所要解决的问题。存货监盘要重点关注的事项包括盘点期间的存货移动、存货的状况、存货的截止确认、存货的各个存放地点及金额等。

再次，参加存货监盘人员的分工。注册会计师应当根据被审计单位参加存货盘点人员的分工、分组情况、存货监盘工作量的大小和人员素质情况，确定参加存货监盘的组成人员，各组成人员的职责和具体的分工情况，并加强督导。

最后，检查存货的范围。注册会计师应当根据对被审计单位存货盘点和对被审计单位内部控制的评价结果确定检查存货的范围。在实施观察程序后，如果认为被审计单位内部控制设计良好且得到有效实施、存货盘点组织良好，则可以相应缩小实施检查程序的范围。

③存货监盘程序。具体包括：

第一，观察程序。在被审计单位盘点存货前，注册会计师应当观察盘点现场，确定应纳入盘点范围的存货是否已适当整理和排列，并附有盘点标志，防止遗漏或重复盘点。对未纳入盘点范围的存货，注册会计师应当查明未纳入的原因。对所有权不属于被审计单位的存货，注册会计师应当取得其规格、数量等有关资料，确定是否已单独存放、标明，且未被纳入盘点范围。在存货监盘过程中，注册会计师应当根据取得的所有权不属于被审计单位的存货的有关资料，观察这些存货的实际存放情况，确保其未被纳入盘点范围。即使在被审计单位声明不存在受托代存存货的情形下，注册会计师在存货监盘时也应当关注是否存在某些存货不属于被审计单位的迹象，以避免盘点范围不当。注册会计师在实施存货监盘的过程中，应当跟随被审计单位安排的存货盘点人员，注意观察被审计单位事先制订的存货盘点计划是否得到了贯彻执行，盘点人员是否准确无误地记录了被盘点存货的数量和状况。

第二，检查程序。注册会计师应当对已盘点的存货进行适当检查，将检查结果与被审计单位盘点记录相核对，并形成相应记录。检查的目的既可以是确证被审计单位的盘点计划得到适当的执行（控制测试），也可以是证实被审计单位的存货实物总额（实质性程序）。如果观察程序能够表明被审计单位的组织管理得当，盘点、监督以及复核程序充分有效，则注册会计师可据此减少所需检查的存货项目。检查的范围通常包括每个盘点小组盘点的存货以及难以盘点或隐蔽性较强的存货。需要说明的是，注册会计师应尽可能避免让被审计单位事先了解将要抽取检查的存货项目。注册会计师在监盘过程中至少应抽查全部存货的10%以上进行盘点。在检查已盘点的存货时，注册会计师应当从存货盘点记录中选取项目追查至存货实物，以测试盘点记录的准确性；注册会计师还应当从存货实物中选取项目追查至存货盘点记录，以测试存货盘点记录的完整性。注册会计师在实施检查程序时发现差异，很可能表明被审计单位的存货盘点在准确性或完整性方面存在错误。由于检查的内容通常仅仅是已盘点存货中的一部分，所以在检查中发现的错误很可能意味着被审计单位的存货盘点还存在着其他错误。一方面，注册会计师应当考虑错误的潜在范围和重大程度，在可能的情况下，扩大检查范围以减少错误的发生。注册会计师还可要求被审计单位重新盘点。重新盘点的范围可限于某一特殊领域或特定盘点小组。

第三，存货监盘结束时的工作。在被审计单位存货盘点结束前，注册会计师应当做好如下工作：再次观察盘点现场，以确定所有应纳入盘点范围的存货是否均已盘点。取得并检查已填用、作废及未使用盘点表单的号码记录，确定其是否连续编号，查明已发放的表单是否均已收回，并与存货盘点的汇总记录进行核对。注册会计师应当根据自己在存货监盘过程中获取的信息对被审计单位最终的存货盘点结果汇总记录进行复核，并评估其是否正确地反映了实际盘点结果。

如果存货盘点日不是资产负债表日，注册会计师应当实施适当的审计程序，确定盘点日与资产负债表日之间存货的变动是否已做出了正确的记录。在很多情况下，存货盘点日并不是资产负债表日，而有可能是在资产负债表日之后或之前甚至是在不同日期进行（例如循环盘点的情况）。在不同情况下，注册会计师应当根据不同情况的特点实施不同的审计程序，以便确定被审计单位对于盘点日与资产负债日之间的存货变动情况是否已做出了正确的记录。

如果被审计单位采用永续盘存制核算存货，注册会计师应当关注永续盘存制下的期末存货记录与存货盘点结果之间是否一致。如果这两者之间出现重大差异，注册会计师应当实施追加的审计程序，查明原因，并检查永续盘存记录是否已做出了适当调整。如果认为被审计单位的盘点方式及其结果无效，注册会计师应当提请被审计单位重新盘点。

④其他注意事项。对于由于被审计单位存货的性质或位置等原因而无法实施监盘的存货，注册会计师应考虑能否实施替代审计程序，获取充分、适当的审计证据。具体可实施的替代审计程序主要包括：检查进货交易凭证或生产记录以及其他相关资料；检查资产负债表日后发生的销货交易凭证；向顾客或供应商函证。

如果因不可预见（比如注册会计师无法亲临现场、气候因素等）的因素导致无法在预定日期实施存货监盘或接受委托时被审计单位的期末存货盘点已经完成，注册会计师应当评估与存货相关的内部控制的有效性，对存货进行适当检查或提请被审计单位另择日期重新盘点；同时，测试在该期间发生的存货交易，以获取有关期末存货数量和状况的充分、适当的审计证据。

对于被审计单位委托其他单位保管的或已作质押的存货，注册会计师应当向保管人或债权人函证。如果此类存货的金额占流动资产或总资产的比例较大，注册会计师还应当考虑实施存货监盘或利用其他注册会计师的工作。

如果已获取有关本期期末存货余额的充分、适当的审计证据，注册会计师应当实施下列一项或多项审计程序，以获取有关本期期初存货余额的充分、适当的审计证据：查阅前任注册会计师的工作底稿；复核上期存货盘点记录及文件；检查上期存货交易记录；运用毛利百分比法等进行分析。

（2）存货计价测试。监盘程序主要是对存货的结存数量予以确认。为验证财务报表上存货余额的真实性，还必须对存货的计价进行审计。存货计价测试主要是针对被审计单位使用的存货单位成本是否正确所做的测试。当然，广义地看，存货成本的审计也可以被视为存货计价测试的一项内容。

①样本的选择。计价审计的样本，应从存货数量已经盘点、单价和总金额已经计入存货汇总表的结存存货中选择。选择样本时应着重选择结存余额较大且价格变化比较频繁的项目，同时考虑所选样本的代表性。抽样方法一般采用分层抽样法，抽样规模应足以推断总体的情况。

②计价方法的确认。存货的计价方法多种多样，被审计单位应结合企业会计准则的基本要求选择符合自身特点的方法。注册会计师除应了解掌握被审计单位的存货计价方法外，还应对这种计价方法的合理性与一贯性予以关注，没有足够理由，计价方法在同一会计年度内不得变动。

③计价测试。进行计价测试时，注册会计师首先应对存货价格的组成内容予以审核，然后按照所了解的计价方法对所选择的存货样本进行计价测试。测试时，应尽量排除被审计单位已有计算程序和结果的影响，进行独立测试。测试结果出来后，应与被审计单位账面记录对比，编制对比分析表，分析形成差异的原因。如果差异过大，应扩大测试范围，并根据审计结果考虑是否应提出审计调整建议。

在存货计价审计中，由于被审计单位对期末存货采用成本与可变现净值孰低的方法计价，所以注册会计师应充分关注其对存货可变现净值的确定及存货跌价准备的计提。

企业应当按照单个存货项目计提存货跌价准备；对于数量繁多、单价较低的存货，可以按存货类别计提存货跌价准备；如果某些存货具有相同或类似最终用途或目的，并与在同一地区生产和销售的产品系列相关，且难以与其他项目分开计量，可以合并计提存货跌价准备。当存在下列情况之一时，应当计提存货跌价准备：一是市价持续下跌，并且在可预见的未来无回升的希望；二是企业使用该项原材料生产的产品的成本大于产品的销售价格；三是企业因产品更新换代，原有库存原材料已不适应新产品的需要，而该原材料的市场价格又低于其账面成本；四是因企业所提供的商品或劳务过时或消费者偏好改变而使市场的需求发生变化，导致市场价格逐渐下跌；五是其他足以证明该项存货实质上已经发生减值的情形。当存在以下情况之一时，应当将存货账面余额全部转入当期损益：一是已霉烂变质的存货；二是已过期不可退货的存货（主要指食品）；三是生产中已不再需要，并且已无转让价值的存货；四是其他足以证明已无使用价值和转让价值的存货。

（3）存货截止测试。存货截止测试的目的是确定年末购货和销货业务是否已记录于恰当的会计期间。存货截止测试就是检查存货实物纳入盘点范围的时间与存货引起的借贷双方会计科目的入账时间是否处于同一个会计期间。通常检查截至 12 月 31 日止、所购入并已包括在 12 月 31 日存货盘点范围内的存货。

①存货截止测试的范围。注册会计师在对期末存货进行截止测试时，通常应当考虑所有在截止日以前入库、装运出库的存货项目是否均已包括在盘点范围内，并已反映在截止日以前的会计记录中；任何在截止日期以后入库的存货项目是否均未包括在盘点范围内，也未反映在截止日以前的会计记录中；所有已确认为销售但尚未装运出库的商品、所有已记录为购货但尚未入库的存货是否均未包括在盘点范围内，且未包括在截止日的存货账面余额中；在途存货和被审计单位直接向顾客发运的存货是否均已得到了适当的会计处理。

②存货截止的方法。存货截止测试的关键在于存货实物纳入盘点范围的时间与存货引起的借贷双方会计科目的入账时间都处于同一会计期间。因此，存货截止测试的主要方法一个为抽查存货截止日前后的购货发票（销货发票），并与验收报告或入库单（出库单）核对，每张发票均应附有验收报告或入库单；另一个为审阅验收部门的业务记录，凡是接近年底（包括次年年初）购入的货物，必须查明其相对应的购货发票是否在同期入账；

对未收到购货发票的入库存货，则应查明是否将入库单分开存放并暂估入账。

注册会计师通常可观察存货的验收入库地点和装运出库地点以执行截止测试。在确定截止审计样本时，一般以截止日为界限，分别向前倒推或向后顺推若干日，按顺序选取较大金额购货业务的发票或验收报告作为审计样本。至审计完成后，已发现的错误应提请被审计单位作必要的处理。

【例 2-12】沿用例 2-11，注册会计师根据对 PL 机械股份有限公司存货项目实施控制测试的情况，决定对存货实施实质性程序。有关结果见表 2-33 至表 2-40。

表 2-33 **存货循环实质性程序**

被审计单位：PL 机械股份有限公司　　索引号：ZI

项目：存货循环实质性程序　　财务报表截止日/期间：2013 年 12 月 31 日

编制：刘某　　日　期：2014 年 2 月 18 日

复核：赵某　　日　期：2014 年 2 月 25 日

项　目			财务报表认定					
			发生	完整性	准确性	截止	分类	列报
评估的重大错报风险水平①			√	√	√	√	√	
从控制测试获取的保证程度②			√	√	√	√	√	
需从实质性程序获取的保证程度								√
计划实施的实质性程序③	索引号	执行人						
1. 获取或编制材料采购（在途物资）的明细表，复核加计是否正确，并与总账数、明细账合计数核对是否相符	ZI3	程某					√	
2. 查阅资产负债表前后材料采购（在途物资）增减变动的有关账簿记录和收料报告单等资料，检查有无跨期现象，如有，则应作出记录，必要时作调整	ZI4-1 ZI4-2	程某	√	√				
3. 获取或编制原材料的明细表，复核加计是否正确，并与总账数、明细账合计数核对是否相符							√	
4. 原材料截止测试	ZI4-1 ZI4-2	程某	√	√				
5. 原材料计价方法的测试	ZI7	程某					√	
6. 获取或编制库存商品的明细表，复核加计是否正确，并与总账数、明细账合计数核对是否相符	ZI3	程某					√	

续表

项　　目			财务报表认定					
			发生	完整性	准确性	截止	分类	列报
7. 库存商品计价方法的测试	ZI7	程某					✓	
8. 获取或编制周转材料（低值易耗品、包装物）的明细表，复核加计是否正确，并与总账数、明细账合计数核对是否相符；同时抽查明细账与仓库台账、卡片记录是否相符	ZI3	程某					✓	
9. 生产成本计价方法的测试	ZI10（略）	程某					✓	
10. 编制存货监盘报告，对存货进行监盘	ZI5	程某	✓	✓				
11. 根据成本与可变现净值孰低的计价方法，评价存货跌价准备所依据的资料、假设及计提方法，考虑是否以确凿证据为基础计算确定存货的可变现净值，并检查其合理性	ZI18	程某					✓	
12. 检查存货是否已按照企业会计准则的规定在财务报表中作出恰当列报								✓

注：①结果取自风险评估工作底稿。
②结果取自该项目所属业务循环内部控制工作底稿。
③计划实施的实质性程序与财务报表认定之间的对应关系用“✓”表示。

表 2-34　　**存货明细表**

被审计单位：PL机械股份有限公司　　索引号：ZI3
项目：存货明细表　　财务报表截止日/期间：2013年12月31日
编制：程某　　日　期：2014年2月18日
复核：赵某　　日　期：2014年2月25日

单位：元

类别	名称及规格	计量单位	数量	单　价	金　额	备注
原材料	生铁	吨	496	1 100.00	545 600.00	
原材料	铝锭	吨	53.5	11 000.00	586 300.00	
原材料	油漆	公斤	950	20.00	19 000.00	
原材料	润滑油	公斤	415	40.00	16 600.00	
原材料	电动机	台	96	900.00	86 400.00	

续表

类别	名称及规格	计量单位	数量	单价	金额	备注
原材料	电器元件	套	139	1 260.00	175 140.00	
原材料	轴承	套	7 155	30.00	213 450.00	
原材料	标准件	套	57	9 100.00	518 700.00	
原材料	液压件	套	6	4 200.00	25 200.00	
包装物	包装木箱	个	50	40.00	2 000.00	
低值易耗品	刃具	件	898	68.00	61 064.00	
低值易耗品	量具	件	75	50.00	3 750.00	
库存商品	立竣一号机床	台	73	80 533.83	5 878 969.60	
库存商品	立竣二号机床	台	40	51 307.27	2 052 291.00	在结转时，多结转一台

审计说明：对存货实施80%的抽查，其中立竣二号机床在结转成本时，多结转一台，编制调整会计分录如下：

借：库存商品 51 307.27

贷：主营业务成本 51 307.27

经调整，金额可以确认。

编制说明：本表适用于材料采购/在途物资、原材料、库存商品、发出商品、委托加工物资、周转材料等。

表2-35 **存货入库截止测试**

被审计单位：PL机械股份有限公司 索引号：ZI4-I

项目：存货入库截止测试 财务报表截止日/期间：2013年12月31日

编制：程某 日 期：2014年2月18日

复核：赵某 日 期：2014年2月25日

单位：元

一、从存货明细账的借方发生额中抽取样本与入库记录核对，以确定存货入库被记录在正确的会计期间

序号	摘要	明细账凭证			入库单（或购货发票）			是否跨期
		编号	日期	金额	编号	日期	金额	
1	生铁入库	转7-2/2	2013年12月6日	11 000.00	0232	2013年12月6日	11 000.00	否
2	电动机入库	转36	2013年12月30日	18 000.00	2239	2013年12月30日	18 000.00	否
3	标准件入库	转37	2013年12月31日	364 000.00	0240	2013年12月31日	364 000.00	否

截止日前

截止日期：2013年12月31日

截止日后

续表

序号	摘要	明细账凭证			入库单（或购货发票）			是否跨期
		编号	日期	金额	编号	日期	金额	
1	液压件入库	转2	2014年1月2日	210 000.00	0002	2014年1月2日	210 000.00	否
2	标准件入库	转3	2014年1月4日	182 000.00	0003	2014年1月4日	182 000.00	否
3	电器元件入库	转7	2014年1月6日	50 400.00	0007	2014年1月6日	50 400.00	否

二、从存货入库记录抽取样本与明细账的借方发生额核对，以确定存货入库被记录在正确的会计期间

序号	摘要	入库单（或购货发票）			明细账凭证			是否跨期
		编号	日期	金额	编号	日期	金额	
1	生铁入库	0236	2013年12月17日	132 000.00	转22	2013年12月17日	132 000.00	否
2	煤入库	0237	2013年12月21日	2 600.00	转27	2013年12月21日	2 600.00	否
3	煤入库	0238	2013年12月24日	14 820.00	转32	2013年12月24日	14 820.00	否

截止日前

截止日期：2013年12月31日

截止日后

1	煤入库	0001	2014年1月1日	13 000.00	转1	2014年1月1日	13 000.00	否
2	量具入库	0004	2014年1月4日	5 000.00	转4	2014年1月4日	5 000.00	否
3	包装物入库	0005	2014年1月5日	4 000.00	转5	2014年1月5日	4 000.00	否

审计说明：入库经抽查，正确无误。

编制说明：本表适用于材料采购/在途物资、原材料、在产品、库存商品等。

表2-36　**存货出库截止测试**

被审计单位：PL机械股份有限公司　　索引号：ZI4-2

项目：存货出库截止测试　　财务报表截止日/期间：2013年12月31日

编制：程某　　日　期：2014年2月18日

复核：赵某　　日　期：2014年2月25日

单位：元

一、从存货明细账的贷方发生额中抽取样本与出库记录核对，以确定存货出库被记录在正确的会计期间

序号	摘要	明细账凭证			出库单（或销售发票）			是否跨期
		编号	日期	金额	编号	日期	金额	
1	铸造车间领用工作服		2013年12月15日	1 200.00	Y12-15	2013年12月15日	1 200.00	否

续表

序号	摘要	明细账凭证			出库单（或销售发票）			是否跨期
		编号	日期	金额	编号	日期	金额	
2	铸造车间领用生铁		2013 年 12 月 18 日	93 500.00	12-16	2013 年 12 月 18 日	93 500.00	否
3	铸造车间领用油漆		2013 年 12 月 18 日	8 000.00	Y12-17	2013 年 12 月 18 日	8 000.00	否
			截止日前					
			截止日期：2013 年 12 月 31 日					
						截止日后		
1	供气车间领用煤		2014 年 1 月 1 日	2 600.00	Y01-01	2014 年 1 月 1 日	2 500.00	否
2	铸造车间领用生铁		2014 年 1 月 1 日	55 000.02	Y01-02	2014 年 1 月 1 日	55 000.00	否
3	铸造车间领用铝锭		2014 年 1 月 1 日	550 000.03	Y01-03	2014 年 1 月 1 日	550 000.00	否

二、从存货出库记录抽取样本与明细账的贷方发生额核对，以确定存货出库被记录在正确的会计期间

序号	摘要	出库单（或销售发票）			明细账凭证			是否跨期
		编号	日期	金额	编号	日期	金额	
1	机修车间领用润滑剂	Y12-18	2013 年 12 月 24 日	400.00		2013 年 12 月 24 日	400.00	否
2	供气车间领用煤	Y12-19	2013 年 12 月 25 日	2 600.00		2013 年 12 月 25 日	2 600.00	否
3	办公室领用原材料	Y12-20	2013 年 12 月 26 日	1 560.00		2013 年 12 月 26 日	1 560.00	否
			截止日前					
			截止日期：2013 年 12 月 31 日					
						截止日后		
1	供气车间领用煤	Y01-01	2014 年 1 月 1 日	2 600.00		2014 年 1 月 1 日	2 600.00	否
2	铸造车间领用生铁	Y01-02	2014 年 1 月 1 日	55 000.00		2014 年 1 月 1 日	55 000.00	否
3	铸造车间领用铝锭	Y01-03	2014 年 1 月 1 日	550 000.00		2014 年 1 月 1 日	550 000.00	否

审计说明：出库经抽查，正确无误。

编制说明：本表适用于材料采购/在途物资、原材料、在产品、库存商品等。

表 2-37　　**存货计价测试表**

被审计单位：PL 机械股份有限公司　　索引号：ZI7
项目：存货计价测试表　　财务报表截止日/期间：2013 年 12 月 31 日
编制：程某　　日　期：2014 年 2 月 18 日
复核：赵某　　日　期：2014 年 2 月 25 日
品名及规格：　　单位：元

月份	增加			减少（计价方法：加权平均）			结存		
	数量	单价	金额	数量	单价	金额	数量	单价	金额
期初数							80	81 083.75	6 486 700.00
1 月	17	81 083.75	1 378 423.75	17	81 083.75	1 378 423.75	80	81 083.75	6 486 700.00
2 月	17	81 083.75	1 378 423.75	17	81 083.75	1 378 423.75	80	81 083.75	6 486 700.00
3 月	17	81 083.75	1 378 423.75	17	81 083.75	1 378 423.75	80	81 083.75	6 486 700.00
4 月	17	81 083.75	1 378 423.75	17	81 083.75	1 378 423.75	80	81 083.75	6 486 700.00
5 月	17	81 083.75	1 378 423.75	17	81 083.75	1 378 423.75	80	81 083.75	6 486 700.00
6 月	17	81 083.75	1 378 423.75	17	81 083.75	1 378 423.75	80	81 083.75	6 486 700.00
7 月	17	81 083.75	1 378 423.75	17	81 083.75	1 378 423.75	80	81 083.75	6 486 700.00
8 月	17	81 083.75	1 378 423.75	17	81 083.75	1 378 423.75	80	81 083.75	6 486 700.00
9 月	17	81 083.75	1 378 423.75	17	81 083.75	1 378 423.75	80	81 083.75	6 486 700.00
10 月	17	81 083.75	1 378 423.75	17	81 083.75	1 378 423.75	80	81 083.75	6 486 700.00
11 月	17	81 083.75	1 378 423.75	17	81 083.75	1 378 423.75	80	81 083.75	6 486 700.00
12 月	1 12	81 000.00 76 828.85	1 002 946.20	20	80 533.83	1 610 676.60	73	80 533.83	5 878 969.60
	合计								

审计说明：检查立竣一号机床的全年存货计价，无误。
注：本表适用于原材料、库存商品、发出商品等。

表 2-38　　**存货监盘程序**

被审计单位：PL 机械股份有限公司　　索引号：ZI5
项目：存货监盘程序　　财务报表截止日/期间：2013 年 12 月 31 日
编制：程某　　日　期：2014 年 2 月 18 日
复核：赵某　　日　期：2014 年 2 月 25 日

审计程序	索引号
一、监盘前，获取有关资料，以编制存货监盘计划	
1. 复核或与管理层讨论其存货盘点计划，评价其能否合理地确定存货的数量和状况	

续表

审计程序	索引号
2. 根据被审计单位的存货盘存制度和相关内部控制的有效性，评价其盘点时间是否合理 （1）如盘点日和资产负债表日不一致，应当考虑两者的间隔情况，评价对内部控制的信赖能否将盘点日的结论延伸到资产负债表日 （2）确定采用实地盘存制时盘点日是否与资产负债表日一致 （3）确定对存放在不同地点的相同存货项目是否同时盘点	
3. 如果认为被审计单位的存货盘点计划存在缺陷，应当提请被审计单位调整	
4. 完成被审计单位盘点计划调查问卷	
5. 了解存货的内容、性质、各存货项目的重要程度及存放场所	
6. 了解与存货相关的内部控制	
7. 评估与存货相关的重大错报风险和重要性	
8. 查阅以前年度的存货监盘工作底稿	
9. 与管理层讨论以前年度存货存在的问题以及目前存货的状况	
10. 考虑实地察看存货的存放场所，特别是金额较大或性质特殊的存货	
11. 如存在特殊存货，考虑是否需要利用专家的工作或其他注册会计师的工作	
12. 编制存货监盘计划，并将计划传达给每一位监盘人员	
二、监盘中，实施观察和检查程序	
13. 在被审计单位盘点存货前，观察盘点现场 （1）确定应纳入盘点范围的存货是否已经适当整理和排列 （2）确定存货是否附有盘点标志 （3）对未纳入盘点范围的存货，查明未纳入的原因	
14. 检查所有权不属于被审计单位的存货 （1）取得其规格、数量等有关资料 （2）确定这些存货是否已分别存放、标明 （3）确定这些存货未被纳入盘点范围	
15. 在被审计单位盘点人员盘点时进行观察 （1）确定被审计单位盘点人员是否遵守盘点计划 （2）确定被审计单位盘点人员是否准确地记录存货的数量和状况 （3）关注存货发送和验收场所，确定这里的存货应包括在盘点范围之内还是排除在外 （4）关注存货所有权的证据，如货运单据以及商标等 （5）关注所有应盘点的存货是否均已盘点	

续表

审计程序	索引号
16. 检查已盘点的存货 （1）从存货盘点记录中选取项目追查至存货实物，以测试盘点记录的准确性 （2）从存货实物中选取项目追查至存货盘点记录，以测试存货盘点的完整性	
17. 对以包装箱等封存的存货，考虑要求打开箱子或挪开成堆的箱子	
18. 当发现重大盘点错误时，考虑扩大监盘范围	
19. 对于那些没有盘点的其他项目，复印或列出明细信息，以便它们能与存货清单一致	
20. 对检查发现的差异，进行适当处理 （1）查明差异原因 （2）及时提请被审计单位更正 （3）如果差异较大，应当扩大检查范围或提请被审计单位重新盘点	
21. 特别关注存货的移动情况，防止遗漏或重复盘点	
22. 特别关注存货的状况，观察被审计单位是否已经恰当区分所有毁损、陈旧、过时及残次的存货	
23. 对特殊类型的存货，考虑实施追加的审计程序	
24. 获取盘点日前后存货收发及移动的凭证，检查库存记录与会计记录期末截止是否正确 （1）存货采购截止 ①检查盘点日前最后的与盘点日后最前的×张入库单或验收报告，确定截止是否正确 ②如有必要，选择重要存货项目，核对其在盘点汇总记录和会计记录中的数量，确定是否一致，截止是否恰当 ③如果被审计单位期末存货明细记录可以依赖，将从验收报告中选取的样本与永续盘存明细记录核对，确定是否一致 （2）存货销售截止 ①检查盘点日前最后的与盘点日后最前的×张出库单或发运报告，确定截止是否正确 ②如有必要，选择重要存货项目，核对其在盘点汇总记录和会计记录中的数量，确定范围是否一致，截止是否恰当 ③如果期末存货明细记录可以信赖，将从发运报告中选取的样本与永续盘存明细记录核对，确定是否一致 （3）在途货物及部门间流动截止 ①检查盘点日前后一段时期的文件样本，包括截止期前最后的和截止期后最前的×份文件 ②如有必要，选择重要存货项目，核对其在盘点汇总记录和会计记录中的数量，确定范围是否一致，截止是否恰当	
三、监盘后，复核盘点结果，完成存货监盘报告	

续表

审计程序	索引号
25. 在被审计单位存货盘点结束前，再次观察盘点现场，以确定所有应纳入盘点范围的存货是否均已盘点	
26. 在被审计单位存货盘点结束前，取得并检查已填用、作废及未使用的盘点表单及号码记录 （1）确定其是否连续编号 （2）如盘点表未预先编号，记录已使用盘点表的数量或进行复印 （3）提请被审计单位画去盘点表上所有空白部分 （4）查明已发放的表单是否均已收回 （5）与存货盘点汇总记录进行核对 （6）必要时，将盘点表上的事项与检查记录进行核对	
27. 取得并复核盘点结果汇总记录，形成存货盘点报告（记录），完成存货监盘报告 （1）评估其是否正确地反映了实际盘点结果 （2）确定盘点结果汇总记录中未包括所有权不属于被审计单位的货物 （3）选择盘点结果汇总记录中的项目，查至原始盘点表，以确定没有混入不应包括在内的存货项目 （4）选择价值较大的存货项目，和上期相同项目的库存数量比较，获取异常变动的信息	
28. 如果盘点日与资产负债表日一致，且被审计单位使用永续盘存记录来确定期末数，应当考虑对永续盘存记录实施适当的审计程序，并作必要的监盘	
29. 如果存货盘点日不是资产负债表日，应当实施适当的审计程序，确定盘点日与资产负债表日之间存货的变动是否已作出正确的记录；编制存货抽盘核对表，将盘点日的存货调整为资产负债表日的存货，并分析差异	
30. 在永续盘存制下，如果永续盘存记录与存货盘点结果之间出现重大差异，应当实施追加的审计程序，查明原因并检查永续盘存记录是否已作出适当的调整	
31. 如果认为被审计单位的盘点方式及其结果无效，注册会计师应当提请被审计单位重新盘点	
四、特殊情况的处理	
32. 如果由于被审计单位存货的性质或位置等原因无法实施存货监盘，注册会计师应当考虑能否实施下列替代审计程序 （1）检查进货交易凭证或生产记录以及其他相关资料 （2）检查资产负债表日后发生的销货交易凭证 （3）向顾客或供应商函证	

续表

审计程序	索引号
33. 如果因不可预见的因素无法在预定日期实施存货监盘，或接受委托时被审计单位的期末存货盘点已经完成，注册会计师应当实施下列审计程序 （1）评估与存货相关的内部控制的有效性 （2）对存货进行适当检查或提请被审计单位另择日期重新盘点 （3）测试在该期间发生的存货交易，以获取有关期末存货数量和状况的充分、适当的审计证据	
34. 对被审计单位委托其他单位保管的或已作质押的存货，注册会计师应当实施下列审计程序 （1）向保管人或债权人函证 （2）如果此类存货的金额占流动资产或总资产的比例较大，还应当考虑实施存货监盘或利用其他注册会计师的工作	
35. 当首次接受委托未能对上期期末存货实施监盘，且该存货对本期财务报表存在重大影响时，应当实施下列一项或多项审计程序 （1）查阅前任注册会计师的工作底稿 （2）复核上期存货盘点记录及文件 （3）检查上期存货交易记录 （4）运用毛利百分比法等进行分析	
36. 确定存货监盘的审计结论	

表 2-39　**存货监盘结果汇总表**

被审计单位：PL 机械股份有限公司　　索引号：ZI5-2
项目：存货监盘结果汇总表　　财务报表截止日/期间：2013 年 12 月 31 日
编制：程某　　日　期：2014 年 2 月 18 日
复核：赵某　　日　期：2014 年 2 月 25 日

存货类别	存货名称	计量单位	监盘数量	未确认盘点报告数量	差异数量	差异原因	索引号	审计确认盘点报告数量
原材料	生铁	吨	496	496	0			496
原材料	铝锭	吨	53.5	53.5	0			53.5
原材料	电器元件	套	139	139	0			139
原材料	轴承	套	7 155	7 155	0			7 155
原材料	标准件	套	57	57	0			57
原材料	液压件	套	6	6	0			6
包装物	包装木箱	个	50	50	0			50

续表

存货类别	存货名称	计量单位	监盘数量	未确认盘点报告数量	差异数量	差异原因	索引号	审计确认盘点报告数量
库存商品	立竣一号机床	台	73	73	0			73
库存商品	立竣二号机床	台	40	39	1	在结转成本时，多结转一台		40

监盘人员签名：王某　　程某

审计说明：经调整，存货数量可以确定。

编制说明：本表适用于监盘日（盘点日）为财务报表截止日的情况。

表 2-40　　**存货跌价准备测试表**

被审计单位：PL 机械股份有限公司　　索引号：ZI8

项目：存货跌价准备测试表　　财务报表截止日/期间：2013 年 12 月 31 日

编制：程某　　日　期：2014 年 2 月 18 日

复核：赵某　　日　期：2014 年 2 月 25 日

单位：元

序号	存货明细项目	期末余额	期末可变现净值	期末应计提跌价准备	期末已计提跌价准备	本期应补提跌价准备
1	立竣一号机床	5 878 969. 60	5 813 969. 60	65 000. 00	35 000. 00	30 000. 00
2	生铁	749 100. 00	708 100. 00	41 000. 00	22 600. 00	18 400. 00
合计						

审计说明：存货跌价准备余额可以确定。

（二）应付职工薪酬的实质性程序

职工薪酬是企业支付给员工的劳动报酬，其主要核算方式有计时制和计件制两种。职工薪酬可能采用现金的形式支付，因而相对于其他业务更容易发生错误或舞弊行为，如虚报冒领、重复支付和贪污等。同时，职工薪酬有时是构成企业成本费用的重要项目，所以在审计中便显得十分重要。

1. 应付职工薪酬的审计目标

应付职工薪酬的审计目标一般应包括：（1）确定应付职工薪酬计提和支出的记录是否完整，计提依据是否合理；（2）确定应付职工薪酬期末余额是否正确；（3）确定应付职工薪酬的披露是否恰当。

2. 应付职工薪酬的实质性程序

（1）获取或编制应付职工薪酬明细表，复核加计是否正确，并与报表数、总账数和明细账合计数核对是否相符。

（2）实施实质性分析程序如下：

①针对已识别需要运用分析程序的有关项目，并基于对被审计单位及其环境的了解，通过进行以下比较，同时考虑有关数据间关系的影响，以建立有关数据的期望值；

②确定可接受的差异额；

③将实际的情况与期望值相比较，以识别需要进一步调查的差异额；

④如果其差异额超过可接受的差异额，调查并获取充分的解释和恰当的佐证审计证据（如通过检查相关的凭证）；

⑤评估实质性分析程序的测试结果。

（3）检查工薪、资金、津贴和补贴：

①计提是否正确，依据是否充分。将执行的工薪标准与有关规定核对，并对工薪总额进行测试；被审计单位如果实行工效挂钩的，应取得有关主管部门确认的效益工薪发放额认定证明，结合有关合同文件和实际完成的指标，检查其计提额是否正确，是否应作纳税调整。

②检查分配方法与上年是否一致。除因解除与职工劳动关系给予的补偿直接计入管理费用外，被审计单位是否根据职工提供服务的受益对象，应由生产产品、提供劳务负担的职工薪酬，计入产品成本或劳务成本；应由在建工程、无形资产负担的职工薪酬，计入建造固定资产或无形资产；被审计单位为外商投资企业，按规定从净利润中提取的职工奖励及福利基金，是否以董事会决议为依据，相应记入“利润分配——提取的职工奖励及福利基金”账户；其他职工薪酬，是否计入当期损益。

③检查发放金额是否正确，代扣的款项及其金额是否正确。

④检查是否存在属于拖欠性质的职工薪酬，并了解拖欠的原因。

（4）检查社会保险费（包括医疗、养老、失业、工伤、生育保险费）、住房公积金、工会经费和职工教育费等计提（分配）和支付（使用）的会计处理是否正确，依据是否充分。

（5）检查辞退福利：

①对于职工没有选择权的辞退计划，检查按辞退职工数量、辞退补偿标准计提辞退福利负债的金额是否正确；

②对于自愿接受裁减的建议，检查按接受裁减建议的预计职工数量、辞退补偿标准（该标准确定）等计提辞退福利负债的金额是否正确；

③检查实质性辞退工作在一年内完成，但付款时间超过一年的辞退福利，是否按折现后的金额计量，折现率的选择是否合理；

④检查计提辞退福利负债的会计处理是否正确，是否将计提金额计入当期管理费用；

⑤检查辞退福利支付凭证是否真实正确。

（6）检查非货币性福利：

①检查将自产产品发放给职工的非货币性福利，是否根据受益对象，按照该产品的公

允价值，计入相关资产成本或当期损益，同时确认应付职工薪酬；对于难以认定受益对象的非货币性福利，是否直接计入当期损益和应付职工薪酬。

②检查无偿向职工提供住房的非货币性福利，是否根据受益对象，将该住房每期应计提的折旧计入相关资产成本或当期损益，同时确认应付职工薪酬。对于难以认定受益对象的非货币性福利，是否直接计入当期损益和应付职工薪酬。

③检查租赁住房等资产供职工无偿使用的非货币性福利，是否根据受益对象，将每期应付租金计入相关资产成本或当期损益，并确认应付职工薪酬。对于难以认定受益对象的非货币性福利，是否直接计入当期损益和应付职工薪酬。

（7）检查应付职工薪酬的期后付款情况，并关注在资产负债表日至财务报表批准报出日之间，是否有确凿证据表明需要调整资产负债表日原确认的应付职工薪酬事项。

（8）检查应付职工薪酬是否已按照企业会计准则的规定在财务报表中作出恰当的列报。

【例 2-13】沿用例 2-11，注册会计师对 PL 机械股份有限公司应付职工薪酬项目进行审计，实施了相应的审计程序，并编制了相应的工作底稿，见表 2-41 至表 2-44。

表 2-41　**应付职工薪酬实质性程序**

被审计单位：PL 机械股份有限公司　　索引号：FF

项目：应付职工薪酬实质性程序　　财务报表截止日/期间：2013 年 12 月 31 日

编制：程某　　日　期：2014 年 2 月 19 日

复核：赵某　　日　期：2014 年 3 月 2 日

项　目			财务报表认定				
			存在	完整性	权利和义务	计价和分摊	列报
评估的重大错报风险水平①			✓	✓	✓	✓	✓
从控制测试获取的保证程度②			✓	✓	✓	✓	✓
需从实质性程序获取的保证程度							
计划实施的实质性程序③	索引号	执行人					
1. 获取或编制应付职工薪酬明细表，复核加计是否正确，并与报表数、总账数和明细账合计数核对是否相符	FF2	胡某				✓	
2. 检查工资、资金、津贴和补贴	FF3（略） FF4（略） FF5	胡某	✓	✓		✓	
3. 检查社会保险费（包括医疗、失业、养老、工伤、生育保险费）、住房公积金、工会经费和职工教育经费等计提（分配）和支付（使用）的会计处理是否正确，依据是否充分	FF3（略） FF4（略） FF5	胡某	✓	✓		✓	

续表

项目			财务报表认定				
			存在	完整性	权利和义务	计价和分摊	列报
4. 检查应付职工薪酬是否已按照企业会计准则的规定在财务报表中作出恰当的披露	FF1	张某					✓
……							

注：1. 结果取自风险评估工作底稿。

2. 结果取自该项目所属业务循环内部控制工作底稿。

3. 计划实施的实质性程序与财务报表认定之间的对应关系用“✓”表示。

表 2-42　**应付职工薪酬明细表**

被审计单位：PL 机械股份有限公司　　索引号：FF2

项目：应付职工薪酬明细表　　财务报表截止日/期间：2013 年 12 月 31 日

编制：胡某　　日　期：2014 年 2 月 19 日

复核：张某　　日　期：2014 年 3 月 2 日

单位：元

项目名称	期初数	本期增加	本期减少	期末数	备注
1. 工资	0.00	4 590 800.00	4 590 800.00	0.00	
2. 奖金					
3. 津贴					
4. 补贴					
5. 职工福利	41 667.30	642 712.00	627 082.30	57 297.00	
6. 社会保险费					
（1）医疗保险费	21 632.00	259 584.00	259 584.00	21 632.00	
（2）养老保险费	54 080.00	648 960.00	648 960.00	54 080.00	
（3）失业保险费	5 408.00	64 896.00	64 896.00	5 408.00	
（4）工伤保险费	2 704.00	32 448.00	32 448.00	2 704.00	
（5）生育保险费					
7. 住房公积金	13 520.00	162 240.00	162 240.00	13 520.00	
8. 工会经费	12 000.00	91 816.00	85 723.00	18 093.00	
9. 职工教育经费	9 000.0	68 862.00	69 292.25	8 569.75	12 月培训管理人员的费用 5 000 元计入了管理费用，应当重分类调整
10. 非货币性福利					

续表

项目名称	期初数	本期增加	本期减少	期末数	备注
11. 辞退福利					
12. 以现金结算的股份支付	0.00	25 950.00		25 950.00	
……					
合计	160 011.30	6 588 268.00	6 541 025.55	207 253.75	

审计说明：编制调整分录如下：

借：应付职工薪酬——职工教育经费　　5 000

　贷：管理费用　　5 000

经审计调整后，余额可以确认。

表 2-43　**应付职工薪酬（支付）检查情况表**

被审计单位：PL 机械股份有限公司　　索引号：FF5

项目：应付职工薪酬（支付）检查情况表　　财务报表截止日/期间：2013 年 12 月 31 日

编制：胡某　　日　期：2014 年 2 月 19 日

复核：张某　　日　期：2014 年 3 月 2 日

记账日期	凭证编号	业务内容	对应科目	金额（元）	核对内容（用“✓”、“✕”表示）					备注
2013 年 12 月 16 日	现付 9	发放工资	库存现金	304 650.00						
2013 年 12 月 28 日	银付 53	划付职工保险及住房公积金	银行存款	97 344.00						

核对内容说明：1. 原始凭证是否齐全；2. 记账凭证与原始凭证是否相符；3. 账务处理是否正确；4. 是否记录于恰当的会计期间……

审计说明：抽查 12 月的应付职工薪酬，无异常情况，但是在管理费用中发现一笔培训管理人员的费用 5000.00 元应重分类调整至应付职工薪酬——职工教育经费。

表 2-44　**应付职工薪酬审定表**

被审计单位：PL 机械股份有限公司　　索引号：FF1

项目：应付职工薪酬审定表　　财务报表截止日/期间：2013 年 12 月 31 日

编制：张某　　日　期：2014 年 2 月 19 日

复核：刘某　　日　期：2014 年 3 月 2 日

单位：元

项目名称	期末未审数	账项调整		重分类调整		期末审定数	上期审定数	索引号
		借方	贷方	借方	贷方			
1. 工资	0.00					0.00	0.00	
2. 奖金								

续表

项目名称	期末末审数	账项调整		重分类调整		期末审定数	上期审定数	索引号
		借方	贷方	借方	贷方			
3. 津贴								
4. 补贴								
5. 职工福利	57 297.00					57 297.00	41 667.30	
6. 社会保险费								
(1) 医疗保险费	21 632.00					21 632.00	21 632.00	
(2) 养老保险费	54 080.00					54 080.00	54 080.00	
(3) 失业保险费	5 408.00					5 408.00	5 408.00	
(4) 工伤保险费	2 704.00					2 704.00	2 704.00	
(5) 生育保险费								
7. 住房公积金	13 520.00					13 520.00	13 520.00	
8. 工会经费	18 093.00					18 093.00	12 000.00	
9. 职工教育经费	13 569.75	5 000.00				8 569.75	9 000.00	
10. 非货币性福利								
11. 辞退福利								
12. 以现金结算的股份支付	25 950.00					25 950.00	0.00	
……								
合计	212 253.75					207 253.75	160 011.30	

审计结论：经审计调整，余额可以确认。

项目四　投资与筹资循环的审计

任务描述：

了解投资与筹资循环的内容，明确投资与筹资循环的审计目标，能够根据投资与筹资循环的特点实施控制测试和实质性程序，并能准确地将对投资与筹资循环的审计工作记录于审计工作底稿。

技能目标：

1. 能简单设计企业投资与筹资循环的内部控制制度。
2. 能根据投资与筹资循环的特点实施控制测试。
3. 能根据投资与筹资循环的特点实施实质性程序。
4. 能准确地将对投资与筹资循环的审计工作记录于审计工作底稿。

知识目标：

1. 了解投资与筹资循环内部控制的内容。

2. 明确投资与筹资循环的审计目标。

3. 熟悉投资与筹资循环的控制测试程序。

4. 熟悉投资与筹资循环的实质性程序。

5. 掌握投资与筹资循环审计工作底稿的编制方法。

情境导入：

某会计师事务所接受JL公司的委托，对该公司2013年度财务报表进行审计，并安排经验丰富的张某负责审计实施。在该年度内，JL公司向银行申请到了一笔长期贷款。贷款合同规定：

（1）贷款以公司存货和应收账款为担保。

（2）JL公司债务与所有者权益之比应经常保持不高于2：1。

（3）非经银行同意不得派发股利。

（4）自2011年7月1日起分期偿还贷款。

如果不考虑相关的内部控制制度，该注册会计师审查上述长期贷款项目时，应包括哪些审计程序？

任务一　投资与筹资循环的控制测试

投资与筹资循环是企业四大业务循环之一，其由投资活动和筹资活动的交易事项构成，投资活动主要由权益性投资交易和债权性投资交易组成，筹资活动主要由借款交易和股东权益交易组成。

（一）投资与筹资循环的内部控制

1. 投资与筹资循环的特点

（1）投资与筹资循环同货币资金和其他业务循环的关系。一个企业最初便是通过投资与筹资循环获取货币资金，企业用此循环获取的一部分货币资金通过购货与付款循环去购买生产经营所需要的资源和劳务，并用这些资源和劳务通过生产与存货循环，生产出待销售的商品或提供服务，然后通过销售与收款循环，将这些已完工的商品或服务出售给顾客以换回货币资金。可见，投资与筹资循环是货币资金的初始来源，它与其他业务循环也有间接的关系。一般情况下，投资与筹资循环在审计年度内发生的业务较少，尤其是举借长期债务、所有者权益和长期投资等业务发生的次数很少；该循环内的每一笔业务所涉金额通常都较大，遗漏或不恰当地进行会计处理，将会导致重大错误，从而对会计报表的公允反映产生较大的影响；业务的发生必须更多地遵守国家法律、法规和相关契约的规定。

（2）投资与筹资循环涉及的凭证和会计记录。主要有：①股票、债券和债券契约。②经纪人通知书。③企业的章程及有关协议。④投资协议。⑤公司债券存根簿。⑥股东名册。⑦承销或包销协议。⑧借款合同或协议。⑨有关记账凭证。⑩有关的明细账和总账。

2. 投资与筹资循环内部控制制度的主要内容

（1）筹资的内部控制制度的主要内容包括：

①授权审批制度。借款、发行债券以及债券本金的偿还和购回业务都应经过相应的授权审批程序。只有经过批准才能进行增资或减资业务、发放股票股利、进行股票分割。

②受托管理制度。企业发行证券应委托银行或信托投资机构来办理，受托人行使保护证券发行人和持有人合法权益的职责，并监督企业按照有关约定按时履行义务。

③合同或契约制度。企业筹资必须签订借款合同或协议、债券契约、承销或包销协议或合同等相关法律性文件。

④职责分工制度。首先，筹资计划编制人与审批人应适当分离，以有利于审批人从独立的立场来评判计划的优劣。其次，经办人员不能接触会计记录，通常由独立的机构代理发行股票或债券。再次，会计记录人同负责收、付款的人应相分离，有条件的应聘请独立的机构负责支付业务。最后，证券保管人员同会计记录人员应相分离。

⑤定期核对制度。如果企业保存证券持有人明细账，则应同总分类账核对是否相符；若企业证券持有人明细账由外部机构保存，则必须定期和外部机构核对是否相符。

⑥保管制度。企业发行证券的相关文件、各种凭证、账簿和登记簿以及未发行的证券等都必须指定专人保管或委托独立机构代为保管，以防丢失，被盗或毁损，给企业造成不必要的损失。

⑦会计核算控制制度。筹资业务的会计处理较复杂，必须保证及时地按正确的金额、符合有关规定的核算方法，在适当的账户和正确的会计期间予以记录、披露。对于已发行的证券，还应设立相应的登记簿备查。

（2）投资的内部控制制度的主要内容包括：

①授权控制。一般授权：一般投资应由企业的主管经理负责管理，并聘用专人负责经营，授予经营决策权。在执行投资决策前，应经主管经理批准。特殊授权：重大的投资项目关系到企业的兴衰存亡，应该由董事会组成投资小组进行可行性研究，执行时由董事会批准。投资资产的出售和回收也同样应经过授权和批准才能进行。

②合理的职责分工制度。在业务的授权、执行、会计记录以及投资资产的保管等方面都应有明确的分工，任何两个环节不得由一人或一个机构独立负责。常见分工：企业高层管理机构核准后，可由高层负责人员授权签批，由财务经理办理具体的股票或债券买卖业务，由会计部门负责进行账务处理，并由专人负责保管。

③对投资凭证的保管。委托证券经纪人代为保管；将各项投资凭证存放在银行保管箱内；自行保管，应设置安全可靠的保管箱，并建立严格的联合控制制度。

④健全的会计核算制度。完整的会计记录和相关的会计核算。控制测试：抽查投资业务的会计记录，判断其会计处理过程是否合规、真实、完整，以判断会计核算制度是否得到有效执行。

⑤严格的记名登记制度。除无记名证券外，股票或债券应在购入的当日及时登记于企业名下，切忌登记于经办人员名下，以防止冒名转移并借其他名义谋取私利的舞弊行为发生。

⑥完善的盘点核对制度。企业所拥有的投资如果委托专业机构保管，应该建立起定期核对制度。如果投资存放在企业内部，应该由独立于投资授权、买卖、保管、记录的人员进行定期盘点。

（二）投资与筹资循环内部控制的测试

1. 投资与筹资循环内部控制的特点

投资与筹资循环是企业资金活动的重要环节，为了促进企业正常组织资金活动，防范和控制资金风险，保证资金安全，提高资金使用效益，企业应当根据自身发展战略，科学确定投融资目标和规划，完善严格的资金授权、批准、审验等相关管理制度，加强资金活动的集中归口管理，明确筹资、投资等各环节的职责权限和岗位分离要求，定期或不定期检查和评价资金活动情况，落实责任追究制度，确保资金安全和有效运行。

一般而言，一个良好的筹资内部控制应该做到以下几点：

（1）根据筹资目标和规划，结合年度全面预算，拟订筹资方案，明确筹资用途、规模、结构和方式等相关内容，对筹资成本和潜在风险作出充分估计。

（2）对筹资方案进行科学论证，不得依据未经论证的方案开展筹资活动。

（3）对筹资方案进行严格审批，重点关注筹资用途的可行性和相应的偿债能力。

（4）根据批准的筹资方案，严格按照规定权限和程序筹集资金。

（5）严格按照筹资方案确定的用途使用资金，严禁擅自改变资金用途。

（6）加强债务偿还和股利支付环节的管理，对偿还本息和支付股利等作出适当安排。

（7）建立筹资业务的记录、凭证和账簿，按照国家统一的会计准则制度，正确核算和监督资金筹集、本息偿还、股利支付等相关业务，妥善保管筹资合同或协议、收款凭证等资料，定期与资金提供方进行账务核对。

上述几点是一个良好的筹资内部控制应该做到的，同样，一个良好的投资内部控制也应该做到以下几点：

（1）根据投资目标和规划，合理安排资金投放结构，科学确定投资项目，拟订投资方案，重点关注投资项目的收益和风险。

（2）对投资方案的可行性进行研究，重点对投资目标、规划、方式、资金来源、风险与收益等作出客观评价。

（3）按照规定的权限和程序对投资项目进行决策审批。

（4）根据批准的投资方案，与被投资方签订投资合同或协议，明确出资时间、金额等内容，按规定的权限和程序审批后履行投资合同和协议。

（5）建立对投资项目的会计系统控制，根据对被投资方的影响程度，合理确定投资会计政策，建立投资管理台账，详细记录与投资有关的交易或事项，并妥善保管各种凭证。

（6）对投资收回和处置环节实施控制，对投资收回，转让、核销等决策和审批程序作出明确规定。

2. 筹资内部控制测试程序

（1）了解筹资内部控制制度。一般而言应了解的内容包括：索取各筹资活动的董事会决议、借款合同或协议、债券契约、承销或包销协议，检查授权是否恰当，手续是否齐全；筹资业务的职责是否分离；检查内部检查人员的报告或他们所核查凭证上的签字等。

（2）进行简易抽查。从有关的明细账中选择若干笔业务进行抽查，按从证到账的顺序，核对有关数据，判断其会计处理过程是否合规完整，检查筹集资金是否存入银行。

（3）评价投资内部控制制度。在完成上述各步骤，取得了有关内部控制制度是否健全、有效的证据，并在工作底稿中标明了内部控制的强弱点后，即可对内部控制制度进行评价，确认对内部控制制度的有效性，进而确定实质性测试的程序和重点。

3. 投资内部控制测试程序

（1）了解投资内部控制制度。一般而言应了解的内容包括：投资项目是否经授权批准，投资金额是否及时入账；是否与被投资单位签订了投资合同、协议，是否获取了被投资单位出具的投资证明；投资的核算方法是否符合有关企业会计准则的规定，相关投资收益的会计处理是否正确，手续是否齐全；有价证券的买卖是否经恰当授权，是否妥善保管并定期盘点核对。

（2）进行简易抽查。注册会计师应抽查投资业务的会计记录。

（3）审阅内部盘核报告。注册会计师应审阅内部审计人员和其他授权人员对投资资产进行定期盘核的报告。应审阅其盘点方法是否恰当，盘点结果与会计记录相核对的情况以及出现差异的处理是否合规。

（4）分析企业投资业务管理报告。对于企业的长期投资，注册会计师应对照有关投资方面的文件和凭证，分析企业的投资业务管理报告，从而判断企业长期投资业务的管理情况。

（5）评价投资内部控制制度。在完成上述各步骤，取得了有关内部控制制度是否健全、有效的证据，并在工作底稿中标明了内部控制的强弱点后，即可对内部控制制度进行评价，确认对内部控制制度的有效性，进而确定实质性测试的程序和重点。

【例 2-14】某会计师事务所的注册会计师张某在审计 F 公司 2013 年度会计报表前，收集了该公司的相关内部控制制度，下面是该公司重要内部控制制度的摘要。请分别回答针对每个摘要所提的问题。

（1）关于投资业务的重要内部控制制度摘要："每月月末，对本公司自行保管的投资证券，由内部审计人员或其他不参与投资业务的人员定期盘点，对委托外部机构代为保管的投资证券，由独立人员定期与之进行核对。"这一制度主要是为了实现关于投资业务哪两个方面的控制目标？与这些目标相应的管理当局认定是什么？与这些目标相应的主要实质性测试程序是什么？

（2）关于筹资业务的重要内部控制制度摘要："建立严密、完善的账簿体系和记录制度，核算方法符合会计准则和会计制度的规定。"

这一制度主要是为了实现关于筹资业务哪一个方面的控制目标？与这一目标相应的管理当局认定是什么？与这一目标相应的主要控制测试程序是什么？

（3）关于工薪内部控制制度的摘要："人事、考勤、工薪发放、记录等职务相互分离。"这一制度主要是为了实现关于工薪内部控制的哪一个控制目标？与这一目标相应的主要符合性测试程序是什么？

分析如下：

（1）关于投资业务的重要内部控制制度：

①内部控制目标：投资均为被审计单位所拥有、投资在资产负债表日存在。

②管理当局认定：权利与义务、存在或发生。

③实质性测试程序：参与盘点证券投资资产、向委托的专门保管机构函证。

（2）关于筹资业务的重要内部控制制度：

①内部控制目标：借款和所有者权益的期末余额正确。

②管理当局认定：计价和分摊。

③控制测试程序：抽查筹资业务的会计记录。从明细账抽取部分会计记录，按原始凭

证到明细账、总账的顺序核对有关数据和情况，判断其会计处理的过程是否合规和完整。

（3）关于工薪内部控制制度

①内部控制目标：人事、考勤、工薪发放、记录之间相互分离。

②符合性测试程序：询问和观察人事、考勤、工薪发放、记录等各项职责的执行情况，核实各项职责是否分离。

任务二　短期借款的实质性程序

（一）短期借款的审计目标

短期借款是指企业为了生产经营的需要，弥补流动资产的不足，而向银行和其他金融机构借入的偿还期在1年以内的各种借款。短期借款审计是对企业借入的期限在1年以内的各种借款进行的审查。审计人员对于短期借款的审计，主要从其会计期末余额的金额，占负债总额比例的大小，往年审查发现问题的概率，相关的内部控制制度的强弱程度以及企业的理财业务等方面入手。

短期借款的审计目标一般应包括：

（1）确定被审计单位资产负债表中短期借款期末余额在资产负债表日是否确实存在。

（2）确定被审计单位所有应当记录的短期借款业务是否均已记录完毕，有无遗漏。

（3）确定记录的短期借款是否为被审计单位所应承担的义务。

（4）确定短期借款以恰当的金额列报在财务报表中，与之相关的计价调整已恰当记录。

（5）确定短期借款是否已按照企业会计准则的规定在财务报表中做出恰当列报。

（二）短期借款的实质性程序

（1）获取或编制短期借款明细表，复核其加计数是否正确，并与明细账合计数、总账和报表数核对是否相符。检查非记账本位币短期借款的折算汇率及折算金额是否正确，折算方法是否前后一致。填制短期借款审定表中的未审数。

（2）检查被审计单位贷款卡，核实账面记录是否完整。对被审计单位贷款卡上列示的信息与账面记录核对的差异进行分析，并关注贷款卡中列示的被审计单位对外担保的信息。

（3）函证短期借款的实有数。一般针对余额较大或认为有必要函证的短期借款。

（4）检查短期借款的增加和减少。对年内增加的短期借款，检查借款合同和授权批准，了解借款数额、借款用途、借款条件、借款日期、还款期限和借款利率等，并与相关的会计记录相核对；对年度内减少的短期借款，应检查相关记录和原始凭证，核对还款数额，并与银行存款日记账及银行对账单核对，验证各项短期借款的金额、日期和利率是否正确。填制短期借款检查情况表。

（5）检查有无到期未偿还的短期借款。若有到期未偿还的借款，检查是否已提出延期申请，并办理有关手续。

（6）复核短期借款利息，查明是否有多计或少计利息；检查借款费用的会计处理是否正确。

（7）检查短期借款是否已按照企业会计准则的规定在财务报表中做出恰当的列报；

检查被审计单位短期借款是否按信用借款、抵押借款、质押借款、保证借款分别披露；检查期末逾期借款是否按贷款单位、借款金额、逾期时间、年利率、逾期未偿还原因和预期还款期等进行披露。填制短期借款审定表。

【例 2-15】 某会计师事务所接受 JL 公司的委托，对该公司 2013 年度财务报表进行审计，并安排经验丰富的张某负责审计实施。2014 年 1 月 22 日，张某对该公司短期借款进行实质性测试，实施的审计程序主要有：

（1）获取短期借款明细表（见表 2-45）。

表 2-45　　**短期借款明细表**　　单位：元

项目	2012 年 12 月 31 日	本期增加	本期减少	2013 年 12 月 31 日
票据贴现	12 722 340.00	5 085 745.09	12 722 340.00	5 085 745.09
P 银行		10 000 000.00		10 000 000.00
合计	12 722 340.00	15 085 745.09	12 722 340.00	15 085 745.09

（2）张某检查了本期增加的向 P 银行的借款，主要检查了借款合同、贷款卡等。张某原来在函证 P 银行存款的同时也函证了该笔短期借款。另外，还审阅和核对了该笔借款的会计分录，认为该笔借款分录是真实存在的，记录准确。JL 公司向 P 银行的详细借款信息见表 2-46。

表 2-46　　**JL 公司向 P 银行的详细借款信息表**

项目	类别	金额（元）	借款起始日	借款到期日	担保单位	利率
P 银行	担保	10 000 000.00	2013 年 5 月 7 日	2014 年 4 月 7 日	JF 公司	固定利率

填制完 JL 公司向 P 银行的详细借款信息表之后，又填制了短期借款检查情况表，见表 2-47。

表 2-47　　**短期借款检查情况表**

被审计单位：JL 公司　　索引号：FA2

项目：短期借款检查情况表　　财务报表截止日/期间：2013 年 12 月 31 日

编制：张某　　日　期：2014 年 1 月 22 日

复核：李某　　日　期：2014 年 1 月 23 日

记账日期	凭证编号	业务内容	对应科目	金额（元）	核对内容（用“√”、“×”表示）					备注
					1	2	3	4	5	
2013 年 5 月 7 日	银收 10 号	短期借款	银行存款	10 000 000.00	√	√	√	√		

续表

记账日期	凭证编号	业务内容	对应科目	金额（元）	核对内容（用“√”、“×”表示）					备注
					1	2	3	4	5	
……										

核对内容说明：1. 原始凭证是否齐全；2. 记账凭证与原始凭证是否相符；3. 账务处理是否正确；4. 是否记录于恰当的会计期间……

审计结论：短期借款账务处理正确、恰当。

（3）复核短期借款利息，编制借款信息表，见表2-48。

表2-48　**JL公司向P银行的详细借款信息表**　单位：元

银行名称	借款起始日	借款到期日	金额	利率	占用天数	应付利息
P银行	2013年5月7日	2013年12月31日	10 000 000.00	6.24%	239	414 067.50

编制完短期借款利息复算表之后，再填制利息分配检查情况表，见表2-49。

表2-49　**利息分配检查情况表**

被审计单位：JL公司　索引号：FA3

项目：利息分配检查情况表　财务报表截止日/期间：2013年12月31日

编制：张某　日　期：2014年1月22日

复核：李某　日　期：2014年1月23日

单位：元

项目名称	实际利息	核对内容（用“√”、“×”表示）						核对是否正确	差异原因分析
		财务费用	在建工程	制造费用	研发支出	……	合计		
短期借款——P银行	414 067.50	414 067.50					414 067.50	是	
……									

审计结论：经审计，可以认可被审计单位的利息分配。

（4）检查短期借款是否已按照企业会计准则的规定在财务报表中做出恰当的列报；检查被审计单位短期借款是否按信用借款、抵押借款、质押借款、保证借款分别披露；检查期末逾期借款是否按贷款单位、借款金额、逾期时间、年利率、逾期未偿还原因和预期还款期等进行披露。填制短期借款审定表，见表2-50。

表 2-50　　**短期借款审定表**

被审计单位：JL 公司　　索引号：FA1

项目：短期借款审定表　　财务报表截止日/期间：2013 年 12 月 31 日

编制：张某　　日　期：2014 年 1 月 22 日

复核：李某　　日　期：2014 年 1 月 23 日

单位：元

项目名称	期末未审数	账项调整		重分类调整		期末审定数	上期末审定数	索引号
		借方	贷方	借方	贷方			
信用借款								
抵押借款								
质押借款	5 085 745.09						5 085 745.09	
保证借款	10 000 000.00						10 000 000.00	
合计	15 085 745.09						15 085 745.09	

审计结论：经审计，被审计单位短期借款的余额可以确认。

任务三　长期借款的实质性程序

（一）长期借款审计目标

长期借款是指企业向金融机构和其他单位借入的偿还期限在一年或超过一年的一个营业周期以上的债务。长期借款的借贷双方会订立契约，规定借款的数额、利率、用途、偿还期限、偿还方式以及违约责任等，其金额一般较大，且多附抵押条件、担保要求。因此审计人员可以通过审阅有关借款合同及协议，核对账簿和凭证来对长期借款进行审计。

长期借款的审计目标一般应包括：

（1）确定被审计单位资产负债表的长期借款期末余额在资产负债表日是否确实存在。

（2）确定被审计单位所有应当记录的长期借款业务是否均已记录完毕，有无遗漏。

（3）确定记录的长期借款是否为被审计单位所应承担的义务。

（4）确定长期借款以恰当的金额列报在财务报表中，与之相关的计价调整已恰当记录。

（5）确定长期借款是否已按照企业会计准则的规定在财务报表中做出恰当列报。

（二）长期借款的实质性程序

（1）获取或编制长期借款明细表。复核其加计数是否正确，并与报表数、总账和明细账合计数核对是否相符，减去将于一年内偿还的长期借款后与报表数核对是否相符；检查非记账本位币长期借款的折算汇率及折算是否正确，折算方法是否前后期一致；填制长期借款审定表。

（2）检查被审计单位贷款卡，核实账面记录是否完整。对被审计单位贷款卡上列示的信息与账面记录核对的差异进行分析，并关注贷款卡中列示的被审计单位对外担保的信息。

(3) 了解金融机构对被审计单位的授予信用情况以及被审计单位的信用等级评估情况，了解被审计单位获得长期借款的抵押和担保情况，评估被审计单位的信誉和融资能力。另外，检查被审计单位抵押长期借款的抵押资产的所有权是否属于被审计单位，其价值和实际状况是否与担保契约中的规定相一致。

(4) 审查长期借款的增加和减少。对年内增加的长期借款，检查借款合同和授权批准，了解借款数额、借款用途、借款条件、借款日期、还款期限和借款利率等，并与相关的会计记录相核对。检查长期借款的减少，对年度内减少的长期借款，应检查相关记录和原始凭证，核对还款数额。若有到期未偿还的借款，检查是否已提出延期申请，并办理有关手续。

(5) 审查长期借款的使用情况，是否符合借款合同的规定，有无挪用行为，重点在使用的合理性。

(6) 函证长期借款。如果长期借款期末余额较大或审计人员认为有必要时，可向银行或者其他债权人询证，同时要求对方说明有无其他修改条款、协议及担保条件，以证实长期借款的实有数。

(7) 复核长期借款利息。根据长期借款的利率和期限，复核被审计单位长期借款的利息计算是否正确，并与“固定资产”、“在建工程”、“财务费用”等相关账户核对。若有未计利息和多计利息，应做出记录，必要时进行调整。

(8) 检查借款费用的会计处理是否正确。检查资产负债表日被审计单位是否按实际利率法正确地计算长期借款的利息费用，并正确地记入财务费用、在建工程、制造费用、研发支出等相关账户，是否按照合同利率计算应付未付利息，且记入应付利息科目，是否按其差额记入“长期借款——利息调整”账户。同时应检查专门借款和一般借款的借款费用资本化的时点、期间、资产范围、目的、用途等是否符合资本化的条件。

(9) 检查被审计单位与贷款人进行的债务重组。检查债务重组协议，确定其真实性、合法性，并检查债务重组的会计处理是否正确。

(10) 检查长期借款是否按照企业会计准则的规定在财务报表上进行充分披露。

①被审计单位是否按信用借款、抵押借款、质押借款、保证借款分别披露。

②对于期末逾期借款，是否按贷款单位、借款金额、逾期时间、年利率、逾期未偿还原因和逾期还款期等项目进行披露。

③被审计单位是否在附注中披露与借款费用有关的信息。比如当期资本化的借款费用金额和当期用于计算确定借款费用资本化金额的资本化率。

④一年内到期的长期借款是否列为一年内到期的非流动负债。

⑤被审计单位在资产负债表日或之前违反了长期借款协议，导致贷款人可随时要求清偿的负债，应当归类为流动负债。

【例 2-16】某会计师事务所继续接受 JL 公司的委托，对该公司 2013 年度财务报表进行审计，并安排经验丰富的张某负责审计实施。2014 年 1 月 22 日，张某对该公司长期借款进行实质性测试，实施的审计程序主要有：

(1) 获取长期借款明细表（见表 2-51）。

表 2-51　　**JL 公司长期借款明细表**　　单位：元

项目	2012 年 12 月 31 日	本期增加	本期减少	2013 年 12 月 31 日
H 银行	10 000 000.00		3 600 000.00	6 400 000.00
合计	10 000 000.00		3 600 000.00	6 400 000.00

（2）张某检查了本期增加的向 H 银行的借款，主要检查了借款合同、贷款卡等。张某原来在函证 H 银行存款的同时也函证了该笔长期借款。另外，还审阅和核对了该笔借款的会计分录，认为该笔借款的会计分录是真实存在的，且记录准确。张某填制了长期借款检查情况表，见表 2-52。

表 2-52　　**长期借款检查情况表**

被审计单位：JL 公司　　索引号：FK2

项目：长期借款检查情况表　　财务报表截止日/期间：2010 年 12 月 31 日

编制：张某　　日　期：2014 年 1 月 22 日

复核：李某　　日　期：2014 年 1 月 23 日

单位：元

记账日期	凭证编号	业务内容	对应科目	金额（元）	核对内容（用“✓”、“✕”表示）					备注
					1	2	3	4	5	
2013 年 7 月 31 日	银付 10 号	还款	银行存款	3 600 000.00	✓	✓	✓	✓		
……										

核对内容说明：1. 原始凭证是否齐全；2. 记账凭证与原始凭证是否相符；3. 账务处理是否正确；4. 是否记录于恰当的会计期间……

审计结论：经抽查长期借款相关凭证，未发现异常事项。

（3）复核长期借款利息，并编制详细借款信息表，见表 2-53。

表 2-53　　**详细借款信息表**　　单位：元

银行名称	借款起始日	借款到期日	金额	利率	占用天数	应付利息
H 银行	2013 年 1 月 1 日	2013 年 7 月 31 日	10 000 000.00	6.24%	213	369 022.50
H 银行	2013 年 8 月 1 日	2013 年 12 月 31 日	6 400 000.00	6.24%	153	169 646.40
合计						538 668.90

填制利息分配检查情况表，见表 2-54。

表 2-54　　**利息分配检查情况表**

被审计单位：JL 公司　　索引号：FK2

项目：利息分配检查情况表　　财务报表截止日/期间：2010 年 12 月 31 日

编制：张某　　日　期：2014 年 1 月 22 日

复核：李某　　日　期：2014 年 1 月 23 日

单位：元

项目名称	实际利息	核对内容（用“√”、“×”表示）						核对是否正确	差异原因分析
		财务费用	在建工程	制造费用	研发支出	……	合计		
长期借款——H 银行	538 668.90	169 646.40	369 022.50				538 668.90	是	
……									

审计结论：经审计，可以认可被审计单位的利息分配。

（4）检查长期借款是否按照企业会计准则的规定在财务报表上做出充分披露。

①被审计单位是否按信用借款、抵押借款、质押借款、保证借款分别披露。

②对于期末逾期借款，是否按借款单位、借款金额、逾期时间、年利率、逾期未偿还原因和预期还款期等项目进行披露。

③被审计单位是否在附注中披露与借款费用有关的信息。比如当期资本化的借款费用金额和当期用于计算确定借款费用资本化金额的资本化率。

④一年内到期的长期借款是否列为一年内到期的非流动负债。

⑤被审计单位在资产负债表日或之前违反了长期借款协议，导致贷款人可随时要求清偿的负债，应当归类为流动负债。填制长期借款审定表，见表 2-55。

表 2-55　　**长期借款审定表**

被审计单位：JL 公司　　索引号：FK1

项目：长期借款审定表　　财务报表截止日/期间：2010 年 12 月 31 日

编制：张某　　日　期：2014 年 1 月 22 日

复核：李某　　日　期：2014 年 1 月 23 日

单位：元

项目名称	期末未审数	账项调整		重分类调整		期末审定数	上期末审定数	索引号
		借方	贷方	借方	贷方			
信用借款								
抵押借款								
质押借款								
保证借款	6 400 000.00						6 400 000.00	
合计	6 400 000.00						6 400 000.00	

审计结论：经审计，被审计单位长期借款的余额可以确认。

任务四 交易性金融资产的实质性程序

(一) 交易性金融资产的审计目标

交易性金融资产的审计目标一般应包括:

(1) 确定被审计单位资产负债表的交易性金融资产期末余额在资产负债表日是否确实存在。

(2) 确定被审计单位所有应当记录的交易性金融资产业务是否均已记录完毕,有无遗漏。

(3) 确定记录的交易性金融资产是否为被审计单位所拥有或控制。

(4) 确定交易性金融资产是否以恰当的金额列报在财务报表中,与之相关的计价调整是否已恰当记录。

(5) 确定交易性金融资产是否已按照企业会计准则的规定在财务报表中做出恰当列报。

(二) 交易性金融资产的实质性程序

(1) 获取或编制交易性金融资产明细表(见表2-56),复核加计是否正确,并与报表数、总账数和明细账合计数核对是否相符;检查非记账本位币交易性金融资产的折算汇率及折算是否正确;与被审计单位讨论以确定划分为交易性金融资产是否符合企业会计准则的规定。

表2-56 **交易性金融资产明细表**

项目	期初余额	本期增加	本期减少	期末余额
股票				
合计				

(2) 就被审计单位管理层将投资确定划分为交易性金融资产的意图获取审计证据,并考虑管理层实施该意图的能力。应向管理层询问,并通过下列方式对管理层的答复予以印证:

①考虑管理层以前所述的对于划分为交易性金融资产的意图的实际实施情况。

②复核包括预算、会议纪要等在内的书面计划和其他文件记录。

③考虑管理层选择划分为交易性金融资产的理由。

④考虑管理层在既定经济环境下采取特定措施的能力。

(3) 确定交易性金融资产余额正确及存在。获取股票、债券、基金等账户对账单,与明细账余额核对,作出记录或进行适当的调整。被审计单位人员盘点交易性金融资产,编制交易性金融资产盘点表,审计人员实施监盘并检查交易性金融资产的名称、数量、票面价值、票面利率等内容,同时与相关账户余额进行核对;若有差异,查明原因,作出记录或进行适当调整。对交易性金融资产在审计工作日已售出或兑换,则追查至相关原始凭证,以确认其在资产负债表日存在。对在外保管的交易性金融资产等应查阅有关保管的文件，必要时可向保管人函证，复核并记录函证结果。了解在外保管的交易性金融资产实质上是否为委托理财，如是，则应详细记录，分析资金的安全性和可收回性，提请被审计单位重新分类，并充分披露，并填制交易性金融资产监盘表（见表2-57）。

表2-57　　**交易性金融资产监盘表**

被审计单位：________________　　索引号：　ZB5　
项目：　交易性金融资产监盘表　　财务报表截止日/期间：________
编制：________________　　日　期：________________
复核：________________　　日　期：________________

盘点日实存交易性金融资产						资产负债表日至盘点日增加（减少）		资产负债表日实存交易性金融资产					账面结存交易性金融资产			差异	备注
项目名称	数量	面值（单价）	总计	票面利率	到期日期	数量	面值（单价）	数量	面值（单价）	总计	票面利率	到期日期	数量	面值（单价）	总计		

出纳人员：　　会计主管：　　监盘地点：　　监盘时间：　　监盘人员：

注：1. 盘点时，需要与现金盘点同时进行，审计人员不要单独接触交易性金融资产；
　　2. 对放在不同位置的交易性金融资产要同时检查，以免交易性金融资产被移植影响检查的正确性。
　　审计结论：

（4）确定交易性金融资产的会计记录是否完整，并确定所购入交易性金融资产归被审计单位所拥有。通过有关账户流水单，对照检查账面记录是否完整，同时检查所购入交易性金融资产是否为被审计单位拥有。另外，向相关机构发函，确认是否存在变现限制，并记录函证过程。填制交易性金融资产函证情况汇总表（见表2-58）。

表2-58　　**交易性金融资产函证情况汇总表**

被审计单位：________________　　索引号：　ZB3　
项目：　交易性金融资产函证情况汇总表　　财务报表截止日/期间：________
编制：________________　　日　期：________________
复核：________________　　日　期：________________

项目名称	账面结存证券投资			证券交易账户流水单			函证情况					差异		
	数量	面值（单价）	总计	数量	面值（单价）	总计	函证日期	函证编号	回函日期	回函数量	回函金额	数量	金额	原因

（5）确定交易性金融资产的计价是否正确。复核交易性金融资产计价方法，检查其是否按公允价值计量，前后期是否一致。复核公允价值的取得依据是否充分；作出注册会计师的点估计或区间估计，以评价管理层的点估计，并检查公允价值与账面价值的差额是否计入了公允价值变动损益科目。填制交易性金融资产公允价值复核表（见表2-59）。

表2-59　**交易性金融资产公允价值复核表**

被审计单位：________　索引号：ZB4

项目：交易性金融资产公允价值复核表　财务报表截止日/期间：________

编制：________　日期复核：________

复核：________　日　期：________

项目名称	账面数		复核						备注
	期末数量①	期末余额②	市价③	市价来源	证券市值④=①×③	差异⑤=②-④	差异原因	与上期计价方法是否一致	

审计结论：

（6）检查交易性金融资产的增加和减少。抽取交易性金融资产增减变动的相关凭证，检查其原始凭证是否完整合法，会计处理是否正确。

（7）检查有无变现存在重大限制的交易性金融资产，如有，则查明情况，并作适当调整。

（8）检查交易性金融资产是否按照企业会计准则的规定在财务报表中作出恰当列报，并填写交易性金融资产审定表（见表2-60）。

表2-60　**交易性金融资产审定表**

被审计单位：________　索引号：ZB1

项目：交易性金融资产审定表　财务报表截止日/期间：________

编制：________　日　期：________

复核：________　日　期：________

项目名称	期末未审数	账项调整		重分类调整		期末审定数	上期末审定数	索引号
		借方	贷方	借方	贷方			
交易性债券投资								
交易性权益工具投资								
指定为以公允价值计量且其变动计入当期损益的金融资产								
衍生金融资产								

续表

项目名称	期末未审数	账项调整		重分类调整		期末审定数	上期末审定数	索引号
		借方	贷方	借方	贷方			
其他								
合计								

审计结论：

【**例 2-17**】某会计师事务所接受 JL 公司的委托，对该公司 2013 年度财务报表进行审计，并安排经验丰富的张某负责审计实施。2014 年 1 月 22 日，张某对该公司交易性金融资产进行实质性测试，实施的审计程序主要有：

（1）获取交易性金融资产明细表（见表 2-61）。

表 2-61　**JL 公司交易性金融资产明细表**　单位：元

项目	2012 年 12 月 31 日	本期增加	本期减少	2013 年 12 月 31 日
股票	0	1 046 000. 000		1 046 000. 00
合计	0	1 046 000. 00		1 046 000. 00

（2）检查交易性金融资产的增加和减少。抽取交易性金融资产增减变动的相关凭证，检查其原始凭证是否完整合法，会计处理是否正确。结果张某发现该公司当年 12 月购入 A 公司股票 8 万股，每股价格 13 元（含已宣告未发放股利 0. 5 元），另外支付交易费用 6 000元。JL 公司在购入该股票时，作了如下会计处理：

借：交易性金融资产　1 046 000

　贷：其他货币资金　1 046 000

分析：张某认为该公司财务处理不当。购入股票时会计分录应为：

借：交易性金融资产　1 000 000

　　应收股利　40 000

　　投资收益　6 000

　贷：其他货币资金　1 046 000

所以张某提请 JL 公司作如下调整分录：

借：投资收益　6 000

　　应收股利　40 000

　贷：交易性金融资产　46 000

（3）确定交易性金融资产余额正确及存在。获取股票、债券、基金等账户对账单，与明细账余额核对，做出记录或进行适当的调整。张某了解到该股票年末市场价格为每股 13. 75 元，JL 公司将持有的 A 公司股权划分为交易性金融资产，且持有 A 公司股权后对

表 2-62

交易性金融资产函证情况汇总表

被审计单位：JL 公司　　　　索引号：ZB3

项目：交易性金融资产函证情况汇总表　　　　财务报表截止日/期间：2013 年 12 月 31 日

编制：张某　　　　日　期：2014 年 1 月 22 日

复核：李某　　　　日　期：2014 年 1 月 23 日

单位：元

项目名称	账面结存证券投资			证券交易账户流水单			函证情况					差异		
	数量	面值（单价）	总计	数量	面值（单价）	总计	函证日期	函证编号	回函日期	回函数量	回函金额	数量	金额	原因
交易性金融资产（A 公司股票）	80 000 股	12.5	1 000 000	80 000 股	12.5	1 000 000	2014 年 1 月 22 日	01 号	2014 年 1 月 23 日	80 000 股	1 000 000	0	0	

其无重大影响。JL 公司年末对该股票未按公允价值进行账项调整。

分析：JL 公司年末对该股票未按公允价值做出账务处理不当，张某提请 JL 公司作如下调整分录：

借：交易性金融资产　　60 000

　贷：公允价值变动损益　　60 000

调整额＝80 000×（13.75－13）＝60 000（元）

据此，资产负债表年末数应为：交易性金融资产 1 060 000 元，应收股利 40 000 元。利润表本年数应为：公允价值变动收益 60 000 元，投资收益－6 000 元（损失）。

（4）确定交易性金融资产的会计记录是否完整，并确定所购入交易性金融资产归被审计单位所拥有。通过有关账户流水单，对照检查账面记录是否完整，同时检查所购入交易性金融资产是否为被审计单位拥有。另外，向相关机构发函，确认是否存在变现限制，并记录函证过程。填制交易性金融资产函证情况汇总表，见表 2-62。

（5）确定交易性金融资产的计价是否正确。复核交易性金融资产计价方法，检查其是否按公允价值计量，前后期是否一致。复核公允价值的取得依据是否充分，并检查公允价值与账面价值的差额是否计入了公允价值变动损益科目。填写交易性金融资产公允价值复核表，见表 2-63。

表 2-63　　**交易性金融资产公允价值复核表**

被审计单位：JL 公司　　索引号：ZB4

项目：交易性金融资产公允价值复核表　　财务报表截止日/期间：2013 年 12 月 31 日

编制：张某　　日　期：2014 年 1 月 22 日

复核：李某　　日　期：2014 年 1 月 23 日

单位：元

项目名称	账面数		复核						备注
	期末数量 ①	期末余额 ②	市价 ③	市价来源	证券市值 ④＝①×③	差异 ⑤＝②－④	差异原因	与上期计价方法是否一致	
交易性金融资产	80 000 股	1 046 000	13.25		1 060 000	－14 000	初始计量不正确导致虚增 46 000元，期末未调整	一致	

审计结论：期末计价不正确，没有进行账项调整，从而导致存在 14 000 元的差异，期末交易性金融资产少记 14 000 元。

（6）检查交易性金融资产是否按照企业会计准则的规定在财务报表中做出恰当列报，并填写交易性金融资产审定表（见表 2-64）。

表 2-64　　**交易性金融资产审定表**

被审计单位：JL 公司　　索引号：ZB1

项目：交易性金融资产审定表　　财务报表截止日/期间：2013 年 12 月 31 日

编制：张某　　日　期：2014 年 1 月 22 日

复核：李某　　日　期：2014 年 1 月 23 日

单位：元

项目名称	期末未审数	账项调整		重分类调整		期末审定数	上期末审定数	索引号
		借方	贷方	借方	贷方			
交易性债券投资	1 046 000	60 000	46 000			1 060 000	0	
交易性权益工具投资								
指定为以公允价值计量且其变动计入当期损益的金融资产								
衍生金融资产								
其他								
合计								

审计结论：JL 公司交易性金融资产年末在资产负债表上的披露不正确，年末，该公司应进行账项调整，据此，资产负债表年末数应为：交易性金融资产 1 060 0 000 元，应收股利 400 000 元。利润表本年数应为：公允价值变动收益 60 000 元，投资收益−6 000 元（损失）。

思考与练习

一、单项选择题

1. 下列文件中，不属于销售和收款循环审计中应该审查的文件是（　　）。

A. 客户对账单　　B. 生产统计表　　C. 销售合同　　D. 发运单

2. 为了确保年度内所有发出的货物均已开具发票，审计人员应从中抽取样本并与相关发票核对的样本总体是（　　）。

A. 当年的销售合同　B. 当年的销货单　C. 当年的发运单　D. 当年的订购单

3. L 注册会计师计划测试 M 公司 2014 年度主营业务收入的完整性。以下各项审计程序中，通常难以实现上述审计目标的是（　　）。

A. 从主营业务收入明细账中抽取 2014 年 12 月 31 日的明细记录，检查相应的记账凭证、发运单和销售发票

B. 抽取 2014 年 12 月 31 日的发运单，检查相应的销售发票和账簿记录

C. 抽取 2014 年 12 月 31 日开具的销售发票，检查相应的发运单和账簿记录

D. 从主营业务收入明细账中抽取 2015 年 1 月 1 日的明细记录，检查相应的记账凭

证、发运单和销售发票

4. M公司存在以下与收入确认相关的交易处理情况，其中不正确的是（　　）。

A. M公司于2014年末委托某运输公司向某企业交付一批产品。由于验收时发现部分产品破损，该企业按照合同约定要求M公司采取减价等补偿措施或全部予以退货，M公司以产品破损是运输公司的责任为由而拒绝了对方的要求。由于发货前已收到该企业预付的全部货款，M公司于2014年确认了相应主营业务收入

B. M公司拟在2014年12月按合同约定以离岸价向某外国公司出口产品时，对方告知由于其所在国开始实施外汇管制，无法承诺付款。为了开拓市场，M公司仍于2009年末交付产品，但在2014年末确认相应的主营业务收入

C. M公司于2014年12月初以每件500元（不含增值税）的价格向某公司交付了1 000件产品。双方约定，在该公司付清货款前，尽管M公司不再对所交付的产品实施继续管理和控制，但仍对尚未收款的部分产品保留法定所有权。截至2014年末，M公司收取了该公司支付的其中800件产品的货款，确认了主营业务收入500 000元

D. M公司于2014年向某公司转让了一项软件的使用权，使用费为500 000元，M公司不提供后期服务。合同约定，该公司在2014年和2015年各支付250 000元。M公司于2014年实际收到200 000元，但仍在当年确认了250 000元收入

5. 注册会计师在对应收账款账户的审计过程中，以下项目中（　　）是应当进行函证的对象。

A. 函证很可能无效的应收款项

B. 应纳入审计范围内子公司的款项

C. 执行其他审计程序可以确认的应收款项

D. 交易频繁但期末余额较小的应收款项

6. 在确定应收账款函证时间时，以下方案中，不应选取的是（　　）。

A. 为减少函证回函差异，在执行其他审计程序后函证

B. 在年终对存货监盘的同时，对应收款项进行函证

C. 项目小组进驻审计现场后，立即进行函证

D. 因J公司固有风险和控制风险低，在预审时（资产负债表日前）函证

7. 以下与应收账款的回函结果相关的审计建议中，正确的是（　　）。

A. 对回函金额与函证金额不一致的应收款项，根据回函金额调整应收款项

B. 对函证结果相符的应收款项，仍应进一步检查该应收款项所提坏账准备是否恰当

C. 对地址不详导致询证函退回的应收款项，全额计提坏账准备

D. 对已经审计确认，但在审计报告日后回函不符，且影响重大的应收款项，提请修正报告期财务报表

8. 以下对应收账款的询证函的处理方法中，正确的是（　　）。

A. 在粘封询证函时进行统一编号

B. 有10封询证函要求被询证单位传真至J公司，并将原件盖章后寄至会计师事务所

C. 有10封询证函直接交给J公司的业务员，由其到被询证单位盖章后取回

D. 寄发询证函，并将重要的询证函复制给J公司进行催收

9. 在对坏账损失进行审计时，L注册会计师发现被审单位存在以下处理情况，其中不正确的是（　　）。

A. 对某债务人提起诉讼，虽然胜诉但因无法执行被裁定终止执行后，确认为坏账损失

B. 某债务人被撤销，尽管尚未完成清算，但根据政府相关部门责令关闭的文件等有关资料，确认为坏账损失

C. 某债务人失踪，在取得相关法律文件予以证实后，确认为坏账损失

D. 某债务人已经注销，在取得相关法律文件予以证实后，确认为坏账损失

10. 在销售与收款循环审计中，审计人员现场观察对账单的寄出情况，其目的是(　　)。

A. 证实应收账款是否真实存在　　B. 证实应收账款的完整性

C. 证实主营业务收入的截止期　　D. 测试该环节控制的执行情况

11. 审计人员根据主营业务收入明细账中的记录抽取部分销售发票，追查销货合同、发货单等数据，其目的是（　　）。

A. 证实主营业务收入的完整性　　B. 证实主营业务收入的真实性

C. 证实主营业务收入的总体合理性　　D. 证实主营业务收入披露的充分性

12. 销售与收款循环业务的起点是（　　）。

A. 向顾客提供商品或劳务　　B. 顾客提出订货要求

C. 商品或劳务转化成应收账款　　D. 收入货币资金

13. 注册会计师审计应收账款的目的，不应包括（　　）。

A. 确定应收账款的存在性

B. 确定应收账款在会计报表上披露的恰当性

C. 确定应收账款的回收期

D. 确定应收账款记录的完整性

14. 审查应收账款最重要的实质性程序是（　　）。

A. 计算　　B. 询问　　C. 观察　　D. 函证

15. 实施销售截止测试的目的是审查（　　）

A. 是否存在超额的销货折扣

B. 主营业务收入的会计记录归属期是否正确

C. 年底应收账款余额是否正确

D. 是否存在未核准的销货退回

16. 在销售与收款循环审计中，注册会计师为了查实被审计单位的赊销业务是否遵循了赊销批准制度，应检查（　　）上是否有审批人的签字。

A. 订货单　　B. 发运单　　C. 销售发票　　D. 销售单

17. 检查开具发票或收款的日期、记账的日期、发货的日期（　　）是主营业务收入截止测试的关键所在。

A. 是否临近　　B. 是否在同一会计期间

C. 是否在同一天　　　　　　　　　　D. 相距是否不超过30天

18. 为了充分发挥函证的作用，发函的最佳时间是（　　）。

A. 被审计年度期初　　　　　　　　　B. 与资产负债表日接近的时间

C. 被审计年度期中　　　　　　　　　D. 审计工作结束日

19. 对无法实施函证的应收账款，注册会计师可以实施的最为有效的审计程序是(　　)。

A. 扩大控制测试的范围　　　　　　　B. 执行分析性复核

C. 进行销售业务的截止测试　　　　　D. 审查与销售有关的凭证及文件

20. 某企业应付账款明细账年末余额和本年度进货金额如下，审计人员对应付账款进行审计时，如只选择一家公司进行函证，则应选择（　　）。

A. 30 000.00　45 000.00　　　B. 21 241.00　9 824.00

C. 0　961 213.00　　　D. 12 385.00　6 721.00

21. 审计人员为了证实固定资产的完整性，最有效的程序是（　　）。

A. 以固定资产明细账为起点，进行实地追查

B. 以实地为起点，追查至固定资产明细账

C. 先从实地追查至固定资产明细账，再从明细账追查至实地

D. 先从固定资产明细账追查至实地，再从实地追查至固定资产明细账

22. 下列分析性复核比率中，可能发现已减少固定资产未在账户上注销的问题的是(　　)。

A. 本年度与以前各年度的修理及维护费用的比较

B. 固定资产总成本与全年产品产量的比率

C. 本年度与以前各年度的固定资产增减的比较

D. 本年度计提折旧额与固定资产总成本比率

23. 下列情况中，审计人员可以初步判断被审计单位固定资产折旧计提不足的是(　　)。

A. 累计折旧与固定资产原值比率较大　　　B. 提取折旧的固定资产账面价值不大

C. 固定资产的投保价值大大超过账面价值　D. 经常发生大额的固定资产清理损失

24. 下列制度中，不属于固定资产内部控制制度的是（　　）。

A. 调查制度　　　　　　　　　　　B. 预算制度

C. 职责分工制度　　　　　　　　　D. 维护保养制度

25. 下列审计程序中，一般不能查找未入账的应付账款的是（　　）。

A. 审查被审计单位在报告日尚未处理的、不符合要求的购货发票

B. 审查有货物验收单、入库单但未收到购货发票的经济业务

C. 审查购货发票与验收单不符或未列明金额的发票单据

D. 函证应付账款

26. 如果应付账款所属明细账出现借方余额，审计人员应提请被审计单位在资产负债表的（　　）项目列示。

A. 应收账款　　　　　　　　　　　B. 应付账款

C. 预收账款　　D. 预付账款

27. 被审计单位资产负债表上，“应付账款”项目应根据“应付账款”和（　　）科目所属明细科目的期末贷方余额填列。

A. 应收账款　　B. 其他应付款
C. 预收账款　　D. 预付账款

28. 盘盈固定资产，经批准后，正确的会计处理是应转入（　　）。

A. 营业收入　　B. 营业外收入
C. 投资收益　　D. 利润分配

29. 审计人员取得并验算固定资产及累计折旧分类汇总表是针对管理当局的（　　）认定。

A. 存在与发生　　B. 完整性
C. 估价与分摊　　D. 表达与披露

30. 下列业务活动中，不属于生产与存货循环的是（　　）。

A. 请购商品和劳务　　B. 发出原材料
C. 核算产品成本　　D. 发出产成品

31. 成本会计的内部控制目标包括“生产业务应根据管理当局的一般或特殊授权进行”这一目标。为核实这一目标是否实现，审计人员在进行控制测试时应检查（　　）。

A. 生产指令上授权批准的标志　　B. 领料单是否已经授权批准
C. 工作时间已经授权批准的标志　　D. 工资是否已经授权批准

32. 审计人员为取得被审计单位存货是否实际存在的证据，应进行（　　）。

A. 实地盘点　　B. 监督盘点　　C. 面询和函询　　D. 分析性复核

33. 存货监盘程序所得到的是（　　）。

A. 书面证据　　B. 口头证据　　C. 环境证据　　D. 实物证据

34. 审计人员制订对H公司的存货监盘计划时，如果发现H公司存货数量较少，但单位价值很高，则审计人员对于H公司存货的监盘应采取（　　）的方式最为适宜。

A. 以实质性程序为主，辅之以控制测试
B. 对存货实施100%的实质性程序
C. 以控制测试为主，辅之以实质性程序
D. 以数据控制测试的结果确定实质性程序的范围

35. 对存货的盘点，属于（　　）。

A. 被审计单位财务部门的职责　　B. 会计师事务所的质量控制要求
C. 注册会计师的审计责任　　D. 被审计单位的会计责任

36. 在被审计单位对存货进行实地盘点时，审计人员应当（　　）。

A. 指挥盘点工作的进行　　B. 作为盘点小组成员进行盘点
C. 根据观察情况进行抽点　　D. 收集盘点单，编制盘点表

37. 对于以下各项及其替代程序而言，（　　）不能认为是满意的。

A. 以检查会计记录替代监盘存货
B. 以检查货运文件及出库记录替代函证应收账款

C. 以向银行发函替代检查银行对账单

D. 以检查决算日以后的会计记录代替函证负债

38. 审计人员在对存货进行计价测试时，一般不应考虑的是（　　）。

A. 存货计价方法的选择是否合法且一致

B. 样本量的选择是否具有代表性

C. 存货跌价准备的计提是否正确

D. 是否有抵押、担保的存货

39. 审计人员进行存货截止测试的主要方法，是核实以下所列的三个日期是否属于同一个正确的会计期间，这三个日期中不包括（　　）。

A. 存货的付款日期　　B. 存货验收入库或发货的日期

C. 购货发票的日期　　D. 存货变动引起的会计科目入账日期

40. 下列各项中，属于应付职工薪酬实质性测试程序的是（　　）。

A. 审阅与薪酬业务有关的制度规定

B. 观察考勤、调配、工资结算等职责是否分离

C. 检查薪酬费用账务处理的正确性

D. 检查薪酬汇总表是否经过授权审批

41. 在评估投资活动的重大错报风险时，注册会计师应当通过实施下列程序获取确证的信息以支持对重大错报风险的评估，下列程序中不恰当的是（　　）。

A. 询问　　B. 检查文件记录

C. 实质性分析程序　　D. 观察控制程序的执行情况

42. 检查被审计单位的长期借款业务时，如发现有逾期未偿还的长期借款，注册会计师首先应当实施的审计程序是（　　）。

A. 核实是否办理了延期还款手续　　B. 判断被审计单位的偿债能力

C. 判断被审计单位的资信程度　　D. 计算逾期贷款的金额和比率

43. 注册会计师在了解 W 公司筹资与投资循环的内部控制后，准备对 W 公司借款业务的内部控制进行测试，以验证借款的增减变动已登记入账，注册会计师应执行的主要程序有（　　）。

A. 索取借款或发行股票授权批准文件，检查权限是否恰当

B. 检查被审计单位是否定期和债权人核对

C. 检查借款手续是否齐全，索取借款合同或协议

D. 获取或编制借款明细表，与报表数、总账数和明细账合计数核对是否相符

44. X 公司是大型公司。在为资本性购置筹集资金时，X 公司董事会下设的战略委员会负责处理借款合同的谈判，然后由董事会批准该合同。在这种环境下，注册会计师适宜对下列（　　）实施实质性分析程序，而对其他项目实施有限的细节测试程序。

A. 对应付利息和股利的计算

B. 新股和债券的发行

C. 股票回购、可赎回优先股及可赎回债券的赎回

D. 期间内贷款的偿还情况以及所欠余额

45. 甲公司以下关于借款费用的会计处理中，注册会计师认为需要调整的是（　　）。

A. 甲公司将发行的公司股票佣金计入借款费用

B. 甲公司将发行公司债券的佣金计入借款费用

C. 甲公司将借款手续费计入借款费用

D. 甲公司将借款利息计入借款费用

46. A注册会计师拟对H公司与借款活动相关的内部控制进行测试，下列程序中不属于控制测试程序的是（　　）。

A. 索取借款的授权批准文件，检查批准的权限是否恰当、手续是否齐全

B. 观察借款业务的职责分工，并将职责分工的有关情况记录于审计工作底稿中

C. 计算短期借款、长期借款在各个月份的平均余额，选取适用的利率匡算利息支出总额，并与财务费用等项目的相关记录核对

D. 抽取借款明细账的部分会计记录，按原始凭证到明细账再到总账的顺序核对有关会计处理过程，以判断其是否合规

47. 企业发生的下列事项中，影响"投资收益"的是（　　）。

A. 交易性金融资产持有期间收到不属于包含在买价中的现金股利

B. 期末交易性金融资产的公允价值大于账面余额

C. 期末交易性金融资产的公允价值小于账面余额

D. 交易性金融资产持有期间收到包含在买价中的现金股利

48. 被审计单位以下内部控制中不妥当的是（　　）。

A. 被审计单位自行保管的股票或债券投资至少应由两名以上的人员共同控制，任何一人不得单独接触证券

B. 投资业务在企业高层管理机构核准后，由高层负责人员授权签批，由财务经理办理具体的股票或债券的买卖业务，由会计部门负责进行会计记录和财务处理

C. 除无记名证券外，企业在购入股票或债券时应在购入的当日尽快登记于经办人员名下

D. 对于企业所拥有的投资资产，由内部审计人员或不参与投资业务的其他人员进行定期盘点

49. 投资与筹资循环的特征是，影响本循环账户余额的业务数量较少，但每笔业务的金额通常都很大。基于这个特点，在审计时，可以采用的审计方法是（　　）。

A. 抽样　　B. 实质性分析程序

C. 大量的控制测试　　D. 细节测试

50. 在投资活动内部控制良好的前提下，对投资业务具有审批授权的是（　　）。

A. 财务经理　　B. 高层管理机构

C. 股东大会　　D. 证券投资部经理

二、多项选择题

1. 审计人员对被审计单位销售与收款循环不兼容职责的划分情况进行检查时，可实施的审计程序有（　　）。

A. 观察信用部门与应收账款记账部门是否相互独立

B. 询问是否按期编制并向客户寄出对账单

C. 审查有关凭证上内部检查的标记，评价内部检查的有效性

D. 检查坏账准备的计提比例是否合理

E. 验证销售退回是否由业务记录以外的人员批准

2. 审计人员对销售与收款循环进行内部控制测试的内容有（　　）。

A. 发函询证应收账款

B. 检查是否按期编制应收账款账龄分析表

C. 实地观察不兼容职责的划分情况

D. 审查销售发票是否经过授权批准

E. 抽查验证营业收入账务处理的正确性

3. 在运用分析性复核方法检查主营业务收入的完整性时，审计人员可以实施的程序有（　　）。

A. 计算本期主要产品的销售额和毛利率，并与上期比较

B. 比较本期各月主营业务收入的波动情况

C. 比较本期各月主营业务收入的实际数与计划数

D. 计算本期存货周转率，并与上期比较

E. 计算本期流动比率，并与上期比较

4. 为审核年度营业收入的截止期，审计人员应实施的有效审计程序有（　　）。

A. 以总账为起点追查至明细账

B. 以明细账为起点追查资产负债表日前后的会计凭证

C. 以资产负债表日前后的销售发票为起点追查至发运单和明细账

D. 以资产负债表日前后的发运单为起点追查至销售发票和明细账

E. 以订货单为起点追查至销货单和收款凭证

5. 审查营业收入计算的正确性时，如果被审计单位以现金或支票结算方式销售产品，则应与销货发票存根相核对的账户有（　　）。

A. 应收账款明细账　　B. 银行存款日记账

C. 主营业务收入明细账　　D. 应收票据明细账　　E. 现金日记账

6. 在销售与收款循环审计中，注册会计师为了证实被审计单位是否做到适当的职责分离而进行的控制测试一般是通过（　）程序进行的。

A. 分析性复核　　B. 观察

C. 查询及函证　　D. 检查

7. 对于被审计单位销售退回、折让、折扣的控制测试，注册会计师应检查（　　）。

A. 销售退回和折让是否附有按顺序编号并经主管人员核准的借项通知书

B. 所退回的商品是否有仓库签发的退货验收报告

C. 销售退回与折让的批准与贷项通知单的签发职责是否分离

D. 现金折扣是否经过适当授权，授权人与收款人的职责是否分离

8. 注册会计师发现坏账准备出现以下（　　）情况，应当要求被审计单位在会计报

表附注中予以披露。

A. 坏账准备计提比例超过 40%　　　B. 全额计提坏账准备

C. 坏账准备计提比例低于 5%　　　D. 未计提坏账准备

9. 下列（　　）情况下，注册会计师应采用肯定式的询证函。

A. 上年度的肯定式函证回复率特别低

B. 少数几个大额账户占了应收账款总额的较大比重

C. 被审计单位的内部控制有效

D. 欠款余额较大的债务人

10. 为了防止因向无力支付货款的顾客发货而使企业财产蒙受损失，企业应当严格把握以下（　　）关键控制点上的审批程序。

A. 未经批准，不得赊销　　　B. 未经批准，不得发货

C. 销售价格和条件需经批准　　　D. 运费、折扣和折让需经批准

11. 以下与销售业务相关的内部控制中，你认可的是（　　）。

A. 开具账单的人员根据商品价目表的单价和发货凭证的数量开具销售发票，发货凭证留底，发票副联交财务部门记账

B. 会计部门记账前，根据销售发票的号码推算已开具的销售发票的张数，并与实际清点的张数核对一致

C. 开具发票后，连同由 U 公司自行编制、连续编号、贴足邮票的汇款通知单交购货方，以便其实际付款时通过快件直接寄给 U 公司财务部门不负责收款的人员

D. 每月由财务部门收取汇款通知单的人员向未付款的大额客户寄发月末顾客对账单

12. 为了证实 ABC 公司的业务收入是否真实，执行的下列审计程序中有效的是(　　)。

A. 对销售毛利率进行分析比较

B. 检查收入的确认计量是否符合会计准则

C. 以主营业务收入明细账为起点追查发票及发运凭证

D. 以发票为起点追查发运凭证和业务收入明细账

13. 假定被审计单位采用账龄分析法计提坏账准备。对于坏账准备的下列做法中，注册会计师应当认可的有（　　）。

A. 收到债务单位偿还的部分债务后，不改变剩余的应收账款的账龄，仍按原账龄加上本期应增加的账龄确定

B. 对于多提或少提坏账准备的情况，视为滥用会计政策，按照重大会计差错更正的方法进行会计处理

C. 存在多笔账龄不同的应收账款时，若无法确认收到债务单位偿还的部分款项是哪一笔应收账款，则按先发生先收回的原则确定剩余应收账款的账龄

D. 对虽未到期但有确凿证据证明收回的可能性不大的应收票据，将其账面余额转入其他应收款，计提相应的坏账准备

14. 应付账款一般不需函证，但出现（　　）时审计人员还应实施函证程序。

A. 相关内部控制薄弱，控制风险高　　　B. 应付账款余额较大

C. 被审计单位处于经济困难　　D. 应付账款长期挂账

15. 有关折旧说法正确的是（　　）。

A. 本月增加的固定资产不计提折旧　　B. 已提足折旧的固定资产不再计提折旧

C. 本月减少的固定资产不计提折旧　　D. 不需使用的房屋建筑物应计提折旧

16. 固定资产的审计目标主要有（　　）

A. 固定资产是否存在　　B. 固定资产是否归被审计单位所有

C. 固定资产的计价是否恰当　　D. 固定资产的期末余额是否正确

17. 检查折旧的计提时审计人员应注意（　　）。

A. 计算复核本期折旧费用的计提是否正确

B. 结合固定资产审计，检查其折旧的计提是否正确无误

C. 检查本期固定资产增减变动时折旧费用的计算是否正确

D. 检查本期固定资产增减变动时有关折旧的会计处理是否符合规定

18. 在审查房地产类固定资产的所有权时，审计人员应查阅的文件有（　　）。

A. 有关的合同　　B. 产权证明

C. 财产税单　　D. 抵押借款的还款凭证

19. 购货与付款循环所涉及的主要凭证和会计记录有（　　）。

A. 买方发票　　B. 请购单

C. 出库单　　D. 卖方对账单

20. 以下内部控制中，能够防止或发现购货及付款发生错误或舞弊的有（　　）。

A. 所有订货单应经采购部门及有关部门批准，其副本应及时提交财会部门

B. 现购业务必须经财会部门批准后方可支付价款

C. 收到购货发票后，应立即送采购部门与订货单、验收单核对相符合

D. 采用总价法记录库存现金折扣，并严格复核是否发生了折扣损失

21. 在应付账款审计中，审计人员如发现被审计单位由于（　　）等原因导致某些明细账借方出现较大余额时，应提请被审计单位作重分类调整，以便将这些借方金额在资产负债表中列为资产。

A. 重复付款　　B. 付款后退货　　C. 重复收款　　D. 预付货款

22. 在购货与付款循环中，必须分离的职责有（　　）。

A. 采购与付款审批　　B. 付款审批与执行付款

C. 物资的采购与验收、保管　　D. 物资的采购与会计记录

23. 在存货采购业务的内部控制中，需要进行职责分离的是（　　）。

A. 存货采购与存货验收　　B. 存货保管与会计记录

C. 审核付款与付款　　D. 登记应付账款和付款

24. 在生产与仓储循环中，管理当局关于成本会计方面的授权批准控制的关键控制点一般应包括（　　）。

A. 生产指令的授权批准　　B. 领料单的授权批准

C. 工薪的授权批准　　D. 工薪结算表的授权批准

25. 在执行抽查程序时，审计人员的下列做法中恰当的是（　　）。

A. 通过观察，认为被审计单位进行了充分有效的盘点、监督及复核，审计人员决定少抽查一些存货项目

B. 在抽查时，审计人员应仅对价值较高的存货项目进行重点抽查

C. 通过观察，审计人员对被审计单位的重要盘点程序不满意，则应当实施实质性的监盘程序

D. 抽查时，审计人员不仅应从存货盘点记录中选取项目追查至存货实物，而且还应从实物中选取项目追查至盘点记录

26. 存货监盘计划的主要内容是（　　）。

A. 存货监盘的目标、范围及时间安排

B. 存货监盘的要点及关注事项

C. 参加存货监盘人员的分工

D. 检查存货的范围

27. 存货监盘程序的具体实施方式包括（　　）。审计人员需要根据具体情况确定哪种方式更加有效。

A. 观察　　B. 控制测试　　C. 抽查　　D. 实质性程序

28. 审计人员在进行存货计价测试时，在（　　）的情况下，企业应将存货账面余额全部转入当期损益。

A. 市价持续下跌，在可预见将来无望回升

B. 生产中不再需要，且无转让价值

C. 使用原材料所生产的产品成本大于售价

D. 已糜烂变质，虽未使用但不可能退货

29. 审计人员对被审计单位的购货业务进行年度截止测试的方法有（　　）。

A. 实地观察

B. 抽查存货盘点日前后的购货发票与入库单

C. 查阅验收部门的业务记录

D. 了解年末存货盘亏调整和损失处理

30. 审计人员测试被审计单位应付职工薪酬要实现的主要目标是确认（　　）。

A. 应付职工薪酬计提是否正确

B. 应付职工薪酬是否记录在正确的会计期间

C. 应付职工薪酬支出记录是否正确

D. 应付职工薪酬的披露是否恰当

31. 在以下关于投资业务内部控制的说法中，符合要求的是（　　）。

A. 单位应当通过投资合同的签订、投资计划的编制与实施等对投资业务实施控制

B. 单位应针对不同的投资种类和方式拟定一套共同的管理方法，以加强对持有投资项目的安全完整、会计核算等环节的统一控制

C. 单位应当加强对外投资处置的控制，对投资收回、转让、核销等的授权批准程序作出明确的规定

D. 为确保对外投资决策合理，应当对投资建议的提出、分析、论证、立项、可行性

研究、评估、决策等作出明确的规定

32. 注册会计师在了解 W 公司筹资与投资循环的内部控制后，准备对 W 公司投资业务进行测试，以验证所有投资均为被审计单位所有，执行的主要程序有（　　）。

A. 向银行或其他金融机构、债券包销人函证，并与账面余额核对

B. 检查股东是否已按合同、协议、章程约定的时间缴付出资额，其出资额是否经中国注册会计师审验

C. 获取或编制明细表与报表数、总账数和明细账合计数核对

D. 审查有关的原始凭证，确认其真实性，并与会计记录核对

33. 在以下关于借款的实质性测试程序中，（　　）属于短期借款与长期借款的公共程序。

A. 评估被审计单位的信誉状况和融资能力

B. 向银行或其他债权人寄发询证函

C. 检查非记账本位币折合记账本位币采用的汇率是否正确

D. 检查一年内到期的长期借款是否转列为流动负债

34. 任何情况下，在关于短期借款的下列实质性测试程序中，注册会计师都必须实施的是（　　）。

A. 函证短期借款的实有数

B. 检查短期借款的增加

C. 复核短期借款的利息

D. 查明是否办理了延期还款手续

35. 对短期借款进行实质性测试时，注册会计师应根据短期借款项目（　　）等确定实质性测试的审计程序和方法。

A. 期末余额的大小　　B. 占负债总额比例的高低

C. 以前年度发现问题的多少　　D. 相关内部控制的强弱

三、判断题

1. 如果应收账款函证回函出现了差异，则不是存在未达账项，就是存在弄虚作假或舞弊行为，不会再有其他情况。(　　)

2. 如果应收账款最终收回或收到退货，则说明当时入账的销售业务是真实的；如果应收账款贷方发生额是注销坏账或长期挂账，则说明当时入账的销售业务是虚构的。(　　)

3. 对已收回的应收账款，一般不再函证，只要审查有关原始凭证即可。(　　)

4. 对于大额应收账款余额，注册会计师必须采用肯定式函证予以证实。(　　)

5. 从内部控制角度来看，发货凭证必须一式多联、连续编号。(　　)

6. 以账簿为起点追查至销售发票和发货单，能有效地发现隐瞒销售的行为。(　　)

7. 销售业务一般侧重于检查高估资产和收入的情况，因此，通常无须对销售交易的完整性目标进行实质性测试。(　　)

8. 若未对某些金额较大的应收账款计提坏账准备或计提的比率低于5%，则作为上市

公司，应在资产负债表的附注中说明理由。(　　)

9. 如果对应收账款函证的结果没有差异，则说明全部应收账款是正确的，不会存在错误。(　　)

10. 按企业会计准则的规定，报表的编制单位应当在会计报表的附注中披露有关应收账款期初余额、期末余额的账龄分析，期末欠款余额较大的单位欠款情况以及持有5%及以上股份的固定单位欠款情况。(　　)

11. 若存在应收票据、应收账款的担保、抵押情况，则被审计单位应在报表附注中予以适当的披露。(　　)

12. 上市公司应在资产负债表附注中说明坏账准备计提率在40%及以上的理由和具体的计提比率。(　　)

13. 对应收账款进行函证，即使应收账款得到了债务人的承认，也并不一定能收回来，况且函证也不可能发现应收账款所有的问题，因此，应收账款函证并不是一项必要的审计程序。(　　)

14. 如果被审计单位的应付账款明细账与卖方对账单不相符合，则说明应付账款明细账必定有错弊。(　　)

15. 本年计提折旧额与固定资产总成本的比率同上年进行比较的目的是发现累计折旧核算的错误。(　　)

16. 通过审查有关固定资产所有权的书面文件，可以实现验证固定资产所有权的目标。(　　)

17. 应付账款均不需要函证，这是因为函证不能保证查出未记录的应付账款，况且审计人员能够取得购货发票等外部凭证来证实应付账款的余额。(　　)

18. 在检查固定资产披露是否恰当时，只需关注其在会计报表附注中的披露是否恰当。(　　)

19. 已达到预定可使用状态但在年度内尚未办理竣工决算手续的固定资产，应按估计价值暂估入账，并计提折旧。待办理了竣工决算手续后，再按照实际成本调整原来的暂估价值，并调整原已计提的折旧额。(　　)

20. 在对固定资产进行实质性程序时，常常将固定资产的分类汇总表与累计折旧的分类汇总表合并编制。(　　)

21. 固定资产增加审计的主要目的在于审查固定资产增加的合规性、固定资产计价的正确性及会计处理的应当性。(　　)

22. 抽查存货盘点的目的是证实被审计单位制订的盘点计划是否恰当。(　　)

23. 审计人员对被审计单位存货必须逐项盘点。(　　)

24. 对于企业存放于公共仓库或由外部人员保管的存货，可以直接向保管人员进行书面函证。(　　)

25. 审计人员在存货审计过程中一般较少运用分析性程序来获取审计证据。(　　)

26. 存货盘点是审计人员的责任，因此，审计人员应亲自制订盘点计划。(　　)

27. 如果审计人员注意到因企业所提供的商品或劳务过时或消费者的偏好改变而使市场的需求发生变化，则应提醒被审计单位计提相应的跌价损失准备。(　　)

28. 审计人员对存货实施计价测试只能对存货余额的真实性予以确认，并不能据此验证会计报表上存货结存数量的真实性。(　　)

29. 存货截止测试的主要方法是抽查存货盘点日前后几天的购货发票与所附的验收单。(　　)

30. 被审计单位将其拥有的房屋等资产无偿提供给职工使用的，应当根据受益对象，将该住房每期应计提的折旧记入相关资产成本或当期损益，同时记入累计折旧科目，而不应确认为应付职工薪酬。(　　)

31. 由于筹资与投资循环中业务的数量少，而每笔业务涉及的金额较大，为保证筹资业务与投资业务的增减变动均已登记入账，被审计单位应对有关业务的凭证进行连续编号。(　　)

32. 如果被审计单位拥有庞大的股票或债券投资，最理想的保管措施是由被审计单位建立严格的联合控制制度，即至少由两名以上的人员共同控制，任何一人不得单独接触证券。(　　)

33. 长期借款形成后，在偿还期限内，很少发生变动，如果审计年度内长期借款没有发生变动，注册会计师可以省略相关的审计程序。(　　)

34. 注册会计师应提请被审计单位将当期资本化的借款费用金额和当期用于确定资本化金额的资本化率予以恰当披露。(　　)

35. 注册会计师在审阅被审计单位有关投资的内部盘核报告时，如果各期盘核报告的结果显示账实之间不存在差异，则可以认为投资资产的内部控制制度得到了有效的执行。(　　)

学习情境三

货币资金的审计

任务描述：

了解货币资金业务的特点，熟悉企业货币资金的内部控制制度，理解货币资金控制测试和实质性程序的操作原理，并能在明确货币资金审计目标的前提下，识别和评估货币资金内部控制风险，在此基础上，根据货币资金业务的特点，运用各种审计程序实施控制测试和实质性程序，同时，准确地将对货币资金的审计工作记录于审计工作底稿。

技能目标：

1. 能简单设计企业的货币资金内部控制制度。
2. 能根据货币资金的特点实施控制测试。
3. 能根据货币资金的特点实施实质性程序。
4. 能准确地将对货币资金的审计工作记录于审计工作底稿。

知识目标：

1. 了解货币资金内部控制的内容。
2. 明确货币资金的审计目标。
3. 熟悉货币资金的控制测试程序。
4. 熟悉货币资金的实质性程序。
5. 掌握货币资金审计工作底稿的编制方法。

情境导入：

某会计师事务所注册会计师张某正对AT股份有限公司的财务报表年报进行审计。张某在检查银行存款日记账时，发现AT股份有限公司每个月都有一笔金额不等的暂收款项，摘要为“暂存款”，相隔几天，有一笔相同金额付出的记录，摘要为“提取差旅费”。这一存一取引起了张某的注意，张某调出暂存款增加的记账凭证，其会计分录为：

借：银行存款

　　贷：其他应付款

所附原始凭证是一张银行存款进账单。再调出提取差旅费的记账凭证，其会计分录为：

借：其他应付款

　　贷：银行存款

所附原始凭证是私人开出的白条收据。

注册会计师张某所关注业务的会计处理是否正确？若不正确可能存在什么问题？张某应如何对货币资金实施控制测试和实质性程序？

项目一　货币资金的控制测试

货币资金是企业资产的重要组成部分，是企业资产中流动性最强的一种资产。任何企业进行生产经营活动都必须拥有一定数额的货币资金，持有货币资金是企业生产经营活动的基本条件。根据货币资金存放地点及用途的不同，货币资金分为库存现金、银行存款及其他货币资金。

任务一　认识货币资金的内部控制

（一）货币资金业务的特点

1. 货币资金与业务循环

货币资金最初以投资和筹资的方式流入企业，企业用一部分货币资金去购买生产经营所需要的资源和劳务，并用这些资源和劳务生产待销售的商品或提供服务，然后将这些已完工的商品或服务出售给顾客以换回货币资金。最后，换回的货币资金一部分作为股利或利息支付给投资者和债权人，另一部分则用来购买新的资源和劳务，继续下一轮的循环。可见，货币资金审计与各业务循环测试都有直接的关系，是各业务循环的枢纽。货币资金与业务循环的关系如图3-1所示。

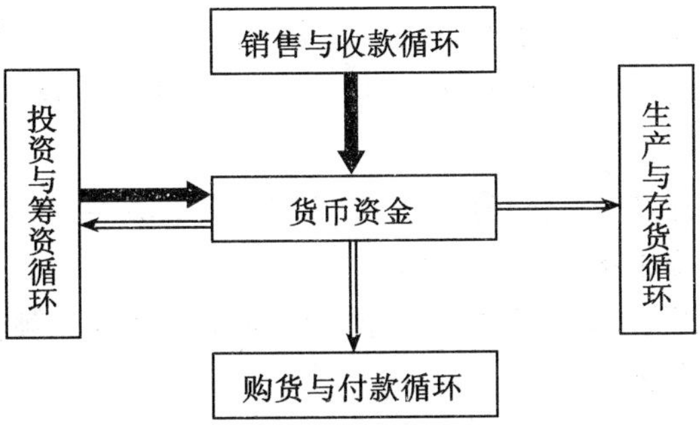

图3-1　货币资金与业务循环的关系

2. 货币资金涉及的主要凭证和会计记录

货币资金涉及的凭证和会计记录主要有：

（1）货币现金收支和审核的原始凭证，包括收款单据、收款结算凭证和票据、支出和报销单据、付款结算凭证和单据、交款单、库存现金盘点表、银行对账单、银行存款余额调节表等。

（2）库存现金日记账和银行存款日记账。

（3）库存现金和银行存款总账。

（4）其他有关会计账簿。

（二）货币资金内部控制制度的主要内容

1. 岗位分工及授权批准

（1）单位应当建立货币资金业务的岗位责任制，明确相关部门和岗位的职责权限，确保办理货币资金业务的不相容岗位相互分离、制约和监督。出纳人员不得兼任稽核、会计档案保管和收入、支出、费用、债权债务账目的登记工作。单位不得由一人办理货币资金业务的全过程。

（2）单位应当对货币资金业务建立严格的授权批准制度，明确审批人对货币资金业务的授权批准方式、权限、程序、责任和相关控制措施，规定经办人办理货币资金业务的职责范围和工作要求。审批人应当根据货币资金授权批准制度的规定，在授权范围内进行审批，不得超越审批权限。经办人应当在职责范围内，按照审批人的批准意见办理货币资金业务。对于审批人超越授权范围审批的货币资金业务，经办人员有权拒绝办理，并及时向审批人的上级授权部门报告。

（3）单位应当按照规定的程序办理货币资金支付业务。主要包括：

①支付申请。单位有关部门或个人用款时，应当提前向审批人提交货币资金支付申请，注明款项的用途、金额、预算、支付方式等内容，并附有效经济合同或相关证明。

②支付审批。审批人根据其职责、权限和相应程序对支付申请进行审批。对不符合规定的货币资金支付申请，审批人应当拒绝批准。

③支付复核。复核人应当对批准后的货币资金支付申请进行复核，复核货币资金支付申请的批准范围、权限、程序是否正确，手续及相关单证是否齐备，金额计算是否准确。支付方式、支付单位是否妥当等。复核无误后，交由出纳人员办理支付手续。

④办理支付。出纳人员应当根据复核无误的支付申请，按规定办理货币资金支付手续，及时登记现金和银行存款日记账。

（4）单位对于重要货币资金支付业务，应当实行集体决策和审批，并建立责任追究制度，防范贪污、侵占、挪用货币资金等行为。

（5）严禁未经授权的机构或人员办理货币资金业务或直接接触货币资金。

2. 现金和银行存款的管理

（1）单位应当加强现金库存限额的管理，超过库存限额的现金应及时存入银行。

（2）单位必须根据《现金管理暂行条例》的规定，结合本单位的实际情况，确定本单位现金的开支范围。不属于现金开支范围的业务应当通过银行办理转账结算。

（3）单位现金收入应当及时存入银行，不得用于直接支付单位自身的支出。因特殊情况需坐支现金的，应事先报经开户银行审查批准。

单位借出款项必须执行严格的授权批准程序，严禁擅自挪用、借出货币资金。

（4）单位取得的货币资金收入必须及时入账，不得私设“小金库”，不得账外设账，严禁收款不入账。

（5）单位应当严格按照《支付结算办法》等国家有关规定，加强银行账户的管理，严格按照规定开立账户，办理存款、取款和结算。

单位应当定期检查、清理银行账户的开立及使用情况，发现问题，及时处理。

单位应当加强对银行结算凭证的填制、传递及保管等环节的管理与控制。

(6) 单位应当严格遵守银行结算纪律，不准签发没有资金保证的票据或远期支票，套取银行信用；不准签发、取得和转让没有真实交易和债权债务的票据，套取银行和他人资金；不准无理拒绝付款，任意占用他人资金；不准违反规定开立和使用银行账户。

(7) 单位应当指定专人定期核对银行账户，每月至少核对一次，编制银行存款余额调节表，使银行存款账面余额与银行对账单调节相符。如调节不符，应查明原因，及时处理。

(8) 单位应当定期和不定期地进行现金盘点，确保现金账面余额与实际库存相符。发现不符，及时查明原因，并作出处理。

3. 票据及有关印章的管理

(1) 单位应当加强与货币资金相关的票据的管理，明确各种票据的购买、保管、领用、背书转让、注销等环节的职责权限和程序，并专设登记簿进行记录，防止空白票据遗失和被盗用。

(2) 单位应当加强银行预留印鉴的管理。财务专用章应由专人保管，个人名章必须由本人或其授权人员保管。严禁一人保管支付款项所需的全部印章。

按规定需要有关负责人签字或盖章的经济业务，必须严格履行签字或盖章手续。

4. 监督检查

(1) 单位应当建立对货币资金业务的监督检查制度，明确监督检查机构或人员的职责权限，定期和不定期地进行检查。

(2) 货币资金监督检查的内容主要包括：①货币资金业务相关岗位及人员的设置情况。重点检查是否存在货币资金业务不相容职务混岗的现象。②货币资金授权批准制度的执行情况。重点检查货币资金支出的授权批准手续是否健全，是否存在越权审批行为。③支付款项印章的保管情况。重点检查是否存在办理付款业务所需的全部印章交由一人保管的现象。④票据的保管情况。重点检查票据的购买、领用、保管手续是否健全，票据保管是否存在漏洞。

(3) 对监督检查过程中发现的货币资金内部控制中的薄弱环节，应当及时采取措施，加以纠正和完善。

任务二　货币资金的控制测试

(一) 货币资金内部控制的特点

由于货币资金是企业流动性最强的资产，加强货币资金管理对于保护企业资产安全完整、维护社会经济秩序具有重要的意义。在良好的货币资金内部控制下，企业的货币资金收支记录应及时、准确、完整，全部货币资金支出均按经批准的用途进行。

一般而言，一个良好的现金内部控制应该达到以下几点：(1) 货币资金收支与记账的岗位分离。(2) 货币资金收支要有合理、合法的凭据。(3) 全部收入及时准确入账，全部支出要有核准手续。(4) 控制现金坐支，当日收入现金应及时送存银行。(5) 按月盘点现金，编制银行存款余额调节表，以做到账实相符。（6）加强对货币资金收支业务的内部审计。

按照我国现金管理的有关规定，超过规定限额以上的现金支出一律使用支票。因此，企业应建立相应的支票申领制度，明确申领范围、申领批准及支票签发、支票报销等相关的规定。对于支票报销和现金报销，企业应建立报销制度。报销人员报销时应当有正常的报批手续、适当的付款凭据，有关采购支出还应具有验收手续。会计部门应对报销单据加以审核，出纳员见到加盖核准戳记的支出凭据后方可付款。付款记录应及时登记入账，相关凭证应按顺序或内容编制成会计记录的附件。

（二）货币资金内部控制测试程序

1. 了解内部控制

通常通过货币资金内部控制流程图来了解货币资金内部控制。绘制货币资金内部控制流程图是货币资金控制测试的重要步骤。注册会计师在绘制之前应通过询问、观察等调查手段收集必要的资料，然后根据所了解的情况绘制流程图。对中小企业，也可采用编写货币资金内部控制说明的方法。若以前年度审计时已经绘制了货币资金内部控制流程图，注册会计师可根据调查结果加以修正，以供本年度审计之用。

一般情况下，了解货币资金内部控制时，注册会计师应当注意检查货币资金内部控制的建立和执行情况，重点包括：

（1）货币资金的收支是否按规定的程序和权限办理；

（2）是否存在与被审计单位经营无关的款项收支情况；

（3）出纳与会计的职责是否严格分离；

（4）是否存在出租、出借银行账户的情况；

（5）是否定期盘点现金，编制银行存款余额调节表，等等。

2. 抽取并检查收款凭证

如果货币资金收款内部控制不强，很可能会发生贪污舞弊或挪用等情况。例如，在一家小企业中，如果出纳员同时负责登记应收账款明细账，则很可能发生循环挪用货款的情况。为测试货币资金收款的内部控制，注册会计师应按收款凭证分类，选取适当的样本量，进行如下的检查：

（1）核对库存现金、银行存款日记账的收入金额是否正确。

（2）核对银行存款收款凭证与存入银行账户的日期和金额是否相符。

（3）核对收款凭证与应收账款明细账的有关记录是否相符。

（4）核对银行存款收款凭证与银行对账单是否相符。

（5）核对实收金额与销货发票是否一致，等等。

3. 抽取并检查付款凭证

为测试货币资金付款内部控制，注册会计师应按照现金付款凭证分类，选取适当的样本量，作如下检查：

（1）检查付款的授权批准手续是否符合相关规定。

（2）核对库存现金、银行存款日记账的付出金额是否正确。

（3）核对付款凭证与应付账款明细账的记录是否一致。

（4）核对银行存款付款凭证与银行对账单是否相符。

（5）核对实付金额与购货发票是否相符，等等。

4. 抽取一定期间的库存现金、银行存款日记账与总账核对

注册会计师应抽取一定期间的库存现金、银行存款日记账，检查其加总是否正确无误，是否与总分类账核对相符。

5. 检查外币资金的折算方法是否符合有关规定，是否与上年度一致

对于持有外币资金的被审计单位，注册会计师应检查外币资金日记账及“财务费用”、“在建工程”等账户的记录，确定企业有关外币资金的增减变动是否采用交易发生日的即期汇率将外币金额折算为记账本位币金额，或者采用按照系统合理的方法确定的、与交易发生日即期汇率近似的汇率折算为记账本位币，选择采用汇率的方法前后各期是否一致；检查企业的外币资金的期末余额是否采用期末即期汇率折算为记账本位币金额；折算差额的会计处理是否正确。

6. 抽取一定期间银行存款余额调节表，查验其是否按月正确编制并经复核

为证实银行存款记录的正确性，注册会计师必须抽取一定期间的银行存款余额调节表，将其同银行对账单、银行存款日记账及总账进行核对，确定被审计单位是否按月正确编制并复核银行存款余额调节表。

7. 评价货币资金的内部控制

注册会计师在完成上述程序之后，即可对货币资金的内部控制进行评价。评价时，注册会计师应首先确定货币资金内部控制可信赖的程度以及存在的薄弱环节和缺点，然后据以确定在货币资金实质性程序中对哪些环节可以适当减少审计程序，哪些环节应增加审计程序并作重点检查，以减少审计风险。

【例 3-1】某会计师事务所继续接受 AT 股份有限公司的委托，对该公司 2014 年度财务报表进行审计，并安排经验丰富的李某负责审计实施。AT 股份有限公司是一家上市较早的商业类公司，公司主营为零售业务，同时有一部分批发、酒店、仓储业务。公司对零售业务部分采用售价金额核算法，毛利率的计算结转采用分类毛利率法，定期对库存商品进行盘点，有一套相对严密的内部管理制度。公司自上市后业绩一直较为平稳，股价波动不大。

注册会计师李某根据多年的审计经验，根据零售企业现金流量大的特点，将货币资金作为重点项目实施审计，重要性水平确定为 5 000 元。

2015 年 1 月 20 日，李某对该公司货币资金进行控制测试，实施的审计程序主要有：

（1）货币资金内部控制调查。根据 AT 股份有限公司的经营特点，设计货币资金内部控制调查表（如表 3-1 所示）进行调查，并就相关情况询问了收银员、售货员、财务人员等。

表 3-1　　货币资金内部控制调查表

被审计单位：AT 股份有限公司　　索引号：ZAC

项目：货币资金内部控制调查表　　财务报表截止日/期间：2014 年 12 月 31 日

编制：李某　　日　期：2015 年 1 月 20 日

复核：王某　　日　期：2015 年 1 月 21 日

调 查 问 题	结 果			备注
	是	否	不适用	
1. 是否有单位货币资金管理制度	✓			
2. 商场内是否设置收款台收款	✓			
3. 财务部是否组织对收款台现金进行突击盘点	✓			
4. 收款台记录与各柜组销售是否及时核对		✓		
5. 当日现金收入是否及时送存银行	✓			
6. 会计与出纳岗位是否分离	✓			
7. 货币资金收付业务是否均附有审核无误的会计凭证	✓			
8. 货币资金的支付是否均有审批手续	✓			
9. 稽核人员是否定期或不定期地对库存现金进行核对和抽查	✓			
10. 现金的收、付业务是否分开处理	✓			
11. 办理收付业务后的收付款凭证是否加盖“收讫”或“付讫”戳记	✓			
12. 银行票据与有关印鉴的保管是否分离	✓			
13. 货币资金业务的授权与经办职务是否分离		✓		
14. 作废的银行票据是否加盖“作废”戳记	✓			
15. 是否按月编制银行存款余额调节表并检查未达账项		✓		
16. 票据的领用是否经过批准并进行登记		✓		
17. 空白凭证是否由专人保管	✓			
18. 银行账户开立是否有规定的审批手续	✓			
19. 是否定期对货币资金管理信息系统进行稽查	✓			

结论：

1. 经调查和简易测试后，认为该循环内部控制可信赖程度为：高（ ）　中（✓）　低（ ）
2. 是否需要进一步作控制测试：是（✓）否（ ）

（2）抽查会计凭证。审计人员随机抽取 20 笔业务的收付款凭证进行测试，检查其账务处理是否正确，原始凭证是否齐全，授权批准是否符合规定等，并编制了货币资金支出检查情况表，如表 3-2 所示。

表 3-2　**货币资金支出检查情况表**

被审计单位：AT 股份有限公司　　索引号：ZA2-6

项目：货币资金支出检查情况表　　财务报表截止日/期间：2014 年 12 月 31 日

编制：李某　　日　期：2015 年 1 月 20 日

复核：王某　　日　期：2015 年 1 月 21 日

日期	凭证编号	业务内容	对应科目	金额（元）	核对					
					1	2	3	4	5	6
2010 年 3 月 17 日	银付 6	付水电费	其他应付款	152 000.00	√	√	√	√	√	√
2010 年 5 月 11 日	银付 23	付进货款	应付账款	380 000.00	√	√	√	√	√	√
2010 年 6 月 26 日	银付 39	提现发工资	库存现金	260 000.00	√	√	√	√	√	√
2010 年 7 月 9 日	现付 12	报销办公费	管理费用	820.00	×	×	√	√	√	√
2010 年 9 月 10 日	现付 19	付出差借款	其他应收款	3 500.00	√	√	√	√	√	√
2010 年 9 月 23 日	现付 52	付仪器修理费	管理费用	7 370.00	√	√	√	√	√	√
……	……	……	……	……						

核对说明：

1. 付款的授权审批手续齐全、签章完整；
2. 原始凭证具有合法的发票或依据；
3. 原始凭证的内容和金额与付款凭证摘要核对一致；
4. 付款凭证的对应科目（如应付账款）与明细账记录一致；
5. 付款凭证账务处理正确；
6. 付款凭证与银行对账单核对相符。

审计说明及结论：随机抽取 20 笔业务的收付款凭证进行检查，存在以下问题：一是 2014 年 7 月 9 日现付 12 号凭证由业务经理审批，不符合该公司内部管理规范。二是 2014 年 9 月 23 日现付 52 号凭证的大额现金支付，不符合《现金管理暂行条例》及其实施细则等的规定。

未发现其他异常。

（3）现场观察商场的交款过程。审计人员在对该公司货币资金的内部控制采用调查表法、抽查凭证法和实地考察法等方法进行控制测试的基础上，发现该公司货币资金的内部控制存在一定的漏洞，主要表现在以下几个方面：

①财务部稽核人员对收款台的现金盘点坚持得不够好，未能经常进行不定期盘点；

②通过查看支票登记簿发现，领用的票据号码不连续，存在领用支票不登记的现象；

③对现金和银行存款的支付基本能坚持审批制度，但在审批的职责权限划分上不够明确，从抽查的支付凭证来看，经常出现对相同业务的审批有时是财务经理签字，有时是业

务经理签字的情况，控制不够严格。

项目二　货币资金的实质性程序

任务一　库存现金的实质性程序

（一）库存现金审计目标

库存现金包括企业的人民币现金和外币现金。现金是企业流动性最强的资产，尽管其在企业资产总额中的比重不大，但企业发生的舞弊事件大都与现金有关，因此，注册会计师应该重视库存现金的审计。

库存现金的审计目标一般应包括：

（1）确定被审计单位资产负债表的货币资金项目中的库存现金在资产负债表日是否确实存在。

（2）确定被审计单位所有应当记录的现金收支业务是否均已记录完毕，有无遗漏。

（3）确定记录的库存现金是否为被审计单位所拥有或控制。

（4）确定库存现金以恰当的金额包括在财务报表的货币资金项目中，与之相关的计价调整已恰当记录。

（5）确定库存现金是否已按照企业会计准则的规定在财务报表中做出恰当列报。

（二）库存现金的实质性程序

1. 核对库存现金日记账与总账的余额是否相符

注册会计师测试现金余额的起点，是核对库存现金日记账与总账的余额是否相符。如果不相符，应查明原因，并做出适当调整。同时，检查非记账本位币库存现金的折算汇率及折算金额是否正确。

2. 监盘库存现金

监盘库存现金是证实资产负债表中所列现金是否存在的一项重要程序。监盘库存现金，可以查明被审计单位是否严格执行现金管理制度，有无白条顶库、挪用公款、私设小金库以及贪污舞弊等问题。

监盘库存现金的步骤与方法如下：

（1）制订监盘计划，确定监盘时间。监盘库存现金通常包括对已收到但未存入银行的现金、零用金、找换金等的盘点。监盘时，现金出纳员和被审计单位会计主管人员必须参加。对库存现金的监盘最好实施突击性的检查，时间最好选择在上午上班前或下午下班时，以避开现金收支的高峰期。如被审计单位库存现金存放部门有两处或两处以上的，应同时进行盘点。

（2）确定库存现金日记账应有金额。在进行现金盘点前，应由出纳员将现金集中起来存入保险柜。必要时可加以封存，然后由出纳员把已办妥现金收付手续的收付款凭证登入库存现金日记账。审计人员审阅库存现金日记账并同时与现金收付凭证相核对，一方面检查库存现金日记账的记录与凭证的内容和金额是否相符；另一方面了解凭证日期与库存现金日记账日期是否相符或接近，以确定其正确性。

（3）实地盘点库存现金，编制“库存现金监盘表”。盘点保险柜内的现金实存数，并由审计人员编制库存现金监盘表，分币种、面值列示盘点金额。

（4）将盘点金额与库存现金日记账余额进行核对，如有差异，应要求被审计单位查明原因，必要时应提请被审计单位做出调整；如无法查明原因，应要求被审计单位按管理权限批准后做出调整。

（5）若有冲抵库存现金的借条、未提现支票、未作报销的原始凭证，应在库存现金监盘表中注明，必要时应提请被审计单位做出调整。

（6）在非资产负债表日进行盘点和监盘时，应调整至资产负债表日的金额。调整公式如下：

$$\text{资产负债表日库存现金实存金额}=\text{盘点日库存现金实存金额}+\text{报表日至盘点日库存现金支出金额}-\text{报表日至盘点日库存现金收入金额}$$

3. 抽查大额库存现金收支

检查大额现金收支的原始凭证是否齐全、原始凭证内容是否完整、有无授权批准、记账凭证与原始凭证是否相符、账务处理是否正确、是否记录于恰当的会计期间等内容。

4. 检查库存现金收支的正确截止

抽查资产负债表日前后若干天的、一定金额以上的现金收支凭证实施截止测试。被审计单位资产负债表的货币资金项目中的库存现金数额，应以结账日实有数额为准。因此，注册会计师必须验证现金收支的截止日期，以确定是否存在跨期事项、是否应考虑提出调整建议。

5. 检查库存现金是否在财务报表中做出恰当列报

根据有关规定，库存现金在资产负债表的“货币资金”项目中反映，注册会计师应在实施上述审计程序后，确定“库存现金”账户的期末余额是否恰当，进而确定库存现金是否在资产负债表中恰当披露。

【例 3-2】沿用例 3-1，注册会计师李某在对 AT 股份有限公司货币资金的内部控制进行控制测试，发现该公司货币资金的内部控制存在一定的漏洞之后，评估该公司的内部控制属于中信赖程度，因此，适当地扩大了对 AT 股份有限公司货币资金进行实质性测试的范围。

（1）对现金实施突击性盘点。2015 年 1 月 21 日，审计人员组织了对现金的盘点。首先对 20 个收款台的现金进行盘点，盘点结果显示，现金的实存数为 2 368 元，通过收款机计算出的应收数为 2 468 元，短缺金额为 100 元，并查清为服装组发生的短缺，审计人员抽查部分 2010 年待处理财产损溢的转销凭证后发现，服装组发生的短缺次数最多，金额也较大，经过进一步审核发现该柜台组存在收款员贪污货款的行为，因为 AT 股份有限公司极少对收款台组织盘点，报亏也较容易，为有关人员舞弊提供了可能。

审计人员还选择在上午上班前对财务部经管的现金实施了监盘，并根据监盘情况编制库存现金监盘表（如表 3-3 所示）。

表 3-3　　**库存现金监盘表**

被审计单位：AT 股份有限公司　　索引号：ZA1-1

项目：库存现金监盘表　　财务报表截止日/期间：2014 年 12 月 31 日

编制：李某　　日　期：2015 年 1 月 18 日

复核：张某　　日　期：2015 年 1 月 21 日

单位：元

检查盘点记录					实有库存现金盘点记录				
项目		项次	人民币	某外币	面额	人民币		某外币	
						张	金额	张	金额
上一日账面库存余额		①	5 520.00		1 000				
盘点日未记账传票收入金额		②	350.00		500				
盘点日未记账传票支出金额		③	2 000.00						
盘点日账面应有金额		④=①+②-③	3 870.00		100	17	1 700.00		
盘点实有库存现金数额		⑤	2 370.00		50	10	500.00		
盘点日应有与实有差异		⑥=④-⑤	1 500.00		20	6	120.00		
差异原因分析	白条抵库(张)		1500.00		10	4	40.00		
					5				
					2				
					1	10	10.00		
					0.5				
					0.2				
					0.1				
					合计	47	2 370.00		

追溯调整	报表日至审计日库存现金付出总额	66 196.00		
	报表日至审计日库存现金收入总额	65 131.00		
	报表日库存现金应有余额	4 935.00		
	报表日账面汇率			
	报表日余额折合本位币金额			
本位币合计		4 935.00		

出纳：林某　　会计主管：符某　　监盘人：李某　　检查日期：2015 年 1 月 21 日

审计说明及结论：在未予事先通知的情况下，被审计单位会计主管、出纳及注册会计师共同盘点了库存现金。经查验，该公司库存现金管理中存在不合规现象：一是白条顶库，职工王某借款 1 500 元，没有领导签字，也未注明用途。经询问出纳得知正在补办相关手续；二是收付款项入账不及时。

余额可以确认。

该公司 2014 年 12 月 31 日资产负债表的“货币资金”项目中的库存现金为 4 935 元，

2015 年 1 月 20 日现金日记账余额为 5 520 元，银行核定该公司库存现金限额为 5 000 元。盘点情况如下：

①现金实存数为 2 370 元，其中 100 元币 17 张，50 元币 10 张，20 元币 6 张，10 元币 4 张，1 元币 10 张。

②存在下列未入账的单据：职工李某预借差旅费 2 000 元，已经领导批准；职工王某的借条一张，金额 1500 元，未经批准，也未说明用途；现金收入凭证一张，金额 350 元。

③经核对该公司 1 月 1—21 日的收付款凭证和现金日记账，收入现金 65 131 元，支出现金 66 196 元，正确无误。

（2）审计人员在实施抽查大额库存现金收支审计程序时发现，该公司 2014 年 9 月 16 日现付字第 19 号凭证为支付拆除恒温恒湿设备的劳务费，收款人为个人，无正式发票，但有单位领导签字批准的付款凭证。付款凭证上的会计分录为：

借：管理费用 4 000

　贷：库存现金 4 000

从会计分录和摘要来看为固定资产清理费用，应记入“固定资产清理”账户，但该公司却记入“管理费用”账户，审查该公司现金日记账和银行存款日记账，没有发现相应的清理收入，审计人员分析可能存在“小金库”。追查固定资产明细账，发现 2014 年 9 月 13 日转字第 11 号凭证的摘要栏记录有“报废设备一台”，调出该凭证，其会计处理为：

借：累计折旧 70 000

　　营业外支出 50 000

　贷：固定资产 120 000

所附原始凭证为一张仓储部门提出申请、总经理签字批准的固定资产报废审批单。

从上述会计处理金额来看，该报废固定资产并未到报废期限，应有一定的残值收入。于是询问相关人员，得知该设备已被出售给 A 公司，出售价格为 40 000 元。在财务经理的授意下，处理该固定资产的收入并未入账，而是将收到的 40 000 元存入了单位“小金库”，收款时开给对方一张普通收据，审计人员提出调整该项业务。AT 股份有限公司的所得税税率为 25%，按净利润的 10% 提取盈余公积，剩余为未分配利润。调整会计分录如下：

将固定资产的清理收入入账：

借：银行存款 40 000

　贷：管理费用 4 000

　　　营业外支出 36 000

将调整结果转入本年利润账户：

借：管理费用 4 000

　　营业外支出 36 000

　贷：本年利润 40 000

调整所得税和利润分配：

借：所得税费用　　10 000
　贷：应交税费——应交所得税　　10 000
借：本年利润　　40 000
　贷：所得税费用　　10 000
　　盈余公积　　3 000
　　未分配利润　　27 000

任务二　银行存款的实质性程序

（一）银行存款审计目标

银行存款是指企业存放在银行或其他金融机构的各种款项。按照国家有关规定，凡是独立核算的企业都必须在当地银行开设账户。企业在银行开设账户以后，除按核定的限额保留库存现金外，超过限额的现金必须存入银行；除了在规定的范围内可以用现金直接支付款项外，在经营过程中所发生的一切货币收支业务，都必须通过银行存款账户进行结算。银行存款的审计目标一般应包括：

（1）确定被审计单位资产负债表的货币资金项目中的银行存款在资产负债表日是否确实存在。

（2）确定被审计单位所有应当记录的银行存款收支业务是否均已记录完毕，有无遗漏。

（3）确定记录的银行存款是否为被审计单位所拥有或控制。

（4）确定银行存款以恰当的金额包括在财务报表的货币资金项目中，与之相关的计价调整已恰当记录。

（5）确定银行存款是否已按照企业会计准则的规定在财务报表中做出恰当列报。

（二）银行存款的实质性程序

银行存款的实质性程序一般包括：

1. 核对银行存款日记账与总账余额是否相符

注册会计师测试银行存款余额的起点是，核对银行存款日记账与总账的余额是否相符。如果不相符，应查明原因，必要时应建议做出适当调整。同时，检查非记账本位币银行存款的折算汇率及折算金额是否正确。

2. 实施实质性分析程序

计算银行存款累计余额应收利息收入，分析比较被审计单位银行存款应收利息收入与实际利息收入的差异是否恰当，评估利息收入的合理性，检查是否存在高息资金拆借，确认银行存款余额是否存在，利息收入是否已经完整记录。如存在高息资金拆借，应进一步分析拆出资金的安全性，检查利息的入账情况。

3. 检查银行存单

编制银行存单检查表，检查是否与账面记录金额一致，是否被质押或限制使用，存单是否为被审计单位所拥有。

（1）对已质押的定期存款，应检查定期存单，并与相应的质押合同核对，同时关注定期存单对应的质押借款有无入账；

（2）对未质押的定期存款，应检查开户证实书原件；

（3）对审计外勤工作结束日前已提取的定期存款，应核对相应的兑付凭证、银行对账单和定期存款复印件。

4. 取得并检查银行存款余额对账单和银行存款余额调节表

取得并检查银行存款余额对账单和银行存款余额调节表是证实资产负债表中所列银行存款是否存在的重要程序。银行存款余额调节表通常应由被审计单位根据不同的银行账户及货币种类分别编制。具体测试程序通常包括：

（1）将被审计单位资产负债表日的银行存款余额对账单与银行询证函回函核对，确认是否一致，抽样核对账面记录的已付票据金额及存款金额是否与对账单记录一致。

（2）获取资产负债表日的银行存款余额调节表，检查调节表中加计数是否正确，调节后银行存款日记账余额与银行对账单余额是否一致。

（3）检查调节事项的性质和范围是否合理。

①检查是否存在跨期收支和跨行转账的调节事项。编制跨行转账业务明细表，检查跨行转账业务是否同时对应转入和转出，未在同一期间完成的转账业务是否反映在银行存款余额调节表的调整事项中。

②检查大额在途存款和未付票据：

检查在途存款的日期，查明发生在途存款的具体原因，追查期后银行对账单存款记录日期，确定被审计单位与银行记账时间差异是否合理，确定在资产负债表日是否需提请被审计单位进行适当调整。

检查被审计单位的未付票据明细清单，查明被审计单位未及时入账的原因，确定账簿记录时间晚于银行对账单的日期是否合理。

检查被审计单位未付票据明细清单中有记录，但截至资产负债表日银行对账单无记录且金额较大的未付票据，获取票据领取人的书面说明，确认资产负债表日是否需要进行调整；检查资产负债表日后银行对账单是否完整地记录了调节事项中银行未付票据金额。

（4）检查是否存在未入账的利息收入和利息支出。

（5）检查是否存在其他跨期收支事项。

（6）当未经授权或授权不清支付货币资金的现象比较突出时，检查银行存款余额调节表中支付异常的领款（包括没有载明收款人）、签字不全、收款地址不清、金额较大票据的调整事项，确认是否存在舞弊。

5. 函证银行存款余额

主要程序是：（1）向被审计单位在本期存过款的银行发函，包括零账户和账户已结清的银行；（2）确定被审计单位账面余额与银行函证结果的差异，对不符事项作出适当处理。

银行存款函证是指注册会计师在执行审计业务的过程中，需要以被审计单位名义向有关单位发函询证，以验证被审计单位的银行存款是否真实、合法、完整。按照国际惯例，各商业银行、政策性银行、非银行金融机构要在收到询证函之日起 10 个工作日内，根据函证的具体要求，及时回函并可按照国家的有关规定收取询证费用；各有关企业或单位根据函证的具体要求回函。

函证银行存款余额是证实资产负债表所列银行存款是否存在的重要程序。通过向往来银行函证，注册会计师不仅可了解企业资产的存在，还可了解企业账面反映的所欠银行债务的情况，并有助于发现企业未入账的银行借款和未披露的或有负债。

注册会计师应向被审计单位在本年存过款（含外埠存款、银行汇票存款、银行本票存款、信用卡存款、信用证保证金存款）的所有银行发函，其中包括企业存款账户已结清的银行，因为有可能存款账户已结清，但仍有银行借款或其他负债存在，并且，虽然注册会计师已直接从某一银行取得了银行对账单和所有已付支票，但仍应向这一银行进行函证。注册会计师应检查银行回函情况，并编制银行函证结果汇总表，对不符事项作出适当处理。银行询证函的格式如表3-4所示。

表3 4　　　　**银行询证函**　　　　索引号 ZA2-5

××（银行）：　　　　编号：

本公司聘请的××会计师事务所正在对本公司××年度财务报表进行审计，按照中国注册会计师审计准则的要求，应当询证本公司与贵行相关的信息。下列信息出自本公司记录，如与贵行记录相符，请在本函下端“信息证明无误”处签章证明；如有不符，请在“信息不符”处列明不符项目及具体内容；如存在与本公司有关的未列入本函的其他重要信息，也请在“信息不符”处列出其详细资料。回函请直接寄至××会计师事务所。

回函地址：　　　　邮编：

电话：　　　　传真：　　　　联系人：

截至××年×月×日，本公司与贵行相关的信息列示如下：

1. 银行存款

账户名称	银行账号	币种	利率	余额	起止日期	是否被质押或用于担保或存在其他限制	备注

除上述列示的银行存款外，本公司并无在贵行的其他存款。

注：“起止日期”一栏仅适用于定期存款，如为活期或保证金存款，可只填写“活期”或“保证金”字样。

2. 银行借款

借款人名称	币种	本息余额	借款日期	到期日期	利率	借款条件	抵(质)押品/担保人	备注

除上述列示的银行借款外，本公司并无来自贵行的银行借款。

注：此项仅函证截至资产负债表日本公司尚未归还的借款。

续表

3. 截至函证日之前12个月内注销的账户

账户名称	银行账号	币　种	注销账户日

除上述列示的账户外，本公司并无截至函证日之前12个月内在贵行注销的其他账户。

4. 委托存款

账户名称	银行账号	借款方	币种	利率	余额	存款起止日期	备注

除上述列示的委托存款外，本公司并无通过贵行办理的其他委托存款。

5. 委托贷款

账户名称	银行账号	资金使用方	币种	利率	本金	利息	贷款起止日期	备注

除上述列示的委托贷款外，本公司并无通过贵行办理的其他委托贷款。

6. 担保

（1）本公司为其他单位提供的、以贵行为担保受益人的担保。

被担保人	担保方式	担保金额	担保期限	担保事由	担保合同编号	被担保人与贵行就担保事项往来的内容（贷款等）	备注

除上述列示的担保外，本公司并无其他以贵行为担保受益人的担保。

注：如采用抵押或质押方式提供担保的，应在备注中说明抵押物或质押物情况。

（2）贵行向本公司提供的担保。

被担保人	担保方式	担保金额	担保期限	担保事由	担保合同编号	被担保人与贵行就担保事项往来的内容（贷款等）	备注

除上述列示的担保外，本公司并无贵行提供的其他担保。

7. 本公司为出票人且由贵行承兑而尚未支付的银行承兑汇票

银行承兑汇票号码	票面金额	出票人	到期日

续表

除上述列示的银行承兑汇票外，本公司并无由贵行承兑而尚未支付的其他银行承兑汇票。

8. 本公司向贵行已贴现而尚未到期的商业汇票

商业汇票号码	付款人名称	承兑人名称	票面金额	票面利率	出票日	贴现日	贴现率	贴现净额

除上述列示的商业汇票外，本公司并无向贵行已贴现而尚未到期的其他商业汇票。

9. 本公司为持票人且由贵行托收的商业汇票

商业汇票号码	承兑人名称	票面金额	出票日期	到期日

除上述列示的商业汇票外，本公司并无由贵行托收的其他商业汇票。

10. 本公司为申请人、由贵行开具的、未履行完毕的不可撤销信用证

信用证号码	受益人	信用证金额	到期日	未使用金额

除上述列示的不可撤销信用证外，本公司并无由贵行开具的、未履行完毕的其他不可撤销信用证。

11. 本公司与贵行之间未履行完毕的外汇买卖合约

类　别	合约号码	买卖币种	未履行的合约买卖金额	汇率	交收日期
贵行卖予本公司					
本公司卖予贵行					

除上述列示的外汇买卖合约外，本公司并无与贵行之间未履行完毕的其他外汇买卖合约。

12. 本公司存放于贵行的有价证券或其他产权文件

有价证券或其他产权文件名称	产权文件编号	数量	金额

除上述列示的有价证券或其他产权文件外，本公司并无存放于贵行的其他有价证券或其他产权文件。

注：此项不包括本公司存放在贵行保管箱中的有价证券或其他产权文件。

13. 其他重大事项

注：此项应填列注册会计师认为重大且应予函证的其他事项，如信托存款等；如无则应填写“不适用”。

（公司盖章）

年　　月　　日

以下仅供被询证银行使用

续表

结论：1. 信息证明无误 （银行盖章） 经办人：　　　　年　月　日 2. 信息不符，请列明不符项目及具体内容（对于在本函前述第 1 项至第 13 项中漏列的其他重要信息，请列出详细资料） （银行盖章） 经办人：　　　　年　月　日

审计人员在函证银行存款余额时，应注意：（1）向被审计单位在本期存过款的银行发函，包括零账户和账户已结清的银行；（2）确定被审计单位账面余额与银行函证结果有无差异，对不符事项作出适当处理。

6. 检查银行存款账户存款人是否为被审计单位

若存款人非被审计单位，应获取该账户户主和被审计单位的书面声明，确认资产负债表日是否需要提请被审计单位进行调整。

7. 抽查大额银行存款收支

抽查大额银行存款收支的原始凭证，检查原始凭证是否齐全、记账凭证与原始凭证是否相符、账务处理是否正确、是否记录于恰当的会计期间等内容。检查是否存在非营业目的的大额货币资金转移，并核对相关账户的进账情况；如有与被审计单位生产经营无关的收支事项，应查明原因并作相应的记录。

8. 检查银行存款收支的正确截止

选取资产负债表日前后若干天的银行存款收支凭证实施截止测试，关注业务内容及对应项目，如有跨期收支事项，应考虑是否提请被审计单位进行调整。

9. 关注质押、冻结等款项

审计人员应关注是否存在质押、冻结等对变现有限制或存在境外的款项。如果存在，是否已提请被审计单位作必要的调整和披露。

10. 检查银行存款是否在财务报表中做出恰当列报

根据有关规定，企业的银行存款在资产负债表的“货币资金”项目中反映，所以，注册会计师应在实施上述审计程序后，确定银行存款账户的期末余额是否恰当，进而确定银行存款是否在资产负债表中恰当披露。

【例 3-3】沿用例 3-1，注册会计师李某在对 AT 股份有限公司货币资金的内部控制进行控制测试，发现该公司货币资金的内部控制存在一定的漏洞之后，评估该公司的内部控制属于中信赖程度，并适当地扩大了对 AT 股份有限公司货币资金进行实质性测试的范围。

（1）获取并检查银行存款余额调节表。审计人员从AT股份有限公司财务部门取得该公司截至12月31日的银行对账单、银行存款日记账和出纳林某编制的2014年12月31日的银行存款余额调节表（如表3-5所示）。

表3-5

银行存款余额调节表

2014年12月31日

账户：2201036919100032××　　币别：人民币　　单位：元

项　目	金额	项　目	金额
银行存款日记账余额	653 920.00	银行对账单余额	997 280.00
加：银行已收，企业未入账金额	173 000.00	加：企业已收，银行未入账金额	117 000.00
其中：1. 11月23日甲公司	135 000.00	其中：12月28日乙公司	117 000.00
2. 12月7日丙公司	38 000.00	减：企业已付，银行未入账金额	326 960.00
减：银行已付，企业未入账金额	39 600.00	其中：1. 12月27日汇票	325 000.00
其中：12月29日电费	39 600.00	2. 12月30日现金支票	1 960.00
调节后的存款余额	787 320.00	调节后的存款余额	787 320.00

编制：林某　　会计主管：符某

该银行存款余额调节表由该公司出纳编制，不符合银行存款内部控制要求，审计人员根据有关资料重新编制银行存款余额调节表（如表3-6所示），同时实施其他审计程序，以判定双方余额是否真实、准确。

表3-6

对银行存款余额调节表的检查

被审计单位：AT股份有限公司　　索引号：ZA2-3

项目：对银行存款余额调节表的检查　　财务报表截止日/期间：2014年12月31日

编制：李某　　日　期：2015年1月21日

复核：王某　　日　期：2015年1月21日

开户银行：工行××支行　　银行账号：2201036919100032××　　币种：人民币　　单位：元

项　目	金额	是否需要审计调整	调节项目说明	调整后余额
银行对账单余额	997 280.00			997 280.00
加：企业已收，银行尚未入账合计金额	117 000.00			
其中：12月28日乙公司	117 000.00	是	-117 000	
减：企业已付，银行尚未入账合计金额	326 960.00			326 960.00
其中：1. 12月27日汇票	325 000.00			325 000.00
2. 12月30日现金支票	1 960.00			1 960.00

续表

项　　目	金额	是否需要审计调整	调节项目说明	调整后余额
调整后银行对账单余额	787 320.00			670 320.00
企业银行存款日记账余额	653 920.00	是	-117 000	536 920.00
加：银行已收，企业尚未入账合计金额	253 000.00			253 000.00
其中：1. 11 月 23 日甲公司	135 000.00			135 000.00
2. 12 月 7 日丙公司	38 000.00			38 000.00
3. 12 月 22 日 A 公司	80 000.00			80 000.00
减：银行已付，企业尚未入账合计金额	119 600.00			119 600.00
其中：1. 12 月 24 日	80 000.00			80 000.00
2. 12 月 29 日电费	39 600.00			39 600.00
调整后企业银行存款日记账余额	787 320.00			670 320.00
经办会计人员（签字）：林某	会计主管（签字）：符某			

审计说明及结论：针对银行存款，我们实施了相关的审计程序，发现存在以下问题：一是出纳员编制其经管的银行存款余额调节表，不符合银行存款内部控制的要求。二是银行存款余额调节表中所列示的一笔 2014 年 12 月 28 日的未达账项，公司已记增加银行存款，但至今仍未实际收到该笔存款，应将其转入往来款项。

调整后余额可以确认。

审计人员在进行银行存款日记账与银行对账单核对的过程中，除核实了该公司所编制的银行存款余额调节表中所列示的未达账项外，还发现银行对账单上有如下两笔未达账项未在银行存款余额调节表中反映，即 2014 年 12 月 22 日通过转账支票从 A 公司转入金额 80 000 元，2014 年 12 月 24 日通过现金支票提取现金 80 000 元，支票存根注明“备用金”。随即检查银行存款日记账和库存现金日记账，却没有发现相应记录。短时间内金额相等的一收一取两笔业务，有可能是出租出借银行账户。审计人员向财务经理询问公司是否存在违规出租出借账户的现象，财务经理承认确有此事，并解释是为了帮助客户解决现金周转困难。

审计人员就上述未达账项进一步核对了 2015 年 1 月 1—15 日的银行对账单，发现企业在 2014 年 12 月 28 日已记增加银行存款，并记入主营业务收入账户的未达账项，但到 15 日前银行仍未收到该笔存款，AT 股份公司登记的金额是 117 000 元，审计人员与银行联系后得知，该支票为空头支票，早在年前已退回乙公司，经询问会计人员确有此事，但会计人员认为该业务不影响当期损益和资产额，过一段时间对方账上有资金后会马上付款。审计人员认为该笔业务金额较大，影响公司的现金流量指标，必须进行调整，而且将该笔金额调入应收款项，还应按规定计提坏账准备，最终也会影响到收益额。调整会计分录（假设不考虑计提坏账准备）为：

借：应收账款——乙公司　　　117 000

　贷：银行存款　　　117 000

（2）对银行存款进行函证，证实银行存款是否存在，并发现可能存在的银行贷款。审计人员根据打印的AT股份有限公司开户信息清单了解到，该公司共有3个银行账户，于是向这3家开户银行发放询证函，并根据回函情况编制了银行存款函证结果汇总表（如表3-7所示）。

表3-7 **银行存款函证结果汇总表**

被审计单位：AT股份有限公司　　索引号：ZA2-4

项目：银行存款函证结果汇总表　　财务报表截止日/期间：2014年12月31日

编制：李某　　日　期：2015年1月24日

复核：王某　　日　期：2015年1月24日

开户银行	账号	币种	函证情况					冻结、质押等事项说明	备注
			对账单余额	函证日期	回函日期	回函金额	金额差异		
工行××支行	220103607440670021	人民币	52 577.48	2015年1月24日	2015年1月24日	52 577.48	—	否	
工行××支行	220103691910003228	人民币	997 280.00	2015年1月24日	2015年1月24日	997 280.00	—	否	
建行××支行	460010036919120633	人民币	197 286.52	2015年1月24日	2015年1月24日	197 286.52	—	否	

（3）检查银行存款收支的截止是否正确。为了确认AT股份有限公司银行存款业务均记入了正确的会计期间，审计人员决定随机选取该公司资产负债表日前后7张银行存款收付凭证实施截止测试（如表3-8所示）。

表3-8 **银行存款收付截止性测试表**

被审计单位：AT股份有限公司　　索引号：ZA2-7

项目：银行存款收付截止性测试表　　财务报表截止日/期间：2014年12月31日

编制：李某　　日　期：2015年1月24日

复核：王某　　日　期：2015年1月25日

单位：元

日期	凭证号	内容摘要	对应科目	金　额		是否跨期
				借方	贷方	
2014年12月31日	银付137	付手续费	财务费用		325.62	否
2014年12月31日	银收152	收销货款	应收账款	62 500.00		否
2014年12月30日	银收147	收出租包装物押金	其他应付款	5 000.00		否
截止日期：2014年12月31日						

续表

日期	凭证号	内容摘要	对应科目	金额		是否跨期
				借方	贷方	
2015 年 1 月 4 日	银付 3	付欠货款	应付账款		172 000.00	否
2015 年 1 月 5 日	银收 2	收销货款	应收账款	236 000.00		否
2015 年 1 月 6 日	银付 36	付差旅费	管理费用		25 000.00	是
2015 年 1 月 7 日	银付 131	付通信费	管理费用		3 270.00	否

审计说明及结论：选取资产负债表日前后 7 张银行存款收付凭证进行测试，发现 2015 年 1 月 6 日银付 36 号凭证所附车票、飞机票、住宿费发票等的日期均为 2014 年 12 月份，属于跨期事项，应予调整。

未见其他异常。

在抽查时发现，2015 年 1 月 6 日银付 36 号凭证为公司副总经理报销的差旅费，但作为附件的车票、飞机票、住宿费发票等的日期均为 2014 年 12 月份，询问财务人员得知该副总经理在出差前并没有办理相关借款手续，直到 2015 年 1 月 6 日才到财务部门报销，于是会计将该笔业务计入 2015 年 1 月。审计人员认为根据权责发生制原则，差旅费用发生在 2014 年，应计入 2014 年的费用，该笔业务属于跨期事项，由于金额较大，必须进行调整。调整会计分录如下：

将差旅费入账：

借：管理费用　　25 000

　贷：其他应付款　　25 000

将调整结果转入本年利润账户：

借：本年利润　　25 000

　贷：管理费用　　25 000

调整所得税和利润分配：

借：应交税费——应交所得税　　6 250

　贷：所得税费用　　6 250

借：所得税费用　　6 250

　　盈余公积　　1 875

　　利润分配——未分配利润　　16 875

　贷：本年利润　　25 000

思考与练习

一、单项选择题

1. 下列说法正确的是（　　）。

A. 出纳员可以兼任稽核员　　B. 出纳员可以登记管理费用明细账

C. 出纳员可以登记现金日记账　　D. 出纳员可以登记应付账款明细账

2. 对于审批人超越授权范围审批的货币资金业务，经办人员有权拒绝办理，并及时向（　）报告。

A. 审批人的上级授权部门　　B. 经办人员的上级主管部门

C. 单位财务决策部门　　D. 单位人力资源管理部门

3. 货币资金支付业务的程序通常是（　）。

A. 支付申请—支付复核—支付审批—办理支付

B. 支付申请—支付审批—支付复核—办理支付

C. 支付申请—支付审批—办理支付—支付复核

D. 支付申请—支付审批—办理支付

4. 企业一般不得从本单位的现金收入中直接支付现金，因特殊情况需要支付现金的，应事先报经（　）审查批准。

A. 本企业单位负责人　　B. 上级主管部门

C. 财税部门　　D. 开户银行

5. 以下对货币资金业务内部控制制度的要求中，与银行存款无直接关系的是（　）。

A. 按月盘点现金，做到账实相符　　B. 当日收入现金及时送存银行

C. 加强对货币资金业务的内部审计　　D. 收支与记账岗位分离

6. 以下项目中哪一项发生舞弊的可能性最小（　）。

A. 长期从事货币资金管理的职员未进行轮岗

B. 应收账款业务处理职责分工不明确

C. 某一职员身兼采购及记录、差异处理等职责

D. 管理当局授权下属对小额现金支出进行审批

7. 注册会计师测试现金余额的起点是（　）。

A. 监盘库存现金

B. 核对库存现金日记账与总账的余额是否相符

C. 抽查大额库存现金收支

D. 检查库存现金收支的正确截止

8. 将库存现金盘点日实存金额调整至报表日应有金额的公式是（　）。

A. 报表日应有金额=盘点日实存金额+报表日至盘点日支出金额-报表日至盘点日收入金额

B. 报表日应有金额=盘点日实存金额-报表日至盘点日支出金额+报表日至盘点日收入金额

C. 盘点日实存金额=报表日应有金额+报表日至盘点日支出金额+报表日至盘点日收入金额

D. 盘点日实存金额=报表日应有金额-报表日至盘点日支出金额-报表日至盘点日收入金额

9. 为评估被审计单位利息收入的合理性，应计算银行存款（　）应收利息收入。

A. 函证日余额　　B. 函证回函余额　　C. 年末余额　　D. 年度累计余额

10. 如果注册会计师已从被审计单位的某开户银行获取了银行对账单和所有已付支票清单，则该注册会计师（　　）。

A. 不需再向该银行函证

B. 可以直接确定该账户余额

C. 仍需向该银行函证

D. 可根据实际需要，确定是否向银行函证

11. 注册会计师在审计某银行存款账户时发现，银行存款对账单余额与银行存款日记账余额不符，那么，应当执行的最有效的审计程序是（　　）。

A. 取得并检查该账户的银行存款余额调节表

B. 检查该账户银行对账单中记录的资产负债表日前后的收付情况

C. 检查该账户的银行存款日记账中记录的资产负债表日前后的收付情况

D. 抽查该账户在该年度的大额银行存款收支业务

12. 注册会计师A于2014年3月4日下午下班时对甲公司全部现金进行监盘后，确认实有现金数额为2 000元，2014年1月1日至3月4日现金收入总额为165 200元、现金支出总额为165 500元，则推断2013年12月31日库存现金余额应为（　　）元。

A. 2 300　　B. 1 700　　C. 2 000　　D. 1 900

13. 对银行存款进行截止测试的关键是（　　）。

A. 审查当年各月的银行存款余额调节表

B. 确定被审计年度企业开出的最后一张支票号码

C. 审查当年各月的银行存款对账单

D. 确定被审计单位当年记录的最后一笔银行存款业务

14. 抽查现金日记账记录时，审阅摘要栏一般是为了检查（　　）。

A. 现金支付业务的账务处理是否准确　　B. 有无坐支现象

C. 有无超过规定的库存现金限额现象　　D. 现金收付业务是否合法

15. 如果被审计单位的收款500元错误记录在银行存款日记账的贷方，则审计人员认为银行存款日记账余额应（　　）元。

A. 调增1 000　　B. 调减1 000　　C. 调增500　　D. 调减500

16. 审计人员要证实被审计单位在接近12月31日签发的支票未予入账，最有效的审计手续是（　　）。

A. 审查12月31日银行对账单

B. 审查12月份支票存根及银行存款日记账

C. 询证12月31日银行存款余额

D. 审查年末银行存款总账

二、多项选择题

1. 货币资金审计涉及的凭证和会计记录有（　　）。

A. 库存现金盘点表　　B. 银行存款余额调节表

C. 库存现金总账　　D. 应收票据明细账

2. 下面关于现金和银行存款管理的表述，正确的是（　　）。
A. 超过库存限额的现金应及时存入银行
B. 因特殊情况需坐支现金的，应事先报经开户银行审查批准
C. 单位应当指定专人定期核对银行账户，每月至少核对一次，并编制银行存款余额调节表
D. 单位应当严格遵守银行结算纪律，不准签发没有资金保证的票据或远期支票，套取银行信用
3. 下面属于货币资金内部控制测试程序的是（　　）。
A. 核对库存现金日记账与总账的余额是否相符
B. 抽取一定期间的库存现金银行存款日记账与总账核对
C. 取得并检查银行存款余额对账单和银行存款余额调节表
D. 抽取一定期间银行存款余额调节表，查验其是否按月正确编制并经复核。
4. 在货币资金内部控制测试中，应该抽取适量的收款凭证，并核对（　　）。
A. 收款凭证的相关授权批准手续是否符合规定
B. 银行存款收款凭证与存入银行账户的日期和金额是否相符
C. 实收金额与销货发票是否一致
D. 银行存款收款凭证与银行对账单是否相符
5. 下列事项中，属于银行存款内部控制的调查内容的是（　　）。
A. 作废的银行票据是否加盖“作废”戳记
B. 当日收到的现金是否由专人送存银行
C. 票据的领用是否经过批准并进行登记
D. 空白票据是否由专人保管
6. 检查货币资金业务不相容职责的划分情况时，审查的内容包括（　　）。
A. 抽查收付款凭证上有无审批授权人的签章
B. 抽查银行存款调节表，检查编制人签章是否为出纳员以外的人员
C. 抽查现金及银行存款日记账与相应的记账凭证，检查是否由会计人员编制并审核记账凭证
D. 支票的保管和登记及印章的保管是否分别由两人负责
7. 货币资金的内部控制的主要内容有（　　）。
A. 监督检查　　B. 岗位分工及授权批准
C. 票据及有关印章的管理　　D. 库存现金和银行存款的管理
8. 监盘库存现金，可以查明被审计单位（　　）等问题。
A. 有无私设小金库　　B. 有无白条顶库
C. 是否严格执行现金管理制度　　D. 会计出纳是否岗位不分
9. 注册会计师监盘库存现金时，被审计单位必须参加的是（　　）。
A. 法定代表人　　B. 现金出纳员　　C. 会计主管人员　　D. 内部审计人员
10. 库存现金监盘最好实施突击性检查，恰当的时间选择有（　　）。
A. 上午上班前　　B. 上午下班时　　C. 下午上班前　　D. 下午下班时

11. 检查大额现金收支时，应该关注的内容有（　　）。

A. 原始凭证是否齐全、内容是否完整、有无授权批准

B. 记账凭证与原始凭证是否相符

C. 账务处理是否正确

D. 是否记录于恰当的会计期间

12. 注册会计师孙某于2015年3月6日对G电器股份有限公司进行了现金监盘，在后续的截止测试中应该抽查的凭证有（　　）。

A. 2014年12月31日前若干天的、一定金额以上的现金收支凭证

B. 2014年12月31日后若干天的、一定金额以上的现金收支凭证

C. 2015年3月6日前若干天的、一定金额以上的现金收支凭证

D. 2015年3月6日后若干天的、一定金额以上的现金收支凭证

13. 下列审计程序中，属于银行存款的实质性程序的有（　　）。

A. 检查银行存单

B. 取得并检查银行存款余额对账单和银行存款余额调节表

C. 函证银行存款余额

D. 检查银行存款是否在财务报表中做出恰当列报

14. 注册会计师向往来银行函证，能够（　　）。

A. 了解企业银行存款的存在

B. 了解企业账面反映的所欠银行债务的情况

C. 有助于发现企业未入账的银行借款

D. 有助于发现企业未披露的或有负债

15. 下面关于银行询证函的说法，正确的有（　　）。

A. 询证函是以被审计单位的名义发往开户银行的

B. 询证函是以会计师事务所的名义发往开户银行的

C. 回函必须寄至会计师事务所

D. 回函可以寄至被审计单位，然后转交会计师事务所

三、判断题

1. 如果企业规模较小，为工作便利起见，可以由出纳员保管支付款项所需的全部印章。（　　）

2. 注册会计师通常通过编写货币资金内部控制说明或货币资金内部控制流程图来了解货币资金内部控制情况。（　　）

3. 企业外币资金的期末余额应采用期末即期汇率折算为记账本位币金额，并对相应的折算差额进行会计处理。（　　）

4. 出纳人员不得兼任稽核、会计档案的保管，但可以登记收入、支出账簿。（　　）

5. 如果企业的货币资金内部控制制度比较完善但执行较差，则在后续审计过程中应该适当增加实质性程序。（　　）

6. 单位应当定期和不定期地进行现金盘点，以确保现金账面余额与实际库存相符。

(　　)

7. 注册会计师通过询问或观察可以证实货币资金业务的不相容岗位是否相互分离。(　　)

8. 被审计单位年末已经注销、余额为零的银行存款账户，审计时没有必要再进行函证。(　　)

9. 为节省审计时间，审计人员可以委派被审计单位出纳去相关银行进行函证。(　　)

10. 被审计单位资产负债表上的银行存款余额，应以编制或取得的银行存款余额调节表的调整结果为准。(　　)

11. 注册会计师寄发的银行询证函的函证对象包括银行存款和借款余额等。(　　)

12. 如果银行询证函回函结果表明没有差异，则可以认定银行存款余额是正确的。(　　)

13. 库存现金监盘的范围通常包括未存入银行的已收现金、零用金、找换金及各部门人员领用的备用金。(　　)

14. 为明确责任，库存现金监盘表只能由被审计单位出纳人员和会计主管签字。(　　)

15. 现金监盘要求实施突击性检查，而存货监盘则要求事前通知并召开监盘预备会议。(　　)

学习情境四

出具审计报告

任务描述：

了解和熟悉审计终结阶段的工作内容，能根据审计工作底稿和已获审计证据，按照审计准则要求，形成审计结论，撰写审计报告。

技能目标：

1. 能根据审计结果，确定出具审计报告的类型。
2. 熟悉标准审计报告格式，能编撰标准审计报告。
3. 理解发表不同审计意见的必备条件，能辨别出具非标准审计报告时的情形。
4. 能编撰非标准审计报告。

知识目标：

1. 认识审计报告的意义和作用。
2. 了解终结审计程序以及编写审计报告前的准备工作内容。
3. 熟知审计报告的构成要素、措辞要求和确定依据。
4. 了解并熟悉审计报告的类型。
5. 掌握标准审计报告和非标准审计报告的撰写要求。

情境导入：

李某是一名大三学生，现在一家会计师事务所实习。她的妈妈是个股票迷，手上持有不少××公司的股票。2014 年 4 月的一天，李某的妈妈从股市回来，兴高采烈，说这段时间行情见涨，赚了不少。在股市上听人说因为××公司的年报业绩很好，人心稳定，回来叫李某帮她查证一下。李某经过查实，××公司 2013 年度财务报告确实已经某会计师事务所审计，出具了标准无保留意见审计报告。

请问什么是审计报告？审计报告和公司业绩有什么关系？它能否证实公司的经营状况？

项目一　出具标准审计报告

任务一　了解审计报告的要素

这里，我们主要介绍由注册会计师出具的审计报告。

（一）审计报告的概念

审计报告，是指注册会计师根据审计准则的规定，在执行审计工作的基础上，对财务报表发表审计意见的书面文件。

审计报告是注册会计师在完成审计工作之后的最终产品，是对被审计单位财务报表发表审计意见的书面证明，也是注册会计师履行审计责任的书面证明。注册会计师应当在审计报告中清楚地表达对财务报表的意见，并对出具的审计报告负责。

注册会计师出具的审计报告具有法律效力。

（二）审计报告的意义和作用

1. 审计报告的意义

（1）审计报告是审计人员完成审计任务，表达审计意见的主要方式，是审计工作的最终成果。

（2）审计报告是明确审计人员责任的重要条件。通过审计报告我们可以看出审计发现了哪些问题，审计人员给出了什么结论，提出了什么意见和建议，从而可作为衡量审计工作质量、明确审计人员责任、反映审计工作成果的依据。

2. 审计报告的作用

（1）审计报告具有鉴证、保护、证明的作用。

（2）审计报告是具有公证性的证明文件，可向社会各界提供经济公证。民间审计报告具有法定证明效力。

（3）审计报告可以表明审计工作的质量并明确注册会计师的审计责任。通过审计报告，可以证明注册会计师在审计过程中是否实施了必要的审计程序，是否以审计工作底稿为依据发表审计意见，发表的审计意见是否与被审计单位的实际情况相一致，审计工作的质量是否符合要求。通过审计报告，可以证明注册会计师审计责任的履行情况。

（三）审计报告的种类

1. 按照审计报告的性质可分为标准审计报告和非标准审计报告

（1）标准审计报告，是指不含有说明段、强调事项段、其他事项段或其他任何修饰性用语的无保留意见的审计报告。包含其他报告责任段，但不含强调事项段或其他事项段的无保留意见的审计报告也被视为标准审计报告。

（2）非标准审计报告，是指带强调事项段或其他事项段的无保留意见的审计报告和非无保留意见的审计报告。非无保留意见的审计报告，包括保留意见的审计报告、否定意见的审计报告和无法表示意见的审计报告。

2. 按照审计报告的详略程度可分为简式审计报告和详式审计报告

（1）简式审计报告，又称短式审计报告。它是指注册会计师对应公布的会计报表进行审计后的简明扼要的审计报告，一般适用于公布目的，具有标准审计报告的特点。

（2）详式审计报告，又称长式审计报告。它是指对审计对象所有重要的经济业务和情况都要做详细说明和分析的审计报告，一般适用于非公布目的，具有非标准审计报告的特点。

此外，可按照审计报告使用的目的可分为公布目的的审计报告和非公布目的的审计报告。

（四）审计报告与会计报表的关系

（1）二者在形式上相互独立，但在内容上有必然联系。审计报告是对会计报表的审查情况发表的相应审计意见，会计报表是被审计单位财务信息的反映。

（2）管理当局有责任或义务按现行的企业会计准则及时编制正确、完整的会计报表。

（3）审计报告只是注册会计师表述审计结论的手段，它本身不包括被审计企业或组织的财务信息或具体数据资料，不能代替会计报表。

（4）会计报表属于审计对象，其编制质量的最终责任由管理当局而非注册会计师来承担。注册会计师的责任只限于审查会计报表的合法性、公允性。

（5）注册会计师可以发表不同形式的审计报告来表达意见，但他无权修改或编制会计报表。

（6）审计报告与会计报表是属于性质不同的两种报告文件。在审计过程中，注册会计师可以建议被审计单位根据企业会计准则的要求，调整或修改会计报表的内容或格式，或者被审计单位可以委托注册会计师根据检查结果代为编制审定的会计报表及其附注。

（7）审计报告的重要作用是，对会计报表的合法性、公允性加以鉴证，作为委托人和其他信息使用者信赖会计报表，并据以进行合理经济决策的直接依据。

（8）若没有注册会计师鉴证，会计报表的可信性及使用价值就会打折扣；但是，如果审计报告编写不当，则会削弱会计报表的效用。

（9）审计报告与会计报表的编制和责任要求不同。

（五）终结审计的程序

1. 获取管理层声明

管理层声明，是指被审计单位管理层向注册会计师提供的关于财务报表的各项陈述。

这些陈述是注册会计师在审计过程中与被审计单位管理层就财务报表审计相关的重大事项不断进行沟通形成的。它有两个基本作用：一是明确管理层对财务报表的责任；二是提供审计证据。

2. 获取律师声明书

律师声明书是被审计单位法律顾问或律师对注册会计师函证问题的答复和说明。

律师声明书通常可提供有力的证据，帮助注册会计师解释并报告有关的期后事项和或有事项，以减少注册会计师误解上述事项的可能性。注册会计师在出具审计报告之前应当完成此项工作。

3. 进行审计差异调整和编制试算平衡表

审计差异是指注册会计师在审计过程中发现的被审计单位对交易与事项的确认、计量或列报与适用的会计准则（或会计制度）不一致的地方。审计差异的调整主要是通过编制审计差异调整表和试算平衡表完成的。

4. 对财务报表总体合理性实施分析程序

运用分析程序的目的是确定审计调整后的财务报表整体是否与其对被审计单位的了解一致，是否合理。如果识别出以前未识别的重大错报风险，注册会计师应当重新考虑对全部或部分各类交易、账户余额、列报评估的风险是否恰当，并在此基础上重新评价之前计划的审计程序是否充分，是否有必要追加审计程序。

5. 复核审计工作底稿并评价审计结果

注册会计师复核审计工作底稿，评价审计结果，主要是为了确定将要发表的审计意见类型在整个审计过程中是否遵循了审计准则。基本工作有：（1）对审计证据进行综合评价——考虑其是否充分、适当；（2）对重要性进行最终评价——错报的影响程度；（3）对审计风险进行最终评价——可接受风险水平。

6. 形成审计意见并草拟审计报告

在完成审计工作阶段，审计项目负责人应当汇总并评价项目组成员的审计结果，综合考虑在审计过程中所搜集到的全部证据。在评价审计结果的基础上，形成审计意见。

7. 与被审计单位治理层沟通

沟通的目的有：（1）就审计范围和时间以及注册会计师、治理层和管理层各方在财务报表审计和沟通中的责任，取得相互了解；（2）及时向治理层告知审计中发现的与治理层责任相关的事项；（3）共享有助于注册会计师获取审计证据和治理层履行责任的其他信息。

8. 实施质量控制复核

项目质量控制复核是指在出具审计报告前，项目质量控制复核人员对项目组作出的重大判断和初步审计结论进行客观评价的过程。

会计师事务所应当制定政策和程序，以合理保证按照法律法规、职业道德规范和业务准则的规定执行业务，使会计师事务所和项目负责人能够根据具体情况出具恰当的报告。会计师事务所主任会计师对质量控制制度承担最终责任。

（六）审计意见的形成

为了形成审计意见，注册会计师应当针对财务报表整体是否不存在由于舞弊或错误导致的重大错报得出结论，确定是否已就此获取合理保证。

（1）按照《中国注册会计师审计准则第 1231 号——针对评估的重大错报风险采取的应对措施》的规定，注册会计师应当评价根据审计证据得出的结论，以作为对财务报表形成审计意见的基础。

（2）按照《中国注册会计师审计准则第 1251 号——评价审计过程中识别出的错报》的规定，检查未更正错报单独或汇总起来是否构成重大错报。

（3）评价财务报表是否在所有重大方面按照适用的财务报告编制基础编制。特别应当评价下列内容：

①财务报表是否充分披露了选择和运用的重要会计政策；

②选择和运用的会计政策是否符合适用的财务报告编制基础，并适合于被审计单位的具体情况；

③管理层作出的会计估计是否合理；

④财务报表列报的信息是否具有相关性、可靠性、可比性和可理解性；

⑤财务报表是否作出充分披露，使财务报表预期使用者能够理解重大交易和事项对财务报表所传递的信息的影响；

⑥财务报表使用的术语（包括每一财务报表的标题）是否适当。

（4）评价财务报表是否实现公允反映。注册会计师应当考虑：①财务报表的整体列报、结构和内容是否合理；②财务报表（包括相关附注）是否公允地反映了相关交易和事项。

（5）评价财务报表是否恰当提及或说明适用的财务报告编制基础。

（七）审计报告的内容

审计报告应当采用书面形式，它包括下列要素：（1）标题；（2）收件人；（3）引言段；（4）管理层对财务报表的责任段；（5）注册会计师的责任段；（6）审计意见段；（7）注册会计师的签名和盖章；（8）会计师事务所的名称、地址及盖章；（9）报告日期。

（八）审计报告的编制步骤和要求

编制步骤是：整理和分析审计工作底稿—进行审计调整—确定审计意见的类型和措辞—撰写审计报告。

编制要求包括：内容全面完整；审计证据要确凿充分；观点要客观明确；语言要清晰简练，条理清楚，表达准确恰当。

任务二　出具标准审计报告

（一）出具标准审计报告的条件

注册会计师在审计完被审计单位财务报表之后，认为被审计单位财务报表符合下列所有条件，注册会计师应当出具无保留意见的审计报告：

1. 公允性和合法性

财务报表已经按照适用的会计准则和相关会计制度的规定编制，在所有重大方面公允反映了被审计单位的财务状况、经营成果和现金流量。

（1）在评价财务报表是否按照适用的财务报告编制基础编制时，注册会计师应当考虑下列内容：

①选择和运用的会计政策是否符合适用的财务报告编制基础，并适合被审计单位的具体情况。

②管理层做出的会计估计是否合理。

③财务报表反映的信息是否具有相关性、可靠性、可比性和可理解性。

④财务报表是否做出充分披露，使财务报表使用者能够理解重大交易和事项对被审计单位财务状况、经营成果和现金流量的影响。

（2）在评价财务报表是否做出公允反映时，注册会计师应当考虑下列内容：

①经管理层调整后的财务报表，是否与注册会计师对被审计单位及其环境的了解一致。

②财务报表的列报、结构和内容是否合理。

③财务报表是否真实地反映了交易和事项的经济实质。

2. 审计范围不受限制

注册会计师已经按照中国注册会计师审计准则的规定计划和实施审计工作，在审计过程中未受到限制。

（二）标准审计报告的基本内容

根据中国注册会计师执业准则的规定，标准审计报告的基本内容有：

1. 标题

审计报告应当具有标题，统一规范为“审计报告”。

2. 收件人

审计报告的收件人是指注册会计师按照业务约定书的要求致送审计报告的对象，一般是指审计业务的委托人，审计报告应当按照审计业务约定的要求载明收件人的全称。

3. 引言段

审计报告的引言段应当包括下列方面：（1）指出被审计单位的名称；（2）说明财务报表已经审计；（3）指出构成整套财务报表的每一份财务报表的名称；（4）提及财务报表附注，包括重要会计政策概要和其他解释性信息；（5）指明构成整套财务报表的每一份财务报表的日期或涵盖的期间。

4. 管理层对财务报表的责任段

审计报告应当包含标题为“管理层对财务报表的责任”的段落，用以描述被审计单位中负责编制财务报表的人员的责任。管理层对财务报表的责任段应当说明，编制财务报表是管理层的责任，这种责任包括：

（1）按照适用的财务报告编制基础编制财务报表，并使其实现公允反映；

（2）设计、执行和维护必要的内部控制，以使财务报表不存在由于舞弊或错误导致的重大错报。

对管理层责任的说明提及这两项责任，是因为它是注册会计师按照审计准则执行审计工作的前提。

5. 注册会计师的责任

审计报告应当包含标题为“注册会计师的责任”的段落。注册会计师的责任段应当说明下列内容：

（1）注册会计师的责任是在执行审计工作的基础上对财务报表发表审计意见。

（2）注册会计师按照中国注册会计师审计准则的规定执行了审计工作。中国注册会计师审计准则要求注册会计师遵守《中国注册会计师职业道德守则》，计划和执行审计工作以对财务报表是否不存在重大错报获取合理保证。

（3）审计工作涉及实施审计程序，以获取有关财务报表金额和披露的审计证据。选择的审计程序取决于注册会计师的判断，包括对由于舞弊或错误导致的财务报表重大错报风险的评估。在进行风险评估时，注册会计师考虑与财务报表编制和公允列报相关的内部控制，以设计恰当的审计程序，但目的并非对内部控制的有效性发表意见。审计工作还包括评价管理层选用会计政策的恰当性和作出会计估计的合理性以及评价财务报表的总体列报。

（4）注册会计师相信获取的审计证据是充分、适当的，为其发表审计意见提供了基础。如果结合财务报表审计对内部控制的有效性发表意见，注册会计师应当删除上述第（3）项中“但目的并非对内部控制的有效性发表意见”的措辞。

这四点关于注册会计师责任的说明，使其与管理层编制财务报表的责任相区别。

6. 审计意见段

审计报告应当包含标题为“审计意见”的段落。如果对财务报表发表无保留意见，除非法律法规另有规定，审计意见应当使用“财务报表在所有重大方面按照适用的财务报告编制基础（如企业会计准则等）编制，公允反映了……”的措辞。

如果在审计意见中提及的适用的财务报告编制基础不是企业会计准则，而是国际财务报告准则、国际公共部门会计准则或者其他国家或地区的财务报告准则，注册会计师应当在审计意见段中指明国际财务报告准则或国际公共部门会计准则，或者财务报告准则所属的国家或地区。

除审计准则规定的注册会计师对财务报表出具审计报告的责任外，相关法律法规可能对注册会计师设定了其他报告责任。如果注册会计师在对财务报表出具的审计报告中履行了其他报告责任，应当在审计报告中将其单独作为一部分，并以“按照相关法律法规的要求报告的事项”为标题，此时，审计报告应当区分为“对财务报表出具的审计报告”和“按照相关法律法规的要求报告的事项”两部分。前述的审计报告标题和段落 1 ~6 点属于第一部分，置于“对财务报表出具的审计报告”标题下；“按照相关法律法规的要求报告的事项”属于第二部分，置于“对财务报表出具的审计报告”部分之后。

7. 注册会计师签名和盖章

审计报告应当由两名注册会计师签名和盖章。

8. 会计师事务所的名称、地址和盖章

审计报告应当载明会计师事务所的名称和地址，并加盖会计师事务所公章。

在载明会计师事务所地址时，标明会计师事务所所在的城市即可。在实务中，审计报告通常载于会计师事务所统一印制的、标有该所详细通信地址的信笺上，因此，无须在审计报告中注明详细地址。

9. 报告日期

审计报告应当注明报告日期。审计报告的日期不应早于注册会计师获取充分、适当的审计证据，并在此基础上对财务报表形成审计意见的日期。

在确定审计报告日期时，注册会计师应当确信已获取下列两方面的审计证据：

（1）构成整套财务报表的所有报表（包括相关附注）已编制完成；

（2）被审计单位的董事会、管理层或类似机构已经认可其对财务报表负责。

审计报告的日期非常重要。注册会计师对不同时段的财务报告日后事项有着不同的责任，而审计报告的日期是划分时段的关键时点。由于审计意见是针对财务报表发表的，并且编制财务报告是管理层的责任，所以，只有在注册会计师获取证据证明构成整套财务报表的所有报表（包括相关附注）已经编制完成，并且管理层已认可其对财务报告的责任的情况下，注册会计师才能得出已经获取充分、适当的审计证据的结论。在实务中，注册会计师在正式签署审计报告前，通常把审计报告和已审财务报表草稿一同提交给管理层。如果管理层批准并签署已审财务报表，注册会计师即可签署审计报告。注册会计师签署审计报告的日期，通常与管理层签署已审计财务报表的日期为同一天，或晚于管理层签署已审计财务报表的日期。

标准审计报告的参考格式如下：

审计报告

ABC股份有限公司全体股东：

一、对财务报表出具的审计报告①

我们审计了后附的ABC股份有限公司（以下简称ABC公司）财务报表，包括2014年12月31日的资产负债表、2014年度的利润表、股东权益变动表和现金流量表以及财务报表附注。

（一）管理层对财务报表的责任

编制和公允列报财务报表是ABC公司管理层的责任。这种责任包括：（1）按照企业会计准则的规定编制财务报表，并使其实现公允反映；（2）设计、执行和维护必要的内部控制，以使财务报表不存在由于舞弊或错误导致的重大错报。

（二）注册会计师的责任

我们的责任是在执行审计工作的基础上对财务报表发表审计意见。我们按照中国注册会计师审计准则的规定执行了审计工作。中国注册会计师审计准则要求我们遵守《中国注册会计师职业道德守则》，计划和执行审计工作以对财务报表是否不存在重大错报获取合理保证。

审计工作涉及实施审计程序，以获取有关财务报表金额和披露的审计证据。选择的审计程序取决于注册会计师的判断，包括对由于舞弊或错误导致的财务报表重大错报风险的评估。在进行风险评估时，注册会计师考虑与财务报表编制和公允列报相关的内部控制，以设计恰当的审计程序，但目的并非对内部控制的有效性发表意见。审计工作还包括评价管理层选用会计政策的恰当性和作出会计估计的合理性以及评价财务报表的总体列报。

我们相信，我们获取的审计证据是充分、适当的，为发表审计意见提供了基础。

（三）审计意见

我们认为，ABC公司财务报表在所有重大方面按照企业会计准则的规定编制，公允反映了ABC公司2014年12月31日的财务状况以及2014年度的经营成果和现金流量。

二、按照相关法律法规的要求报告的事项

（本部分报告的格式和内容，取决于相关法律法规对其报告责任的规定。）

××会计师事务所	中国注册会计师：×××
（盖章）	（盖章）
	中国注册会计师：×××
	（盖章）
中国××市	二〇一五年×月×日

【例4-1】 CG会计师事务所接受委托，派注册会计师陈某、王某二人于2015年2月3日赴DJ印刷厂，对该厂2014年的会计报表进行年度审计，并于2月10日完成了外勤审计任务，于2月12日提交了审计报告底稿及已审财务报表草稿，该厂管理层当日批准并签署

① 如果审计报告中不包含“按照相关法律法规的要求报告的事项”部分，则不需要加入此标题。

已审财务报表。陈某、王某他们于2015年2月15日致送审计报告。下面是他们编写的审计报告：

我们接受委托，审计了贵厂2014年的财务报表，包括2014年12月31日的资产负债表、2014年度的利润表、股东权益变动表和现金流量表以及财务报表附注。

我们的责任是在实施审计工作的基础上对财务报表发表审计意见。我们按照中国注册会计师审计准则的规定执行了审计工作。中国注册会计师审计准则要求我们遵守《中国注册会计师职业道德守则》，计划和实施审计工作以对财务报表是否不存在重大错报获取合理保证。

审计工作涉及实施审计程序，以获取有关财务报表金额和披露的审计证据。选择的审计程序取决于注册会计师的判断，包括对由于舞弊或错误导致的财务报表重大错报风险的评估。在进行风险评估时，我们考虑与财务报表编制相关的内部控制，以设计恰当的审计程序，但目的并非对内部控制的有效性发表意见。审计工作还包括评价管理层选用会计政策的恰当性和作出会计估计的合理性以及评价财务报表的总体列报。

我们相信，我们获取的审计证据是充分、适当的，为发表审计意见提供了基础。

经审计，我们发现2014年末库存商品余额多记了6万元，影响了当年的利润，应予调整，但贵公司未接受我们的意见。

我们认为，贵厂财务报表已经按照企业会计准则和企业会计制度的规定编制，在所有重大方面公允反映了贵厂2014年12月31日的财务状况以及2014年度的经营成果和现金流量。

CG会计师事务所　　　　　　　　　　中国注册会计师：陈某
（盖章）　　　　　　　　　　　　　　　　（盖章）
　　　　　　　　　　　　　　　　　　中国注册会计师：王某
　　　　　　　　　　　　　　　　　　　　　（盖章）

中国××市

二〇一五年二月十五日

根据审计报告的基本要素和编写要求，上述审计报告存在如下问题：（1）缺少标题“审计报告”；（2）缺少收件人，并应写明全称；（3）管理层对财务报表的责任段和注册会计师的责任段标志不明显；（4）强调事项段应置于意见段之后，并应说明“本段内容不影响已发表的审计意见”或用增加“强调事项”段的形式；（5）落款日期应为二月十二日。

项目二　出具非标准审计报告

标准审计报告以外的其他审计报告，都称为非标准审计报告。它是指带强调事项段或其他事项段的无保留意见的审计报告和非无保留意见的审计报告。

（1）当存在下列情形之一时，注册会计师应当在审计报告中发表非无保留意见：

①根据获取的审计证据，得出财务报表整体存在重大错报的结论；

②无法获取充分、适当的审计证据，不能得出财务报表整体不存在重大错报的结论。

（2）注册会计师确定恰当的非无保留意见类型，取决于下列事项：

①导致非无保留意见的事项的性质，是财务报表存在重大错报，还是在无法获取充分、适当的审计证据的情况下，财务报表可能存在重大错报；

②注册会计师就导致非无保留意见的事项对财务报表产生或可能产生影响的广泛性作出的判断。

任务一　带强调事项段或其他事项段的无保留意见审计报告

（一）带强调事项段或其他事项段的无保留意见审计报告的含义

带强调事项段或其他事项段的无保留意见审计报告是非标准审计报告的一种形式。

强调事项段，是指审计报告中含有的一个段落，该段落提及已在财务报表中恰当列报或披露的事项，根据注册会计师的职业判断，该事项对财务报表使用者理解财务报表至关重要。

其他事项段，是指审计报告中含有的一个段落，该段落提及未在财务报表中列报或披露的事项，根据注册会计师的职业判断，该事项与财务报表使用者理解审计工作、注册会计师的责任或审计报告相关。

【例 4-2】 2014 年 5 月 14 日，中注协发布上市公司 2013 年年报审计情况快报（第十六期），会计师事务所共为 2 534 家上市公司出具了财务报表审计报告，有 3 家上市公司未如期披露 2013 年年报。在上述 2 534 份审计报告中，标准审计报告 2 450 份，带强调事项段的无保留意见审计报告 57 份，保留意见审计报告 22 份，无法表示意见的审计报告 5 份。部分上市公司年报审计的简要情况如表 4-1 所示。

表 4-1　**部分上市公司年报审计的简要情况**

股票代码	股票简称	事务所	审计意见类型	出具非标报告原因
000816	江淮动力	天职国际	无保留意见	
000504	ST 传媒	利安达	带强调事项段的无保留意见	营业收入连续 3 年严重下滑，公司拟采取改善措施，但其持续经营能力仍然存在重大的不确定性
000048	康达尔		保留意见	2012 年 12 月 3 日，公司收到中国证券监督管理委员会下达的《调查通知书》（编号：深证调查通字 12490 号），截至报告日，对公司的立案调查尚未结束，注册会计师无法确定该事项对康达尔公司财务报表可能产生的影响

审计报告的强调事项段是指注册会计师在审计意见段之后增加的对重大事项予以强调的段落。旨在通过明确提供补充信息的方式，提醒财务报表使用者关注尽管已在财务报表

中恰当列报或披露，但对财务报表使用者理解财务报表至关重要的事项。

如表4-1所示，ST传媒（北京赛迪传媒投资股份有限公司）2013年度财务报表被利安达会计师事务所出具了带强调事项段的无保留意见审计报告，其原因是ST传媒的营业收入连续3年严重下滑，2013年度扣除非经常损益后的净亏损为2 270.23万元，截至2013年12月31日，流动负债高于流动资产6 702.19万元。公司拟采取改善措施，但其持续经营能力仍然存在重大的不确定性。

（二）出具带强调事项段的无保留意见的审计报告的条件

（1）出具带强调事项段的无保留意见的审计报告时，强调事项应当同时符合下列条件：

①可能对财务报表产生重大影响，但被审计单位进行了恰当的会计处理，且在财务报表中做出充分披露。

②不影响注册会计师发表的审计意见。

（2）应当增加强调事项段的情形有两种：

①当存在可能导致对持续经营能力产生重大疑虑的事项或情况、且不影响已发表的意见时，审计人员应当在审计报告的意见段之后增加强调事项段对此予以强调。

②当存在可能对会计报表产生重大影响的不确定事项（持续经营问题除外）、且不影响已发表的意见时，审计人员应当考虑在审计报告的意见段之后增加强调事项段对此予以强调。

不确定事项是指其结果依赖于未来行动或事项，不受被审计单位的直接控制，但可能影响财务报表的事项。

（3）增加强调事项段或其他事项段的目的。注册会计师在审计报告中增加强调事项段或其他事项段，目的是通过明确提供补充信息的方式，提醒财务报表使用者关注下列事项：

①尽管已在财务报表中恰当列报或披露，但对财务报表使用者理解财务报表至关重要的事项；

②未在财务报表中列报或披露，但与财务报表使用者理解审计工作、注册会计师的责任或审计报告相关的其他事项。

（4）如果在审计报告中增加强调事项段，注册会计师应当采取下列措施：

①将强调事项段紧接在审计意见段之后；

②使用“强调事项”或其他适当标题；

③明确提及被强调事项以及相关披露的位置，以便能够在财务报表中找到对该事项的详细描述；

④指出审计意见没有因该强调事项而改变。

（三）带强调事项段的无保留意见审计报告的参考格式

审计报告

ABC股份有限公司全体股东：

一、对财务报告出具的审计报告

我们审计了后附的ABC股份有限公司（以下简称ABC公司）财务报表，包括2014年12月31日的资产负债表、2014年度的利润表、现金流量表和股东权益变动表以及财务报表附注。

（一）管理层对财务报表的责任

编制和公允列报财务报表是ABC公司管理层的责任。这种责任包括：（1）按照企业会计准则的规定编制财务报表，并使其实现公允反映；（2）设计、执行和维护必要的内部控制，以使财务报表不存在由于舞弊或错误导致的重大错报。

（二）注册会计师的责任

我们的责任是在执行审计工作的基础上对财务报表发表审计意见。我们按照中国注册会计师审计准则的规定执行了审计工作。中国注册会计师审计准则要求我们遵守《中国注册会计师职业道德守则》，计划和执行审计工作以对财务报表是否不存在重大错报获取合理保证。

审计工作涉及实施审计程序，以获取有关财务报表金额和披露的审计证据。选择的审计程序取决于注册会计师的判断，包括对由于舞弊或错误导致的财务报表重大错报风险的评估。在进行风险评估时，注册会计师考虑与财务报表编制和公允列报相关的内部控制，以设计恰当的审计程序，但目的并非对内部控制的有效性发表意见。审计工作还包括评价管理层选用会计政策的恰当性和作出会计估计的合理性以及评价财务报表的总体列报。

我们相信，我们获取的审计证据是充分、适当的，为发表审计意见提供了基础。

（三）审计意见

我们认为，ABC公司财务报表在所有重大方面按照企业会计准则的规定编制，公允反映了ABC公司2014年12月31日的财务状况以及2014年度的经营成果和现金流量。

（四）强调事项

我们提醒财务报表使用者关注，如财务报表附注×所述，截至财务报表批准日，XYZ公司对ABC公司提出的诉讼尚在审理当中，其结果具有不确定性。本段内容不影响已发表的审计意见。

二、按照相关法律法规的要求报告的事项

（本部分报告的格式和内容，取决于相关法律法规对其报告责任的规定。）

××会计师事务所　　　　中国注册会计师：×××

（盖章）　　　　（盖章）

中国注册会计师：×××

（盖章）

中国××市

二〇一五年×月×日

任务二　保留意见的审计报告

（一）保留意见的审计报告的含义

保留意见是指注册会计师对财务报表的反映有所保留的审计意见，是非无保留意见的审计报告的一种表达形式。通常是财务报表整体公允，但存在某种情形，对财务报表的影响是重大的或可能是重大的，无法出具无保留意见。

（1）当存在下列情形之一时，注册会计师应当发表保留意见：

①在获取充分、适当的审计证据后，注册会计师认为错报单独或累计起来对财务报表影响重大，但不具有广泛性；

②注册会计师无法获取充分、适当的审计证据以作为形成审计意见的基础，但认为未发现的错报（如存在）对财务报表可能产生的影响重大，但不具有广泛性。

广泛性，是描述错报影响的术语，用以说明错报对财务报表的影响，或者由于无法获取充分、适当的审计证据而未发现的错报（如存在）对财务报表可能产生的影响。

（2）根据注册会计师的判断，对财务报表的影响具有广泛性的情形包括：

①不限于对财务报表的特定要素、账户或项目产生影响；

②虽然仅对财务报表的特定要素、账户或项目产生影响，但这些要素、账户或项目是或可能是财务报表的主要组成部分；

③当与披露相关时，产生的影响对财务报表使用者理解财务报表至关重要。

（二）增加导致发表保留意见的段落

如果对财务报表发表保留意见，注册会计师应在标准审计报告的基础上，增加一个段落，说明导致发表保留意见的事项。注册会计师应当直接在审计意见段之前增加该段落，并使用恰当的标题，如“导致保留意见的事项”来标志。审计意见段的标题能够使财务报表使用者清楚注册会计师发表了非无保留意见，并能够表明非无保留意见的类型。

当由于财务报表存在重大错报而发表保留意见时，注册会计师应当根据适用的财务报告编制基础在审计意见段中说明：注册会计师认为，除了导致保留意见的事项段所述事项产生的影响外，财务报表在所有重大方面按照适用的财务报告编制基础编制，并实现公允反映。

当无法获取充分、适当的审计证据而导致发表保留意见时，注册会计师应当在审计意见段中使用“除……可能产生的影响外”等措辞。

（三）保留意见的审计报告参考格式

1. 格式一

审 计 报 告

ABC 股份有限公司全体股东：

一、对财务报表出具的审计报告

我们审计了后附的 ABC 股份有限公司（以下简称 ABC 公司）财务报表，包括 2014 年 12 月 31 日的资产负债表、2014 年度的利润表、现金流量表和股东权益变动表以及财务报表附注。

（一）管理层对财务报表的责任

编制和公允列报财务报表是 ABC 公司管理层的责任。这种责任包括：（1）按照企业会计准则的规定编制财务报表，并使其实现公允反映；（2）设计、执行和维护必要的内部控制，以使财务报表不存在由于舞弊或错误导致的重大错报。

（二）注册会计师的责任

我们的责任是在执行审计工作的基础上对财务报表发表审计意见。我们按照中国注册会计师审计准则的规定执行了审计工作。中国注册会计师审计准则要求我们遵守《中国注册会计师职业道德守则》，计划和执行审计工作以对财务报表是否不存在重大错报获取合理保证。

审计工作涉及实施审计程序，以获取有关财务报表金额和披露的审计证据。选择的审计程序取决于注册会计师的判断，包括对由于舞弊或错误导致的财务报表重大错报风险的评估。在进行风险评估时，注册会计师考虑与财务报表编制和公允列报相关的内部控制，以设计恰当的审计程序，但目的并非对内部控制的有效性发表意见。审计工作还包括评价管理层选用会计政策的恰当性和作出会计估计的合理性以及评价财务报表的总体列报。

我们相信，我们获取的审计证据是充分、适当的，为发表保留意见提供了基础。

（三）导致保留意见的事项

ABC 公司 2014 年 12 月 31 日资产负债表中存货的列示金额为×元。管理层根据成本对存货进行计量，而没有根据成本与可变现净值孰低的原则进行计量，这不符合企业会计准则的规定。公司的会计记录显示，如果管理层以成本与可变现净值孰低来计量存货，存货列示金额将减少×元。相应的，资产减值损失将增加×元，所得税、净利润和股东权益将分别减少×元、×元和×元。

（四）保留意见

我们认为，除"（三）导致保留意见的事项"段所述事项产生的影响外，ABC 公司财务报表在所有重大方面按照企业会计准则的规定编制，公允反映了 ABC 公司 2014 年 12 月 31 日的财务状况以及 2014 年度的经营成果和现金流量。

二、按照相关法律法规的要求报告的事项

（本部分报告的格式和内容，取决于相关法律法规对其报告责任的规定。）

××会计师事务所　　　　　　　　　　　　中国注册会计师：×××
（盖章）　　　　　　　　　　　　　　　　（盖章）
　　　　　　　　　　　　　　　　　　　　中国注册会计师：×××
　　　　　　　　　　　　　　　　　　　　（盖章）

中国××市

二〇一五年×月×日

2. 格式二

审计报告

ABC 股份有限公司全体股东：

一、对财务报表出具的审计报告

我们审计了后附的 ABC 股份有限公司（以下简称 ABC 公司）财务报表，包括 2014 年 12 月 31 日的资产负债表、2014 年度的利润表、现金流量表和股东权益变动表以及财务报表附注。

（一）管理层对财务报表的责任

编制和公允列报财务报表是 ABC 公司管理层的责任，这种责任包括：（1）按照企业会计准则的规定编制财务报表，并使其实现公允反映；（2）设计、执行和维护必要的内部控制，以使财务报表不存在由于舞弊或错误导致的重大错报。

（二）注册会计师的责任

我们的责任是在执行审计工作的基础上对财务报表发表审计意见。我们按照中国注册会计师审计准则的规定执行了审计工作。中国注册会计师审计准则要求我们遵守《中国注册会计师职业道德守则》，计划和执行审计工作以对财务报表是否不存在重大错报获取合理保证。

审计工作涉及实施审计程序，以获取有关财务报表金额和披露的审计证据。选择的审计程序取决于注册会计师的判断，包括对由于舞弊或错误导致的财务报表重大错报风险的评估。在进行风险评估时，注册会计师考虑与财务报表编制和公允列报相关的内部控制，以设计恰当的审计程序，但目的并非对内部控制的有效性发表意见。审计工作还包括评价管理层选用会计政策的恰当性和作出会计估计的合理性以及评价财务报表的总体列报。

我们相信，我们获取的审计证据是充分、适当的，为发表保留意见提供了基础。

（三）导致保留意见的事项

ABC公司于2014年12月31日资产负债表中反映的交易性金融资产为×元，ABC公司管理层对这些交易性金融资产未按照公允价值进行后续计量，而是按照其历史成本进行计量，这不符合企业会计准则的规定。如果按照公允价值进行后续计量，ABC公司2014年度利润表中公允价值变动损失将增加×元，2014年12月31日资产负债表中交易性金融资产将减少×元。相应的，所得税、净利润和股东权益将分别减少×元、×元和×元。

（四）保留意见

我们认为，除“（三）导致保留意见的事项”段所述事项产生的影响外，ABC公司财务报表在所有重大方面按照企业会计准则的规定编制，公允反映了ABC公司2014年12月31日的财务状况以及2014年度的经营成果和现金流量。

（五）强调事项

我们提醒财务报表使用者关注，如财务报表附注×所述，截至财务报表批准日，XYZ公司对ABC公司提出的诉讼尚在审理中，其结果具有不确定性。本段内容不影响已发表的审计意见。

二、按照相关法律法规的要求报告的事项

（本部分报告的格式和内容，取决于相关法律法规对其报告责任的规定。）

××会计师事务所　　　　中国注册会计师：×××

（盖章）　　　　（盖章）

中国注册会计师：×××

（盖章）

中国××市

二○一五年×月×日

【例4-3】 JD股份有限公司2010年度财务报告经ZH会计师事务所注册会计师高某、唐某审计，并出具了有保留意见带强调事项段的审计报告。

审计报告

ZH 会审［2015］0102 号

JD 股份有限公司全体股东：

我们审计了后附的 JD 股份有限公司（以下简称 JD 公司）财务报表，包括 2014 年 12 月 31 日的资产负债表和合并资产负债表、2014 年度的利润表和合并利润表、现金流量表和合并现金流量表、所有者权益变动表和合并所有者权益变动表以及财务报表附注。

一、管理层对财务报表的责任

按照企业会计准则的规定编制财务报表是 JD 公司管理层的责任。这种责任包括：(1) 设计、实施和维护与财务报表编制相关的内部控制，以使财务报表不存在由于舞弊或错误而导致的重大错报；(2) 选择和运用恰当的会计政策；(3) 作出合理的会计估计。

二、注册会计师的责任

我们的责任是在实施审计工作的基础上对财务报表发表审计意见。我们按照中国注册会计师审计准则的规定执行了审计工作。中国注册会计师审计准则要求我们遵守《中国注册会计师职业道德守则》，计划和实施审计工作以对财务报表是否不存在重大错报获取合理保证。审计工作涉及实施审计程序，以获取有关财务报表金额和披露的审计证据。选择的审计程序取决于注册会计师的判断，包括对由于舞弊或错误导致的财务报表重大错报风险的评估。在进行风险评估时，我们考虑与财务报表编制相关的内部控制，以设计恰当的审计程序，但目的并非对内部控制的有效性发表意见。审计工作还包括评价管理层选用会计政策的恰当性和作出会计估计的合理性以及评价财务报表的总体列报。

我们相信，我们获取的审计证据是充分、适当的，为发表审计意见提供了基础。

三、导致保留意见的事项

（一）如 JD 公司 2014 年度财务报表附注五（一）3 和附注五（一）8 所述，JD 公司对合营企业 EH 水泥有限公司的应收账款 4 283.11 万元、长期股权投资 1 777.76 万元共计 6 060.87 万元全额计提了资产减值准备。我们无法取得 EH 水泥有限公司经审计的财务报表、应收账款询证回函等资料，也无法实施其他审计程序，以获取充分、适当的审计证据判断 JD 公司计提上述资产减值准备的合理性。

（二）JD 公司的湿法水泥生产线于 2013 年 12 月 15 日全面停产，对预收款项中部分余额 1 343.06 万元，我们无法实施函证及其他审计程序，以获取充分、适当的审计证据。

四、审计意见

我们认为，除上述导致保留意见的事项外，JD 公司财务报表已经按照企业会计准则的规定编制，在所有重大方面公允反映了 JD 公司 2014 年 12 月 31 日的财务状况以及 2014 年度的经营成果和现金流量。

五、强调事项

我们提醒财务报表使用者关注，如财务报表附注十一所述，由于以前年度为前大股东 HL 集团有限公司违规提供担保，JD 公司自 2013 年以来面临多宗诉讼并陷入财务困境，除子公司 JDE 特种水泥有限公司外，JD 公司其他水泥生产线于 2013 年 12 月 15 日全面停产，并于 2014 年 2 月被债权人申请破产重整。JD 公司已在财务报表附注十一（九）披露了拟采取的包括但不限于生产自救、积极配合重整等改善措施，但其持续经营能力仍然存在重大不确定性，可能无法在正常的经营过程中变现资产、清偿债务。

本段内容不影响已发表的审计意见。

ZH 会计师事务所有限公司　　　　　　　　　中国注册会计师：高某
（盖章）　　　　　　　　　　　　　　　　（盖章）
中国××市　　　　　　　　　　　　　　　中国注册会计师：唐某
（盖章）
二〇一五年一月二十六日

ZH 会计师事务所给 JD 股份有限公司 2014 年财务报表出具了保留意见的审计报告，并带有强调事项段。这是由于某些事项的存在，不具备无保留意见的条件，影响了被审计单位财务报表的表述，因而注册会计师对无保留意见加以修正，对影响事项提出保留意见，并表示对该意见负责。

审计报告中提及了两件事项（详见上述审计报告第三部分）导致形成保留意见，并在审计意见段之后使用了“五、强调事项”的段落予以说明。同时明确提及被强调事项以及相关披露在财务报表的位置，以提醒报表使用者关注，指出审计意见没有因该强调事项而改变。

任务三　否定意见的审计报告

（一）否定意见审计报告的含义

否定意见审计报告是非无保留意见审计报告的一种表达形式。否定意见与无保留意见相反，否定财务报表的整体公允性。当未调整事项、未确定事项、违反一贯性原则的事项等报表的影响程度超出一定范围，以致会计报表无法被接受，被审计单位的会计报表已失去其价值时，注册会计师只能发表否定意见。无论审计人员还是客户都不希望发表此类意见。

在获取充分、适当的审计证据后，如果认为错报单独或累计起来对财务报表的影响重大且具有广泛性，注册会计师应当发表否定意见。

（二）增加导致发表否定意见的段落

注册会计师应当直接在审计意见段之前增加一个段落，并使用恰当的标题，如“导致否定意见的事项”。

当发表否定意见时，注册会计师应当根据适用的财务报告框架在审计意见段中说明：

（1）注册会计师认为，由于导致否定意见的事项段所述事项的重要性，财务报表没有在所有重大方面按照适用的财务报告框架编制，未能实现公允反映（当财务报表按照公允列报框架编制时）；

（2）注册会计师认为，由于导致否定意见的事项段所述事项的重要性，财务报表没有在所有重大方面按照适用的财务报告框架编制（当财务报表按照遵循性框架编制时）。

注册会计师发表否定意见时，应当修改对注册会计师责任的描述，以说明：注册会计师相信，注册会计师已获取的审计证据是充分、适当的，为发表非无保留意见提供了基础。

（三）否定意见的审计报告的参考格式

审计报告

ABC股份有限公司全体股东：

一、对合并财务报表出具的审计报告

我们审计了后附的ABC股份有限公司（以下简称ABC公司）的合并财务报表，包括2014年12月31日的合并资产负债表、2014年度的合并利润表、合并现金流量表和合并股东权益变动表以及财务报表附注。

（一）管理层对合并财务报表的责任

编制和公允列报合并财务报表是ABC公司管理层的责任。这种责任包括：（1）按照企业会计准则的规定编制合并财务报表，并使其实现公允反映；（2）设计、执行和维护必要的内部控制，以使合并财务报表不存在由于舞弊或错误导致的重大错报。

（二）注册会计师的责任

我们的责任是在执行审计工作的基础上对合并财务报表发表审计意见。我们按照中国注册会计师审计准则的规定执行了审计工作。中国注册会计师审计准则要求我们遵守《中国注册会计师职业道德守则》，计划和执行审计工作以对合并财务报表是否不存在重大错报获取合理保证。

审计工作涉及实施审计程序，以获取有关财务报表金额和披露的审计证据。选择的审计程序取决于注册会计师的判断，包括对由于舞弊或错误导致的合并财务报表重大错报风险的评估。在进行风险评估时，注册会计师考虑与合并财务报表编制和公允列报相关的内部控制，以设计恰当的审计程序，但目的并非对内部控制的有效性发表意见。审计工作还包括评价管理层选用会计政策的恰当性和作出会计估计的合理性以及评价合并财务报表的总体列报。

我们相信，我们获取的审计证据是充分、适当的，为发表否定意见提供了基础。

（三）导致否定意见的事项

如财务报表附注×所述，2014年ABC公司通过非同一控制下的企业合并获得对XYZ公司的控制权，因未能取得购买日XYZ公司某些重要资产和负债的公允价值，故未将XYZ公司纳入合并财务报表的范围，而是按成本法核算对XYZ公司的股权投资。ABC公司的这项会计处理不符合企业会计准则的规定。如果将XYZ公司纳入合并财务报表的范围，ABC公司合并财务报表的多个报表项目将受到重大影响。但我们无法确定未将XYZ公司纳入合并范围对财务报表产生的影响。

（四）否定意见

我们认为，由于“（三）导致否定意见的事项”段所述事项的重要性，ABC公司的合并财务报表没有在所有重大方面按照企业会计准则的规定编制，未能公允反映ABC公司及其子公司2014年12月31日的财务状况以及2010年度的经营成果和现金流量。

二、按照相关法律法规的要求报告的事项

（本部分报告的格式和内容，取决于相关法律法规对其报告责任的规定。）

××会计师事务所　　　　　　　　　　　　　　中国注册会计师：×××

（盖章）　　　　　　　　　　　　　　　　　　　　　（盖章）

　　　　　　　　　　　　　　　　　　　　　中国注册会计师：×××

　　　　　　　　　　　　　　　　　　　　　　　　　（盖章）

中国××市

　　　　　　　　　　　　　　　　　　　　　二〇一五年×月×日

根据中国注册会计师协会公布的上市公司年报审计情况汇总，2007—2013 年度上市公司年报审计意见汇总统计如表 4-2 所示。

表 4-2　**2007—2013 年度上市公司年报审计意见汇总统计表**　单位：份

审计意见类型	2007 年	2008 年	2009 年	2010 年	2011 年	2012 年	2013 年
标准意见	1 449	1 514	1 655	2 011	2 247	2 382	2 450
带强调事项段的无保留意见	90	75	87	86	91	71	57
保留意见	14	18	13	25	19	15	22
保留带强调事项段							
无法表示意见	17	17	19	7	4	3	5
否定意见							
合计	1 570	1 624	1 774	2 129	2 362	2 471	2 534
其中非标准报告	121	110	119	118	115	89	84

资料来源：中注协上市公司年报审计快报 。

在实务中，否定意见审计报告出现的情况并不多见。根据表 4-2 的统计数据，2007—2013 年上市公司年报审计意见中，并未出现否定意见的审计报告。

【例 4-4】我国证券市场首份否定意见审计报告。1998 年 4 月 29 日，渝钛白公司公布 1997 年年度报告，其中在财务报告部分刊登了重庆会计师事务所于 1998 年 3 月 8 日出具的否定意见审计报告。这是我国首份否定意见审计报告，对中国的证券市场和审计行业都有着巨大的意义。

渝钛白公司，全称“重庆渝港钛白粉股份有限公司”，1992 年 9 月 11 日宣告成立，并于 1992 年 10 月 11 日，以重庆渝港钛白粉有限公司作为发起人，以社会募集方式设立了股票上市的重庆渝港钛白粉股份有限公司（以下简称渝钛白公司）。

那么重庆会计师事务所为什么会对渝钛白公司签发否定意见审计报告呢？我们首先来看一看审计报告指出的问题。报告中指出：

1997年度应计入财务费用的借款计应付债券利息8 064万元，贵公司将其资本化计入了钛白粉工程成本；欠付中国银行重庆市分行的美元借款利息89.8万元（折合人民币734万元）贵公司未计提入账，两项共影响利润8 807万元。

我们认为，由于本报告第二段所述事项的重大影响，贵公司1997年12月31日资产负债表、1997年度利润及利润分配表、财务状况变动表未能公允地反映贵公司1997年12月31日财务状况和1997年年度经营成果及资金变动情况。

该份审计报告的颁布，引起了中国证券市场的极大震动，中国注册会计师协会秘书长发表谈话，开门见山地肯定了重庆会计师事务所的做法，并明确说明注册会计师审计渝钛白公司使用的规章是准确的。他还特别强调："财政部是国家财务主管部门，其他部门或地区制定的规章、文件中涉及财务问题，如与财政部规章不一致，是不发生效力的。"

任务四　无法表示意见的审计报告

（一）无法表示意见的审计报告的含义

无法表示意见是指审计人员对被审计单位的财务报表编制无法做出是否合法、是否公允的判断，对客户的财务报表不能发表意见，也即对财务报表不发表包括肯定、否定和保留的审计意见。

注册会计师出具无法表示意见的审计报告，是由于无法获取充分、适当的审计证据以作为形成审计意见的基础，并且认为未发现的错报（如存在）对财务报表可能产生的影响重大且具有广泛性，以致无法对会计报表发表意见。

（二）出具无法表示意见的审计报告的描述

当由于无法获取充分、适当的审计证据而发表无法表示意见时，注册会计师应当在审计意见段中说明：由于导致无法表示意见的事项段所述事项的重要性，注册会计师无法获取充分、适当的审计证据以为发表审计意见提供基础，因此，注册会计师不对这些财务报表发表审计意见。

在极其特殊的情况下，可能存在多个不确定事项。尽管注册会计师对每个单独的不确定事项获取了充分、适当的审计证据，但由于不确定事项之间可能存在相互影响以及可能对财务报表产生累积影响，注册会计师不可能对财务报表形成审计意见。在这种情况下，注册会计师应当出具无法表示意见的审计报告。

当由于无法获取充分、适当的审计证据而发表无法表示意见时，注册会计师应当修改审计报告的引言段，说明注册会计师接受委托审计财务报表。

注册会计师还应当修改对注册会计师责任和审计范围的描述，并仅能作出如下说明："我们的责任是在按照中国注册会计师审计准则的规定执行审计工作的基础上对财务报表发表审计意见。但由于导致无法表示意见的事项段中所述的事项，我们无法获取充分、适当的审计证据以为发表审计意见提供基础。"

（三）无法表示意见的审计报告的参考格式

审计报告

ABC股份有限公司全体股东：

一、对财务报表出具的审计报告

我们接受委托，审计后附的ABC股份有限公司（以下简称ABC公司）财务报表，包括2014年12月31日的资产负债表、2014年度的利润表、现金流量表和股东权益变动表以及财务报表附注。

（一）管理层对财务报表的责任

编制和公允列报财务报表是ABC公司管理层的责任。这种责任包括：（1）按照企业会计准则的规定编制财务报表，并使其实现公允反映；（2）设计、执行和维护必要的内部控制，以使财务报表不存在由于舞弊或错误导致的重大错报。

（二）注册会计师的责任

我们的责任是在按照中国注册会计师审计准则的规定执行审计工作的基础上对财务报表发表审计意见。但由于“（三）导致无法表示意见的事项”段中所述的事项，我们无法获取充分、适当的审计证据以为发表审计意见提供基础。

（三）导致无法表示意见的事项

我们于2015年1月接受ABC公司的审计委托，因而未能对ABC公司2014年年初金额为×元的存货和年末金额为×元的存货实施监盘程序。此外，我们也无法实施替代审计程序以获取充分、适当的审计证据。并且，ABC公司于2014年9月采用新的应收账款电算化系统，由于存在系统缺陷，应收账款出现了大量错误。截至审计报告日，管理层仍在纠正系统缺陷并更正错误，我们也无法实施替代审计程序，以对截至2014年12月31日的应收账款总额×元获取充分、适当的审计证据。因此，我们无法确定是否有必要对存货、应收账款以及财务报表其他项目做出调整，也无法确定应调整的金额。

（四）无法表示意见

由于“（三）导致无法表示意见的事项”段所述事项的重要性，我们无法获取充分、适当的审计证据以为发表审计意见提供基础，因此，我们不对ABC公司财务报表发表审计意见。

二、按照相关法律法规的要求报告的事项

本部分报告的格式和内容，取决于相关法律法规对其报告责任的规定。

××会计师事务所　　　　　　　　　　中国注册会计师：×××
（盖章）　　　　　　　　　　　　　　　　（盖章）

中国注册会计师：×××
（盖章）

中国××市

二〇一五年×月×日

【例 4-5】据中注协审计快报统计，2013 年度会计师事务所共审计上市公司年报 2 534 份，其中出具无法表示意见的审计报告共 5 份。下面是立信会计师事务所给 ST 霞客出具的 2013 年度无法表示意见的审计报告（附注略）：

审计报告

江苏霞客环保色纺股份有限公司全体股东：

我们接受委托，审计后附的江苏霞客环保色纺股份有限公司（以下简称“贵公司”）财务报表，包括 2013 年 12 月 31 日的资产负债表和合并资产负债表、2013 年度的利润表和合并利润表、现金流量表和合并现金流量表、所有者权益变动表和合并所有者权益变动表以及财务报表附注。

一、管理层对财务报表的责任

编制和公允列报财务报表是贵公司管理层的责任，这种责任包括：（1）按照企业会计准则的规定编制财务报表，并使其实现公允反映；（2）设计、执行和维护必要的内部控制，以使财务报表不存在舞弊或错误导致的重大错报。

二、注册会计师的责任

我们的责任是在按照中国注册会计师审计准则的规定执行审计工作的基础上对财务报表发表审计意见。但由于“三、导致无法表示意见的事项”段中所述的事项，我们无法获取充分、适当的审计证据以为发表审计意见提供基础。

三、导致无法表示意见的事项

1. 截止 2013 年 12 月 31 日，贵公司合并报表净资产为 40 072. 07 万元，流动负债为 205 228. 35 万元，流动资产为 152 325. 92 万元，流动负债高于流动资产 52 902. 43 万元，2013 年度贵公司归属于母公司所有者的净利润为-34 956. 88 万元，可能导致贵公司营运资金维持日常经营存在重大不确定性。

2. 如财务报表附注十一（三）所述，因贵公司不能按时归还银行借款，造成部分银行借款逾期。截至财务报告批准日，贵公司及控股、全资子公司的银行债务（含银行借款、银行承兑汇票、信用证）扣除保证金等后的逾期净额共计 46 465. 59 万元。

因银行借款逾期，截至财务报告批准日，银行债权人向法院申请的诉前保全金额累计为 49 291 万元，诉讼保全金额累计为 32 353. 93 万元（其中包括外币 700 万美元，按 2013 年 12 月 31 日汇率折合人民币 4 267. 83 万元），诉讼金额（本金）累计为 71 621. 13 万元（其中包括外币 3 755. 11 万美元，折合人民币 22 894. 53 万元）。

贵公司及控股、全资子公司共计有 32 个银行存款账户受限或被冻结，银行存款余额合计 976. 51 万元（其中包括外币 9. 30 万美元，折合人民币 56. 70 万元）；固定资产账面价值 31 060. 48 万元和存货账面价值 3 930 万元被查封。

因贵公司逾期借款诉讼案件尚未有结果，及未来可能产生新的逾期借款诉讼或其他相关事项，对公司持续经营的影响存在重大不确定性。

3. 如财务报表附注十二（二）所述，截至 2013 年 12 月 31 日，贵公司控股子公司滁州安兴环保彩纤有限公司（以下简称“滁州安兴”）在滁州海关备案登记的未到期免税进料加工业务料件按平均价计算总计 5 436. 42 万美元（折合人民币 33 145. 31 万元）。按相对应非免税料件的进口关税税率、增值税税率测算，涉及的关税、增值税金额合计8 027.18万元。2014年1月1日至本财务报告批准日，滁州安兴已向滁州海关缴纳了关税及缓息、增值税及缓息4 078.89万元，并有294.54万元关税和增值税缴税单未到应缴到期缴纳日，尚未支付。如进料加工业务不能按手册约定如期完成，将被海关补征税款。

上述这些情况表明，存在可能导致贵公司及控股、全资子公司持续经营能力产生重大不确定性。贵公司及控股、全资子公司已对持续经营能力作出了评估，但其与持续经营评估相关的应对措施的可行性与成效缺乏相应的证据支持。因此，我们无法获取贵公司及控股、全资子公司运用持续经营假设编制财务报表的充分、适当的审计证据。

四、无法表示意见

由于“三、导致无法表示意见的事项”段所述事项的重要性，我们无法获取充分、适当的审计证据以为发表审计意见提供基础，因此，我们不对贵公司2013年度的财务报表发表审计意见。

立信会计师事务所
（特殊普通合伙）　　　　中国注册会计师：赵焕琪

中国上海　　　　中国注册会计师：王翔

二〇一四年四月二十六日

在审计报告中，注册会计师在审计意见前使用说明段列举了导致无法表示意见的3个事项。导致注册会计师对ST霞客2013年度财务报告出具无法表示意见的审计报告事项是：截至2013年12月31日，ST霞客的流动负债高于流动资产52 902.43万元，2013年度属于母公司所有者的净利润为-34 956.88万元，导致公司营运资金维持日常经营存在较大不确定性。ST霞客不能按时归还银行借款，造成部分银行借款逾期。银行债权人向法院提起诉讼，案件尚未有结果，对公司持续经营的影响存在重大不确定性。此外，ST霞客控股子公司“滁州安兴”涉及海关补征税款事项。

由于上述事项的存在，注册会计师无法获取充分、适当的审计证据以为发表审计意见提供基础，所以无法对该公司财务报表发表审计意见。

思考与练习

一、单项选择题

1. 在我国社会审计中，审计报告的标题应统一为（　　）。

A. 注册会计师审计报告　　B. 审计报告

C. 会计师事务所审计报告　　D. 审查报告

2. 注册会计师不应针对下列（　　）事项出具带强调事项段的审计报告。

A. 如果需要修改其他信息而被审计单位拒绝修改

B. 由于董事会未能达成一致，难以确定未来的经营方向和战略

C. 可能导致对持续经营能力产生重大疑虑的事项或情况，但不影响已发表的审计意见

D. 以前针对上期财务报表出具的审计报告为非无保留意见的审计报告时，导致非无保留意见的事项虽已解决，但对本期仍很重要

3. 下列（　　）不属于注册会计师对财务报表审计时所出具的审计报告中注册会计师责任段所描述的内容。

A. 我们相信，我们获取的审计证据是充分、适当的，为发表审计意见提供了基础

B. 审计工作涉及实施审计程序，以获取有关财务报表金额和披露的审计证据

C. 我们的责任是在执行审计工作的基础上对财务报表发表审计意见

D. 审计工作还包括评价治理层选用会计政策的恰当性和做出会计估计的合理性以及评价财务报表的总体列报

4. 如果注册会计师发现被审单位有总金额超过重要性水平、账龄长达三年的应收账款，且被审单位对此进行了适当的披露。这部分应收账款的收回与否将导致对被审单位的持续经营假设的合理性产生重大影响时，注册会计师应当（　　）。

A. 发表保留意见　　B. 发表无法表示意见

C. 出具否定意见　　D. 在意见段之后增加强调事项段

5.（　　）的审计报告意味着，注册会计师通过实施审计工作，认为被审单位财务报表的编制符合合法性和公允性的要求，合理保证财务报表不存在重大错报。

A. 无保留意见+强调事项　　B. 无保留意见

C. 保留意见+强调事项　　D. 保留意见

6. 注册会计师认定被审单位连续出现巨额营业亏损时，下列观点不正确的是（　　）。

A. 应提请被审计单位在财务报表附注中予以披露

B. 若被审单位拒绝披露，应出具保留意见或否定意见

C. 若被审单位充分披露，则应在意见段之后增加强调事项段予以说明

D. 无论被审单位是否做了披露，都不在审计报告中提及

7. 如果注册会计师在财务报表公布日之后发现财务报表存在着重大错报、漏报，最适宜的补救办法是（　　）。

A. 提请管理层进行必要的调整

B. 要求被审计单位立即发布一个修正后的财务报表并针对修改后的财务报表出具新的审计报告

C. 将有关情况通知被审计单位的董事会

D. 要求证券监管机构和股票交易机构通告董事会

8. 注册会计师于2015年2月15日开始对H公司2014年度财务报表进行审计，2015年2月28日完成审计工作应当实施的程序，3月12日经董事会批准对外报出，3月14日完成审计工作并得到被审单位认可，3月16日对外公布，则审计报告的日期应当为（　　）。

A. 2015年2月28日　　B. 2015年3月14日

C. 2015年3月12日　　D. 2015年3月16日

9. 如果需要修改其他信息而被审计单位拒绝修改，注册会计师不应当考虑（　　）。

A. 在审计报告中增加强调事项段说明该重大不一致

B. 不出具审计报告

C. 出具保留意见审计报告

D. 解除业务约定

10. 注册会计师在查阅财务报表公布日后获取的其他信息时，如果注意到存在与财务报表的重大不一致的情况，则应当（　　）。

A. 提请被审计单位调整财务报表或进行适当披露

B. 确定是否需要修改已审计财务报表或其他信息

C. 提请被审计单位修改其他信息

D. 将对其他信息的关注以书面形式告知管理层

11. 当存在可能对财务报表产生重大影响的不确定事项，且不影响已发表的意见时，注册会计师应当考虑审计报告的类型是（　　）。

A. 在意见段之后增加强调事项段　　B. 在意见段之前增加说明段

C. 出具保留意见　　D. 出具无法表示意见

12. 注册会计师在编写审计报告时，在意见段中使用了“除……可能产生的影响外”的措辞，这种类型的审计报告是（　　）。

A. 标准的无保留意见的审计报告　　B. 保留意见的审计报告

C. 否定意见的审计报告　　D. 无法表示意见的审计报告

13. 审计范围受到限制可能产生的影响非常重大和广泛，应签发（　　）审计报告。

A. 无保留意见　　B. 保留意见

C. 否定意见　　D. 无法表示意见

14. 当出具保留意见的审计报告时，注册会计师应当在（　　）增加说明段，清楚地说明导致所发表意见的所有原因，并在可能的情况下，指出其对会计报表的影响程度。

A. 意见段之前　　B. 意见段之后

C. 引言段之前　　D. 审计报告最后

15. 无法表示意见的审计报告不应包括（　　）。

A. 意见段　　B. 注册会计师签章

C. 引言段　　D. 注册会计师责任段

16. 下列各项中，不属于审计报告的引言段应当说明的内容的是（　　）。

A. 指出构成整套财务报表的每张财务报表的名称

B. 提及财务报表附注

C. 注册会计师的责任是在实施审计工作的基础上对财务报表发表审计意见

D. 指明财务报表的日期和涵盖的期间

17. 审计报告应当由（　　）名具备相关业务资格的注册会计师签名并盖章。

A. 1　　B. 2　　C. 3　　D. 4

18. 下列（　　）情况属于由被审计单位管理层造成的审计范围受到限制。

A. 被审计单位的部分会计资料被洪水冲走，无法进行检查

B. 截至资产负债表日处于外海的远洋捕捞船队的捕鱼量无法监盘

C. 管理层不允许注册会计师观察存货盘点

D. 外国子公司的存货无法监盘

19. 审计报告的收件人应该是（　　）。

A. 审计业务的委托人　　B. 社会公众

C. 被审计单位　　D. 被审计单位管理层

20. 强调事项段是在（　　）之后增加的对重大事项予以强调的段落。

A. 引言段　　B. 管理层对财务报表的责任段

C. 注册会计师的责任段　　D. 审计意见段

二、多项选择题

1. 注册会计师在确定完成审计工作的日期时，应当考虑以下（　　）因素。

A. 注册会计师应当实施的审计程序已经完成

B. 要求被审单位调整或披露的事项已经提出

C. 被审计单位已经进行或拒绝进行调整或披露

D. 被审计单位管理层已经正式签署财务报表

2. M 注册会计师在其出具的审计报告的注册会计师的责任段与意见段之间增加了对某个重要事项的说明，一般来说该审计报告的意见类型可能是（　　）。

A. 无保留意见　　B. 保留意见

C. 否定意见　　D. 无法表示意见

3. 审计意见应当说明财务报表是否在所有重大方面公允反映了被审计单位的财务状况、经营成果和现金流量。在评价财务报表是否实现了公允反映时，注册会计师应当考虑的内容包括（　　）。

A. 经管理层调整后的财务报表，是否与注册会计师对被审计单位及其环境的了解一致

B. 财务报表中反映的信息已经得到合理的分类和汇总

C. 财务报表的整体列报、结构和内容是否合理

D. 财务报表（包括相关附注）是否公允地反映了相关交易和事项

4. 在（　　）情况下，注册会计师应当在审计报告的意见段之后增加强调事项段。

A. 存在与财务报表使用者理解财务报表至关重要的事项

B. 存在与财务报表使用者理解审计工作、注册会计师的责任或审计报告相关的其他事项

C. 会计政策、会计估计发生变更且对财务报表产生重大影响

D. 强调重大的关联方交易、重大的期后事项及重大的会计差错更正

5. 在（　　）情况下，注册会计师可能对被审计单位的财务报表发表无法表示意见。

A. 被审计单位管理层拒绝出具管理层声明书

B. 存在疑虑时，不能就持续经营假设的合理性获取必要的审计证据

C. 未能就影响财务报表的重大关联方及其交易获取充分、适当的证据

D. 被审单位的财务报表整体没有按照企业会计准则编制

6. 如其他信息存在对事实的错报和漏报，注册会计师应提请管理层修改。如果被审计单位拒绝修改，注册会计师应当（　　）。

A. 将其对其他信息的关注以书面形式告知被审计单位治理层

B. 在征求律师意见后作出适当的处理

C. 在审计报告的意见段后增加说明段予以说明

D. 发表保留意见的审计报告

7. 审计报告分为标准审计报告和非标准审计报告。非标准审计报告包括（　　）。

A. 带强调事项段的无保留意见审计报告　　B. 保留意见审计报告

C. 否定意见审计报告　　D. 无法表示意见审计报告

8. 以下关于审计报告的叙述中，不正确的是（　　）。

A. 审计报告的收件人是指被审计单位

B. 审计报告的日期是财务报表的报出日期

C. 审计报告的标题为会计师事务所审计报告

D. 审计报告应当由注册会计师签名和盖章

9. 审计报告的引言段应当说明被审计单位的名称和财务报表已经过审计，并包括下列内容（　　）。

A. 指出构成整套财务报表的每张财务报表的名称

B. 提及财务报表附注

C. 指明财务报表公允反映了被审计单位的财务状况、经营成果和现金流量

D. 指明财务报表的日期和涵盖的期间

10. 标准审计报告的特点包括（　　）。

A. 审计报告要素齐全　　B. 属于无保留意见

C. 不附加说明段　　D. 不附加强调事项段或任何修饰性用语

11. 注册会计师在审计了上市公司X公司2014年度财务报表，并于2015年3月5日提交了无保留意见的审计报告后，于3月15日因就某事项与X公司协商未果而要求证券监管机构和股票交易所将此事项通知股东。在有关此事项的以下说法中，正确的是(　　)。

A. 此事项在审计报告日已经存在　　B. X公司决定在3月16日公布财务报表

C. 此事项发生于财务报表公布后　　D. X公司拒绝就此事项修正财务报表

12. 同时符合下列（　　）条件时，注册会计师应当出具无保留意见的审计报告。

A. 注册会计师已经按照中国注册会计师审计准则的规定计划和实施审计工作，在审计过程中未受到限制

B. 财务报表已经按照适用的会计准则和相关会计制度的规定编制，在所有方面公允反映了被审计单位期末的财务状况、经营成果和现金流量

C. 注册会计师已经按照中国注册会计师独立审计准则的要求计划和实施审计工作，在审计过程中未受到限制

D. 财务报表已经按照适用的会计准则和相关会计制度的规定编制，在所有重大方面

公允反映了被审计单位的财务状况、经营成果和现金流量

13. 当注册会计师与管理层存在分歧时，可能会影响注册会计师发表审计意见的类型，下列属于注册会计师与管理层在会计政策选用方面的分歧的有（　　）。

A. 管理层选用的会计政策不符合适用的会计准则和相关会计制度的规定

B. 管理层选用的会计政策不符合具体情况的需要

C. 管理层选用了不适当的会计政策，导致财务报表在所有重大方面未能公允反映被审计单位的财务状况、经营成果和现金流量

D. 管理层选用的会计政策没有按照适用的会计准则和相关会计制度的要求得到一贯运用

14. 遇到下列（　　）情况时，注册会计师可能对 AS 公司的财务报表出具无法表示意见的审计报告。

A. 未能就影响 AS 公司财务报表公允反映的重大关联方交易事项获取充分、适当的审计证据

B. AS 公司管理层拒绝向注册会计师出具管理层声明书

C. AS 公司财务报表整体上没有按照企业会计准则进行编制

D. 在存在疑虑的情况下，注册会计师不能就 AS 公司持续经营假设的合理性获取必要的审计证据

15. 如果注册会计师在审计报告日后至财务报表报出日前发现了存在重大不一致的情况，则下列采取的措施中正确的有（　　）。

A. 如果管理层拒绝修改财务报表，并且审计报告尚未提交给被审计单位，注册会计师应根据相关规定出具保留意见或否定意见的审计报告

B. 如果管理层拒绝修改财务报表，并且审计报告已提交给被审计单位，注册会计师应当通知被审计单位治理层不要将财务报表和审计报告向第三方报出

C. 如果管理层修改了财务报表，注册会计师应当根据具体情况实施必要的审计程序，并针对修改后的财务报表出具新的审计报告

D. 如果管理层拒绝修改财务报表，并且审计报告尚未提交给被审计单位，注册会计师应拒绝提交审计报告，并不再出具审计意见

三、判断题

1. 注册会计师应当将已审计的财务报表附于审计报告之后，以便使财务报表使用者正确理解和使用审计报告，并防止被审计单位替换、更改已审计的财务报表。（　　）

2. 注册会计师在审计某公司时，无法对占该公司资产总额 20% 的存货实施监盘，但已获取了管理层关于存货的声明，并且控制测试后评价的风险也较低。此时，应当发表带强调事项段的无保留意见的审计报告。（　　）

3. 注册会计师出具无法表示意见的审计报告，表明其拒绝接受委托，不愿发表意见。（　　）

4. 非标准审计报告是指非无保留意见的审计报告。（　　）

5. 注册会计师对被审计单位财务报表发表的审计意见，是对被审计单位特定日期的

财务状况和所审计期间经营成果和现金流量情况做的绝对保证。(　　)

6. 审计报告必须采用统一格式和措辞，以便于报告使用者正确理解。(　　)

7. 当注册会计师出具的审计报告不附加说明段、强调事项段或任何修饰性用语时，该报告即为标准审计报告。(　　)

8. 管理层声明书的日期必须与注册会计师的审计报告日一致。(　　)

9. 因审计范围受到被审单位限制，注册会计师无法就可能存在的对财务报表产生重大影响的错误和舞弊，获取充分、适当的审计证据，注册会计师应当出具无法表示意见的审计报告。(　　)

10. 无论是否有法定或约定的义务对被审计单位某些其他信息实施特别的程序，当这些其他信息存在遗漏或缺陷时，注册会计师都应当考虑是否在审计报告中提及该事项。(　　)

11. 如果被审计单位管理层拒绝提供注册会计师要求的必要书面声明，则注册会计师应当出具保留意见或无法表示意见的审计报告。(　　)

12. 审计报告在签发之前，不一定要与被审计单位针对将要出具的意见类型进行沟通，可以直接根据注册会计师获取的审计证据和准则的规定出具。(　　)

13. 股份有限公司的审计报告应致送董事会。(　　)

14. 注册会计师签发的审计报告，与政府审计、内部审计的审计报告相同，都是对被审单位的财务报表的合法性、公允性发表意见。(　　)

15. 审计报告可以证明注册会计师在审计过程中是否实施了必要的审计程序，审计工作质量是否符合要求。(　　)

参考文献

［1］中国注册会计师协会．中国注册会计师执业准则 2010［M］．北京：经济科学出版社，2011．

［2］中国注册会计师协会．中国注册会计师执业准则指南 2010［M］．北京：中国财政经济出版社，2011．

［3］中华人民共和国财政部等．企业内部控制规范 2010［M］．北京：中国财政经济出版社，2009．

［4］中国注册会计师协会．审计［M］．北京：经济科学出版社，2011．

［5］赵保卿．审计案例研究［M］．北京：中央广播电视大学出版社，2009．

［6］马春静，高俊莲，林丽．新编审计原理与实务［M］．大连：大连理工大学出版社，2009．

［7］杜海霞．审计实务［M］．北京：机械工业出版社，2010．

［8］俞校明．审计实务［M］．北京：清华大学出版社，2009．

［9］王生根．审计实务——基于风险导向审计理念［M］．北京：清华大学出版社，2009．

［10］刘建军．审计学［M］．北京：机械工业出版社，2006．

［11］沈征．审计学［M］．大连：大连出版社，2010．

［12］张庆丰．审计实务［M］．北京：冶金工业出版社，2008．

［13］中国注册会计师协会（www. cicpa. org. cn）．

［14］国家审计署（www. audit. gov. cn）．

［15］巨潮信息资讯（www. cninfo. com. cn）．

全国高等会计职业教育系列规划教材

会计基础（第二版）
会计基础技能训练（第二版）
会计基础综合实训（第二版）
出纳实务（第二版）
财务会计实务（第二版）
财务会计技能训练（第二版）
财务管理实务（第二版）
财务管理技能训练（第二版）
成本会计实务（第二版）
成本会计技能训练（第二版）
纳税实务（第二版）
纳税技能训练（第二版）
审计实务（第二版）
审计技能训练（第二版）
会计综合实训（第二版）
会计信息化实务（第二版）
Excel在会计中的应用（第二版）
财经法规与会计职业道德（第二版）
行业会计实务（第二版）
经济法

欢迎广大教师和读者就系列教材的内容、结构、设计以及使用情况等，提出您宝贵的意见、建议和要求，我们将为您提供优质的售后服务。

联系人：柴 艺　　E-mail：charcoalchai@126.com

武汉大学出版社（全国优秀出版社）